La única guía de inversión
que usted necesitará

OTROS TÍTULOS DE TOBIAS

(no traducidos aún al español)

The Funny Money Game

Fire and Ice

Getting by on $100,000 a Year
(And Other Sad Tales)

Money Angles

The Invisible Bankers

Auto Insurance Alert!

My Vast Fortune

La única guía de inversión que usted necesitará

R E V I S A D A   Y   A U M E N T A D A

Andrew Tobias
Traducción: Laura N. Dubcovsky

Un título original Harvest

Harcourt Brace & Company

San Diego   New York   London

The prices and rates stated in this book are subject to change.

Quotation by John Templeton on page 136 reprinted courtesy of *Mutual Funds*
magazine.

Library of Congress Cataloging-in-Publication Data
Tobias, Andrew P.
[Only investment guide you'll ever need. Spanish]
La única guía de inversión que usted necesitará/Andrew Tobias; traducción,
Laura N. Dubcovsky.—Rev. y aum.
p.   cm.
Includes index.
ISBN 0-15-600599-9
1. Investments. 2. Finance, Personal.   I. Title
HG4521.T618   1999
332.024—dc21   98-40317

Designed by Cloyce Wall

Printed in the United States of America
E D C B A

A mi corredor de bolsa—aunque muchas veces me tuvo "corriendo"

Contenido

Prólogo   ix
Agradecimientos   x

PARTE **uno**   Riesgo mínimo

1 Si yo soy tan genial ¿Por qué este libro no lo hará rico?   0
2 Un centavo ahorrado son dos centavos ganados   00
3 Usted *puede* vivir con $165,000 dólares por año   00
4 No confíe en nadie   00
5 Capítulo para los gallinas   00
6 Estrategias para los impuestos   00

PARTE **dos**   La bolsa

7 ¡A trabajar se ha dicho!   000
8 Elija (ignorar) su agente de bolsa   000
9 Buenos consejos, información interna y otras cosas buenas   000
10 Qué hacer si usted hereda millones de dólares; Y qué hacer si no los hereda   000

Apéndices

Ganando el 177% con Bordeaux   000
¿Cuánto seguro de vida necesita?   000
¿Cuánto Seguro Social recibirá?   000
Unas pocas palabras sobre nuestra deuda nacional   000
Bromas financieras para fiestas y cócteles que lo harán sentirse astuto   000
Agentes de bolsa de descuento selectos   000

Fondos mutuos selectos   000
Diviértase con los intereses compuestos   000
¿*Todavía* no está seguro sobre qué quiere hacer?
   000

Indice   000

Prólogo

Es bastante descarado titular un libro *La única guía de inversión que usted necesitará;* y es todavía mucho más descarado revisarlo y aumentarlo. Pero no hacerlo hubiera estado mal, en parte porque muchas cosas cambiaron, y en parte porque contra toda razón, mucha gente sigue comprando el libro.

Veinte años después de la primera aparición de este libro, el mundo gira a toda velocidad. Hace 20 años, las cuentas bancarias no pagaban intereses, y el volumen de operaciones del New York Stock Exchange promediaba 25 millones de acciones diarias. (Hoy el noticiero Nightly News, califica como "floja" la comercialización de 400 millones de acciones.) Hace 20 años, creo que sólo tres personas habían escuchado algo sobre computadoras (ordenadores) personales. La familia más grande de fondos mutuos ofrecía una selección de 15 fondos diferentes. Hoy ofrece: 240.

No existían cuentas de administración de fondos ni fondos, ni préstamos sobre la capitalización de la propiedad (home equity loans), ni planes 401(k) de jubilación, o cuentas de retiro IRA, ni seguros de vida universales, ni índices de valores, ni Websites o redes radiales (spiders), ni programas para comerciar, ni millas-por-vuelos-frecuentes (¡Oh, no!), ni obligaciones cupón cero, ni compras *con ventaja* (*leverage*—L.B.O), ni sociedades maestras de responsabilidad limitada, ni una deriva global hacia una economía de libre comercio, ni redes de cajeros automáticos (ATM—automatic teller machines), ni CNBC, ni Internet—ni siquiera una cadena para compras desde el hogar por televisión (Home Shopping Network) (¿Cómo *compraba* la gente entonces?)

Entonces, la categoría más alta de impuesto federal era el 70%.

Hoy, las bases de las finanzas personales no han cambiado—nunca lo harán. Y hay pocas cosas, que tendría sentido—relativamente—común que usted sepa sobre su dinero. Pero la oleada de opciones de inversiones y la maleza de la jeringonza y voces de la profesión crecieron muy densamente, y oscurecieron sus posibilidades de entender de qué se trata. Tal vez este libro pueda ser su machete.

Agradecimientos

Quisiera agradecer a Sheldon Zalaznick y Clay Felker, los editores con los que yo trabajaba más cercanamente en la revista *New York* cuando este libro se escribió por primera vez . . . a Less Antman, por convencerme de que lo revise— y por ayudarme enormemente con su excelente discernimiento y buen humor al hacerlo . . . a Carol Hill, mi editora de la versión original, y a Michael Stearns, Christa Malone y Beverly Fisher, mis "hinchas" y editores de esta versión . . . a Ibbotson Associates por sus estadísticas de mercado . . . a Jerry Rubin, Bart Barker y Paul Harrison, y otros tantos del mundo de programas para computación . . . a John y Rochelle Kraus, Laura Sloate, Martin Zweig, Burton Malkiel, Alan Abelson, Yale Hirsch, Charlie Biderman, Paul Marshall, Robert Glauber, Murph y Nancy Levin, Jesse Kornbluth, Jack Egan, Marie Brenner, Don Trivette, Peter Vanderwicken, Eugene Shirley, John Koten, Audrey Schnieder, Jane Berentson y Charles Nolan . . . a *Forbes,* al *Wall Street Journal* y al *New York Times.* Aunque la mayoría de lo que sé lo aprendí de esta gente y estas instituciones, cualquier error atroz que usted—o ellos—encuentren en este libro, es estrictamente todo mío.

PARTE UNO

Riesgo mínimo

No hay dignidad tan impresionante, ni independencia tan importante, como vivir dentro de las posibilidades de uno.

—CALVIN COOLIDGE

Si yo soy tan genial ¿Por qué este libro no lo hará rico?

Cuidado con los analistas de ferrocarriles que le puedan decir cuántos durmientes hay entre New York y Chicago, pero que no sepan decirle cuándo vender Penn Central.

—NICHOLAS THORNDIKE

Aquí está usted, que recién compró una pequeña y gruesa guía de inversiones llamada "Dólares y sentido común". Esta guía es igual a otras tantas guías de inversiones que se venden por allí (aunque la que yo tengo en mente tendría otro título), y usted la está hojeando, yendo de una página a la otra, entusiasmándose cada vez más con tantas buenas ideas, buscando una inversión con la que se sienta cómodo. Usted pasa hojas sobre autos antiguos, terrenos, fondos mutuos, oro—y llega a la sección de bancos. Bancos de ahorro mexicanos.

El libro le explica cómo al cambiar sus dólares a pesos, usted puede ganar 12% de interés en ahorros en México, en vez de 5½% aquí. Al 12% de interés después de 20 años ¡$1,000 se convertirán en casi $10,000 dólares¡, en vez de los miserables $2,917 que le daría el 5½% de interés su inversión aquí. Es más, el libro le explica que los bancos norteamericanos reportan los pagos de intereses al Departamento de impuestos (IRS=Internal Revenue Service). En cambio, los bancos mexicanos le garantizan que eso no sucederá. ¡Oléééé¡.

No obstante, el libro le advierte que si el peso se devaluase en relación al dólar, los huevos de su canasta se reducirían proporcionalmente. Pero el autor le asegura que el peso es una de las monedas más estables del mundo, habiendo sido su cambio al dólar el mismo por 21 años; y además el gobierno mexicano repetidamente ha manifestado su intención de no devaluar.

Ahora ¿cómo demonios hará usted, que en principio necesitó comprar un libro sobre finanzas, para poder evaluar la estabilidad del peso mexicano? Simplemente, usted asumirá que si el autor pensara que no es un buen riesgo a tomar, no le hubiera dedicado dos hojas del libro—y *él es* un experto. (Me place anunciar que, cualquiera que escriba un libro, es ipso facto, un experto.) Y de hecho, usted recuerda haber leído en algún lado que México tiene *petróleo*—colateral bastante bueno para respaldar la moneda de cualquier país. De todas maneras, ¿qué tan terrible sería que el peso *se devaluase el* 5% o 10%, si sus ahorros se duplican y triplican en la frontera sur?

Así que, aunque usted no sabe mucho del mercado de la bolsa, queda impresionado por las credenciales del autor, por lo tanto, se tira *un lance.*

Y por 18 meses gana todos los premios. Mientras que aquellos que invirtieron en cuentas de ahorro al 5½% en U.S.A. muestran muy contentos los relojes de regalo que recibieron de los bancos por abrir esas cuentas, usted tiene pesos mexicanos al 12%.

De repente, al llegar septiembre, México anuncia que su peso ya no tendrá cambio fijo de 12.5 el dólar, sino que será "flotante". De la noche a la mañana, "flota" un 25% más bajo, y en cuestión de días baja el 40%. ¡Epa! El *New York Times* anuncia: "Se espera que esta devaluación produzca inmediatamente serias dificultades, que se traducirán en grandes pérdidas para los norteamericanos que han invertido por años en cuentas en México con altos intereses."

¿Cuánto dinero hay involucrado? Ah, sólo $6 u $8 *miles de millones de dólares.*

Usted está desolado. Aún así, no nació ayer. No será tan tonto de unirse al pánico general y sacar sus depósitos. Puede que usted haya "comprado al precio tope", pero que lo cuelguen si va a vender a ese precio por los sótanos. El peso podría recobrarse un poco. Y aún si no lo hiciera, lo perdido, perdido. No tiene sentido sacar su capital empobrecido de una cuenta que paga el 12% de interés para ponerlo al 5½% en los Estados Unidos.

Y efectivamente, en menos de dos semanas el "flotar" terminó, y el gobierno Mexicano informalmente vuelve a tarugar al peso al dólar. (Lo único que ahora, un peso equivale a 5 centavos, mientras que dos semanas atrás valía 8 centavos.) Puede que usted no sepa mucho de finanzas internacionales (en realidad ¿quién sabe?), pero sabe lo suficiente para darse cuenta que, al igual que una limpieza general, esta devaluación del 40% de la moneda mexicana, se veía venir hacía largo, largo tiempo. De hecho—le dice usted a sus amigos—es una suerte que devaluasen todo de una sola vez, en vez de ir carcomiéndolo de a poco, en una lenta agonía.

Seis semanas más tarde, el peso flota nuevamente, y pasa de valer cinco centavos a valer menos de cuatro. Desde el Día del trabajo (Labor Day), su inversión se redujo un 52%.

¿No está contentísimo de haber comprado ese libro?

(Todo cambia y nada cambia. Eso pasó en 1976. En 1982 el peso se devaluó nuevamente—en un 80%. En el invierno de 1994–95, cayó un 55%. Después . . . bueno, creo que ya se lo imagina.)

Este libro tan humildemente titulado—el título fue idea del editor, y yo, en un momento de debilidad, accedí—es para la gente que se quemó anteriormente tratando de hacerse rica rápidamente. Es la única guía de inversión que usted jamás necesitará, *no* porque lo enriquecerá tanto que ya el dinero no será nunca una necesidad—lo cual no hará—sino porque usted *no necesita la mayoría* de las otras guías.

Las guías que le prometen hacerlo rico son un fraude. Las que le dan estrategias con acciones u oro son demasiado limitadas. Le dicen *cómo* jugar determinado juego, pero no le dicen si usted debería jugar ese juego. Las que son enciclopédicas, con capítulos para cada tema, lo dejan donde usted empezó—tratando de elegir entre miles de alternativas.

Me gustaría aclarar que, si bien esta puede ser la única guía de inversiones que usted necesitará, de ninguna manera es la única buena guía de inversiones. Lamentablemente, leer tres guías de inversión, no triplicará y probablemente tampoco mejorará los resultados de su inversión. Lo difícil de invertir—y lo frustante—es que no es como cocinar , jugar al ajedrez, o cosas por el estilo. Porque si usted lee muchos libros de cocina y prepara muchos guisos, seguramente terminará siendo un buen cocinero, dentro de sus límites. Si usted lee muchos libros de ajedrez y aprende muchos gambitos, seguramente ganará a muchos más oponentes, también dentro de sus límites. Pero al tratarse de inversión, todos esos atributos comunmente admirables—como esmerarse, aprender mucho, realmente interesarse—no lo ayudarán mucho, y lo que es peor, tal vez actúen en contra suyo. Ha sido ampliamente demostrado, como más adelante documentaré, que un mono con un puñado de dardos elegirá tan bien inversiones de bolsa, como un profesional muy bien pagado. Muéstreme un mono que pueda cocinar una ternera a la parmesana que sea comestible.

Si un mono puede invertir tan bien como un profesional, o casi tan bien, es razonable pensar que usted también podrá. Consecuentemente, a menos que a usted le encante, no necesitará perder un montón de tiempo leyendo guías de inversión, especialmente las gordas. En verdad, la gran virtud de esta guía es su brevedad (aunque espero que no). Esta guía trata de bosques, no de árboles. Porque si usted puede encontrar el bosque justo—la inversión de mejor perspectiva entre todas—no necesita preocuparse demasiado por los árboles. Del mismo modo, este libro va a descartar en suma los campos de inversión en los que alguna gente se pasa la vida dando vueltas. Por ejemplo: es un hecho que el 90% o más de la gente que juega con acciones, se quema. Me imagino que usted ya leyó todo lo que jamás necesitará sobre acciones.

Otra cosa más sobre los bosques y los árboles—sobre el nivel de perspectiva que tiene uno: muchos de nosotros, por naturaleza, nos sentimos culpables si "tomamos el camino más fácil para salir" de determinada situación. Por ejemplo, si leemos la cobertura y el primer y el último capítulo de un libro, para saber de qué se trata, en lugar de leer cada aburridísima palabra.

Menciono todo esto, no sólo porque le ahorrará cientos de horas de ansiedad y nerviosismo por inversiones que saldrán igual de bien sin tanta preocupación, sino también porque lleva a la historia de "El mejor momento de mi vida".

"El mejor momento de mi vida" ocurrió en la clase de Análisis de decisiones cuando iba a la Escuela de negocios Harvard. La Escuela de negocios Harvard usa el "método por casos" para impartir sabiduría, lo que, en un nivel práctico, significa preparar tres o cuatro casos por noche, para la clase de análisis del día siguiente. Típicamente, cada caso describe una enorme cantidad de datos inútiles, a través de los cuales cada estudiante debe determinar cómo, el héroe o la heroína de la historia —inevitablemente un jefe de división o un ejecutivo acorralado—debería actuar idealmente. Típicamente también, yo no había preparado los casos concienzudamente.

En la clase, setenta y cinco de nosotros nos sentaríamos en un semicírculo con carteles con nuestros nombres delante, como los delegados de las Naciones Unidas. El profesor, sin previo aviso, elegiría al alumno que él pensara que le daría más vergüenza presentar su caso de análisis primero, solo, frente a todos, y durante cinco o diez minutos. Luego todo el resto del grupo se uniría a la discusión hasta el fin de la hora de clase.

En una de estas ocasiones tuvimos que preparar un caso en el que el nudo de la situación era: ¿Qué precio debería cobrar la compañía XYZ por sus ruedas dentadas? No por nada habíamos tenido que leer un capítulo de un libro que contenía elaboradas y aplastantes fórmulas para calcular esas cosas. La teoría al respecto era muy simple: cobra el precio que te dé más dinero. Pero los cálculos reales, si alguien se molestaba en hacerlos, llevaban un montón de tiempo. (Esto pasó justo antes que las calculadoras de bolsillo copasen el mercado.)

El profesor, un zorro viejo pero encantador, notando la evidente falta de mis papeles, sonrió con malevolencia y me llamó para que lidere la discusión. Ahora, esto ocurrió cuando recién comenzaba el trimestre de clases, mucho antes que hubiera confianza entre todos nosotros y cuando todavía nos tomábamos la vida muy seriamente.

Mi instinto me decía que dijera con arrepentimiento: "Lo siento señor, no estoy preparado"—un bochorno considerable—pero en un raro momento de inspiración decidí inventar algo, aunque fuera imperfecto. (Y es aquí cuando llegamos por fin al bosque y a los árboles.) Yo dije: "Bien señor, obviamente la intención de este caso es hacernos trabajar con las fórmulas elaboradas que vimos para determinar precios, en cambio, yo no hice nada de eso. El caso decía que, la compañia XYZ estaba en un campo industrial muy competitivo, por lo que me dí cuenta que si yo quería vender alguna rueda dentada, no podía cobrar *mucho más* que los otros. El caso también decía que, la compañía estaba vendiendo el máximo que podía abarcar, por lo que concluí que tampoco tenía sentido cobrar *menos* que el resto de la competencia. Como resultado, la compañía debía seguir cobrando lo que los demás estaban cobrando, y no hice ningún cálculo."

Hum.

El profesor se puso furioso—pero no por la razón que yo creía. Al parecer la idea era tenernos ocupados por 55 minutos, compitiendo todos por terminar primero nuestros cálculos, y recién *entonces* él nos mostraría que, en este caso, todos esos cálculos eran irrelevantes. En cambio, la clase terminó en 12 minutos—con un aplauso arrasador debo agregar—porque ya no había nada que discutir.*

Ahora déjenme volver a las acciones.

Mi corredor de bolsa ha tratado cada tanto de interesarme en acciones de productos básicos. El comercia este tipo de acciones para muchos clientes y—a manera de prueba de su confianza en este poducto— para sí mismo también. El puede consultar al jefe de acciones de su firma, una importante agencia en Nueva York. Y él cuenta de clientes que convirtieron $5,000 dólares en $500,000.

"Juan"—yo le pregunto—"Sé honesto. ¿*Ganas* dinero con las acciones?"

"A veces"—dice él.

"Claro, *a veces*"—digo yo—"pero en general ¿ganas dinero?"

"Ahora estoy ganando. Ya hice como $3,200 en Mayo con los cerdos." "Pero en total, Juan, si tu tomas el dinero que ganaste, menos las pérdidas, comisiones e impuestos, y si divides eso por el total de horas que has trabajado y te has preocupado—¿cuánto dinero has ganado por hora?"

Mi corredor que no es tonto, barboteó—"No pienso contestarte eso."

Resulta que mi agente ganó cerca de $5,000 dólares, sin descontar impuestos en cuatro años de comerciar con acciones. Si no hubiera ganado $10,000 dólares una vez con algodón y $5,600 con granos de soja, ya estaría masacrado, según dice él—pero, por supuesto esa es la gran idea detrás de todo este juego: un montón de pequeñas pérdidas, y unas pocas enormes ganancias. El no puede *contar* la cantidad de horas que pasó trabajando y preocupándose por las acciones. Una vez, él volvió a su casa "corto en azucar" un viernes al mediodía, luego que había cerrado al precio tope (lo que significa que él, presintiendo que las acciones

---

* Adjunto una lista de todos mis otro s triunfos en la Escuela de Negocios Harvard: me gradué.

bajarían, vendió, y por lo contrario las acciones subieron tan rápido, que él no tuvo tiempo de cubrir su apuesta, y ahora perdería aún más de lo que había arriesgado) y así pasó todo su fin de semana, y con él su esposa, angustiado.

Así que este agente tan astuto, con sus hábiles consejeros, y con sus maravillosas lecturas de datos de computadoras (ordenadores), estaba ganando $2 o $3 dólares por hora, sin descontar impuestos, por su esfuerzo. ¿Y él quiere que *yo* juegue? ¿O él quiere que *usted* juegue?

Si el 90% de la gente que especula con acciones pierde (98% tal vez sea un número más exacto), la pregunta es ¿cómo estar entre el 10% (o 2%) de los que ganan? Si no es todo cuestión de suerte, entonces lo razonable es pensar que, los que están dentro de las grandes firmas—Hershey, Cargill, General Foods, etc.—sean los jugadores que tienen más posibilidades, ya que tienen gente por todo el mundo reportándoles el más mínimo cambio de ambiente, y pueden palpar el mercado al minuto (sea el mercado de cocoa, trigo o lo que sea). Usted no forma parte de ese grupo, pero los que sí lo forman estarían encantados de tenerlo sentado a la mesa y que juegue con ellos.

Si en cambio todo es cuestión de suerte, entonces usted tiene tantas posibilidades de ganar el premio mayor como cualquier otro, y todo lo que usted está haciendo es especular, lisa y llanamente, esperando tener suerte, y pagando comisión tras comisión a un corredor, que aún si es su amigo o su cuñado, parece no poder darle buen consejo. El le aconsejará los pollos en octubre, o la escarcha en Florida o el reporte del técnico que él dice haber visto antes que nadie. Lo que no le dirá—o le costará muy caro si lo hace— es que usted no debería estar en el juego en general.

La clase terminó.

De la misma manera: autos antiguos, vinos, autógrafos, estampillas (sellos), monedas, diamantes, arte. Por dos razones. Primero, en cada caso usted está compitiendo contra expertos. Si usted ya es un experto, no necesitará ni prestará ninguna atención a mis consejos de todas maneras.

Segundo, lo que la gente no le dice cuando le da sus maravillosas y seguras apreciaciones sobre tales inversiones es que, si bien el valor que usted *paga* por determinada litografía sube sustancialmente cada año (o no), no sera fácil para el amateur poder venderla. Las galerías de ordinario se llevan la mitad del precio de venta como comisión—así que un grabado que cuesta $100 dólares y es tasado cinco años más tarde en $200 dólares, puede devolverle todos sus $100 dólares cuando lo lleve a un galerista para venderlo. Mientras tanto, ni los grabados, ni el vino, ni los diamantes le habrán dado dividendos (anímicos tal vez); lo que es peor, usted estuvo pagando para asegurarlos.

Yo dí una conferencia sobre el tema en Australia hace muchos años atrás, justo cuando comenzaban a darse las primeras caídas en lo que era el entonces buscado mercado de diamantes. Nada dura para siempre, sugerí, ni siquiera el alza anual del 15% en el valor de los diamantes. Cuando terminé, un señor de bigotes con un peluquín tipo araña aplastada, vino a decirme que él estaba de acuerdo con mis comentarios. "¡Diamantes!" se mofó (podía verse el disgusto en su cara). Por un minuto pensé que me había encontrado con un alma gemela. "¡Opalos!" dijo. "¡*Ahí* es donde está el dinero!" El individuo resultó ser un vendedor de opalos.

Cuando yo era niño coleccionaba "primeras ediciones" (sobres coloridos, marcados especialmente para conmemorar la edición de una nueva estampilla {sello}). Cada año me costaban más y más dinero. Décadas más tarde, al encontrarlas en el fondo de un ropero, llamé a un coleccionista local que yo sabía que compraba estas cosas. (Había visto su aviso en un volante del supermercado.) Sabiendo que siempre se gana más sin intermediarios, pensé vendérselas a él directamente. Estamos hablando de hermosas primeras ediciones, de los años cuarenta y cincuenta—cientos de ellas. Habían costado alrededor de los 25 centavos en más (aunque en ese tiempo eso costaba pasar el fin de semana en el campo).

"¿Cuánto pesa tu colección?"—preguntó el veterano una vez que logré despertar su interés. "¿Cuánto *pesa*?" pregunté. "¿Acaso tu colección está a dieta? Me imagino que pesa algunas libras." "Te doy $25 por ella," dijo. Habiendo luego investigado el campo, me dí cuenta hoy que esa no había sido una mala oferta. Voy a esperar unos veinte años más, y lo intentaré de nuevo.

Las medallas conmemorativas (y otros artículos) emitidos ad nauseam como "artículos de colección" por la compañía Franklin Mint, sirvieron para convertir en ricos a sus accionistas originales, pero no harán lo mismo con usted. Su contenido de plata, oro y platino es una fracción de su precio de venta.

El oro en sí no paga intereses y cuesta dinero asegurarlo. Está bien, es una apuesta contra la inflación y una buena manera de conseguir un pase para Liechtenstein, o donde fuera que sea que supuestamente huiremos cuando la caída de este gran globo un día se materialice. Pero si usted está buscando cubrirse contra la inflación, mejor busque acciones o negocios inmobiliarios. A largo plazo, aumentarán con la inflación. Y a corto plazo, pagarán dividendos o rentas.*

Es divertido invertir en los espectáculos de Broadway, pero aún si el espectáculo tiene buenas críticas, es probable que usted pierda. Un espectáculo puede permanecer en Broadway por un año o más, con salas llenas todos los fines de semana, y no devolver a sus auspiciantes ni diez centavos.

Las cadenas de cartas nunca funcionan. Las cosas que parecen compañías de cosméticos pero que en realidad son cadenas de cartas disfrazadas—en las que el verdadero dinero no se hace vendiendo cosméticos, sino vendiendo franquicias que vendan franquicias (para vender cosméticos), tampoco funcionan.

---

* Al momento de hacer esta revisión, los dividendos—en su mayoría—no están más de moda. Es una cuestión de impuestos. (Es una euforia.) Pero volverán.

Las cosas que involucran a un vendedor personal lleno de entusiasmo con la perspectiva de volverlo rico a usted, no funcionan. Cuanto más rico prometa volverlo, más rápido debe usted salir corriendo para el otro lado. En realidad, hay muy pocas maneras de volverse rico rápidamente. Inclusive muchas menos que sean legales. Aquí hay una: Tome $5,000 dólares (pídalos prestados si necesita), y apuéstelos al número 22 de la ruleta más cercana, y gane $175,000 dólares. No se ría. Muchos esquemas complicados, si se les sacan sus adornos y de alguna manera quedan reducidos a sus probabilidades subyacentes, serían igual de riesgosos. Son los adornos—la historia, la fachada—que obscurecen las probabilidades y persuaden a la gente a hacer su apuesta de $5,000 dólares, la misma gente que ni soñaría en apostar a la ruleta.

De todas maneras, ya es suficiente con cosas que no le harán ningún bien. Vamos a las cosas que podrían hacerlo. La meta del siguiente capítulo es ahorrarle $1,000 dólares por año. Tal vez más.

Un centavo ahorrado son dos centavos ganados

"En vez de tomar el autobús, volví a casa caminando y me ahorré el boleto."

"La verdad, podrías haber ahorrado mucho más no tomando un taxi."

—VIEJO CHISTE

Usted está en una categoría impositiva más alta de lo que piensa. Al menos, la mayoría de la gente lo está. Y este número—el de su categoría impositiva—es crítico para poder entender sus finanzas.

Si usted gana $30,000 dólares y paga $3,000 en impuestos federales a las ganancias, eso *no* significa que usted está en la catagoría de impuestos del 10% (tampoco lo está si usted gana $230,000 dólares y paga $23,000 en impuestos). En *promedio* usted está pagando 10% de sus ganancias en impuestos federales, pero eso no es lo importante. Para tomar decisiones financieras, lo importante es cuánto impuesto usted paga *por el exceso*—los dólares extras que usted gana.

Dado que el impuesto a las ganancias está graduado, usted no paga impuestos en los primeros pocos dólares que gana, sino que paga un montón en los pocos últimos. Y eso puede promediar en el 10%; pero, en el caso citado arriba, si usted ganó otros $1,000 dólares y es soltero, cerca del 36% de ellos irá directamente al gobierno ($280 en impuestos federales a las ganancias, y otros $76.50 en impuestos por Seguridad Social), y *esa* es su categoría impositiva: 36%. Salvo que usted se auto-emplee (sume otro 7.65%) y/o esté también sujeto a los impuestos locales a las ganancias (agregue aún más). En la ciudad de Nueva York—reconocidamente el ejemplo más brutal posible— no es raro encontrar viajeros en el metro que están en la catagoría de impuestos del 50%.

Para saber cuál es su categoría impositiva, si es que a usted le interesa saberlo, saque su devolución de impuestos federales y locales del año pasado y calcule cuánto más impuesto hubiera pagado si usted hubiera ganado $1,000 dólares extras.* Si usted hubiera tenido que pagar $350 de esos hipotéticos $1,000 dólares extras en impuestos, entonces estaría en la categoría impositiva del 35%.

Agregue los impuestos de sus compras diarias y por supuesto los impuestos de su propiedad, y el mordiscón todavía es peor. Tales impuestos, que no están directamente relacionados con lo que usted gana, no cuentan al calcular su categoría de impositiva. (Tampoco así el impuesto a la Seguridad Social cuando se toman muchas decisiones, ya que no está gravado como ganancia por inversión, y no es reducido por caridad u otras "deducciones".)

A fin de simplificar las cosas, vamos a imaginar que usted está en la categoría impositiva del 50%, o no lejos de ella—aunque sea una exageración para la mayoría de la gente. ¿Sabe lo que eso significa?

Significa que si su jefe le dio una bonificación o aumento de $1,000 dólares, sólo va a poder quedarse con $500.

Significa que "una-vez-y-media por tiempo extra", no es tan buen negocio después de todo, ya que es toda ganancia *en*

---

* Si usted usa su computadora (ordenador) para hacer sus impuestos, el cálculo es fácil. Si no, usted puede tener una idea general mirando en las listas impresas que hay en los formularios que el Departamento de Impuestos (IRS) le envía cada año. O si tiene acceso al Internet vaya a www.irs.ustreas.gov.

(Note que cualquier impuesto local adicional va a ser parcialmente compensado por una deducción en sus impuestos federales—si usted detalla sus deducciones).

exceso. Después de descontar impuestos, puede que sea tan valioso para usted como cualquier otro "tiempo trabajado". Significa, sobre todo, que un centavo ahorrado—no gastado—es igual a *dos* centavos ganados.

Piense en esto: usted está planeando salir a cenar afuera mañana por la noche, así como lo hace cada jueves por la noche, por alrededor de $50 con propina . . . pero si come en su casa gasta $10 . . . entonces estará ahorrando $40. Para *ganar* $40 extra, usted deberá en realidad ganar $80: la mitad para usted, la mitad para los hombres de impositiva.

Mi punto en cuestión no es que pagamos demasiados impuestos. Por cualquiera que sea comodidad que nos proveen (no muchas), nos escapamos de ellos bastante fácilmente, comparándonos con los ciudadanos de otros países—aunque ciertamente podríamos hacer mejor trabajo al decidir qué cosas estarán sujetas a impuestos y cómo gastar sus procedencias. Lo que quiero decir es que, cuando Ben Franklin dijo "Un centavo ahorrado es un centavo ganado," *no había* impuesto a las ganancias. *No había* impuesto por Seguridad Social. El adagio actualizado rezaría: "Un centavo ahorrado son *dos* centavos ganados." O casi.

Así que si quiere acumular un pequeño fondo de reserva, o uno enorme, la primera cosa a considerar—aunque sin duda usted ya la consideró antes—es gastar menos, en vez de ganar más. Que es de lo que se trata este capítulo. Si usted está en la categoría impositiva del 50%, es doblemente efectivo—y muchas veces más fácil.

Charles Revson, el fallecido magnate de cosméticos, compraba su enjuague bucal por cajas. Al hacerlo—aunque era en lo que menos estaba su mente-estaba haciendo una inversión mucho más inteligente que las que hacía en el mercado de la bolsa. Revson constantemente quemaba miles de dólares—de la fortuna que le daba Revlon—en una u otra inversión. Pero al comprar su enjuague bucal Cepacol por cajas, ganaba del 20% al 30% anual libre de impuestos.

Lo lograba de dos maneras: por el descuento que obtenía al comprar el tamaño super-económico al por mayor; y por el descuento que obtenía, en efecto, al combatir la inflación. Así tenía producto por uno o dos años, al precio del año anterior. Si en cambio él hubiera puesto el dinero que gastó en Cepacol en una cuenta del ahorros al 5%— para él el 2% después de descontar impuestos—y lo hubiera sacado de a poquito para comprar Cepacol de a uno por vez, en el tamaño de $1.19, ¿a dónde hubiera ido a parar?

La lección es muy clara, inclusive si usted es una persona con buen aliento natural.

Supongamos que usted y su pareja toman una botella de tinto cada sábado por la noche. Y supongamos—para hacer las matemáticas simples—que ustedes toman tinto del bueno—10$ dólares la botella. Por último, supongamos que el negocio donde compra sus vinos, es como el que está en mi barrio: ofrece el 10% de descuento si compra por cajas. ¿Qué tipo de "devolución por inversión" puede usted "ganar" al comprar por caja? ¿el 10%? No, es mejor que eso.

De la manera original, usted pagaba $10 dólares cada semana. Pero al comprar por cajas, usted gasta $108 ($120 por 12 botellas, menos el 10% de descuento). Esto significa gastar $98 extras, pero ganar al mismo tiempo $1 de descuento por botella. En el curso de un año, eso suma $52 dólares. ¡Qué le parece! Eso es una buena recompensa por haber inmobilizado $98 por un año. Es mejor que un 53% de devolución—además libre de impuestos, nada menos, ya que Impositiva no grava las compras inteligentes.*

La cuestión no es ahorrar $12 dólares en una caja de vino, sino hacer la mayoría de sus compras de esta manera, lo que también es práctico. Sumándolo, puede llegar a los $1,000 dólares extras. Combate la inflación al comprar en

---

* Bueno, en realidad llega al 177%. Vea el apéndice para más detalles.

el momento y al por mayor cuando las cosas están en oferta (o con descuento al comprar por cajas) y así fácilmente hace que $1,000 dólares se estiren hasta comprar $1,400 dólares del mismo producto, que usted hubiese comprado de todas maneras a lo largo de un año. Y esa es la devolución del 40% libre impuestos de su dinero—$400 que se las arregló para ahorrar durante un año—*sin sacrificio alguno*. No lo hará rico, pero tampoco lo harán rico $1,000 dólares en ahorros en el banco.

Esta es la manera de jugar a las acciones para los que son gallinas, sin riesgos, garantizado para todos, menos para los que comen compulsivamente. Olvídese de los cerdos con un margen del 10%, y todos esas otras "apuestas seguras" que al final siempre terminan fulminándolo. Mientras que escribo esto, tengo "exceso" con una caja de galletitas Snackwell de crema de bajas calorías, un cajón de papel tisú de marca privada, una provisión virtual de por vida de bolsas para la basura, varios barriles de ketchup Heinz y muchas otras cosas. Hace unos años atrás, yo me quedé "corto en azúcar," cuando (el azúcar) subió hasta la luna, es decir, yo no la compraría. Simplemente me comí mi inventario. Más tarde el precio mayorista del azúcar cayó de 64 centavos nuevamente a 9 centavos, y tuve un "exceso" de unas libras.

Pero ¿dónde poner la montaña de productos de su inversión? Además del lugar obvio, como la alacena o el sótano, si los que tiene son espaciosos, puede también considerar el espacio bajo su cama o su mesa, y cubrirlo con una manta o un mantel. Yo sé que suena absurdo, pero también sé que puede conseguir meter 30 cajas ganchitos para abrochadoras de papel bajo una sola mesa. O convertir las cajas de productos en un lugar para sentarse poniendo una tabla con un almohadón sobre ellas. Bidones de agua, sopa en cubitos, un abridor de latas (¡no se olvide de eso!)—planee su lista, porque puede llegar a ser un desastre de acumulamiento, y compre siempre en oferta, en cantidad (si usted está almacenando atún, obviamente debe almacenar también mayonesa).

Dicho sea de paso, la idea de acumular productos, no es tan loca. Porque el "negro destino" tampoco lo es. Los desastres suceden . . . inundaciones, terremontos, cortes de electricidad, tempestades . . . y tiene sentido que cada casa tenga su depósito de abastecimiento de comidas no perecederas que duren durante cierto tiempo—pero si la necesidad no lo acosa, que sea a precio de oferta. Tal modesto almacenamiento no sólo proteje a los individuos, sino que sirve también a los intereses sociales. Tal como la nación es más fuerte si tiene abastecimientos estratégicos, así la sociedad es menos suceptible a un estallido de pánico si todos y cada uno tienen su rinconcito de seguridad. Esto suena raro en tiempos de calma y paz—pero no son palabras dañinas en la adversidad.

No me hablen de botulismo tampoco—de 3 mil millones de latas de comida vendidas entre 1926 y 1994, sólo 8 produjeron casos fatales de botulismo. La comida en lata dura por años (aunque las gaseosas tienden a perder el gas). Y si usted rota sus cajas de comida y bebida, de la misma manera que usted rotaba las sábanas en el campamento—la de arriba, abajo, la de abajo al lavadero, la limpia arriba— nunca dejará que las cosas se pasen de su fecha de vencimiento.

Si bien este tipo de inversión ocupa lugar, no necesita mucho esfuerzo. Y usted tiene menos posibidades de quedarse sin productos. Pienso que no hubo un día en la vida de Charles Revson en el que su aliento no fuera médicamente fresco.

Lo que me sorprende es que, cuando yo escribí esto en 1978, casi nadie lo hacía. Claro que había compradores ahorrativos, y mucha gente cortaba cupones para economizar 25 centavos. Pero no exitían los Sam's Clubs, Price Clubs o Costcos. De acuerdo a *Fortune,* la mitad de las familias de los Estados Unidos en 1995, había comprado en un club mayorista.

Si todavía usted no lo hizo, y hay un club mayorista cerca suyo, *hágase socio.* No se deje intimidar por los "requisitos para ser miembro"—en el caso de Costco debe pagar $30 y ser empleado de cierto tipo de organizaciones o debe ser usted mismo una empresa. Pues si usted no califica, busque a alguien que sea socio—por ejemplo su inmobiliaria local—y consiga su tarjeta de "asociado" por $15.

He aquí algunas otras maneras de ahorrar dinero:

• **Vuele ahora, pague ahora.** *La manera más simple, segura y sensata de ganar del 18% al 20% con su dinero es pagar el total de sus tarjetas de crédito cada mes. No tener que pagar el 18% o el 20% es lo mismo que ganar el 18% o el 20%* ¡libre de impuestos! ¡sin riesgos! Es loco pagar intereses en las tarjetas de crédito si usted puede evitarlo.

Sin embargo, más del 60% de los poseedores de tarjetas no las pagan en el período de gracia. Lo que es peor, mucha gente pone su dinero en cuentas de ahorro, y gana el 2% o 3% luego haber descontado impuestos, pero pagan el 20% al comprar con sus tarjetas de crédito. Ganan 3 centavos por dólar con su mano izquierda mientras que gastan 20 centavos con su mano derecha. Eso significa una pérdida de 17 centavos por dólar—o si se trata de una familia que constantemente tiene $4,000 dólares empeñados, pierden $680 año tras año. *Perdidos.*

Las tarjetas de crédito son una gran conveniencia, pero son de lo peor como préstamo. Deshágase de ellas si no las puede pagar totalmente cada mes, pero—si usted sí *puede* pagarlas—**haga que sus tarjetas de crédito** *le paguen a usted.* Use tarjetas de crédito que le devuelvan dinero a fin de año, o que le den millas para vuelos de avión, o descuentos para compras.

La tarjeta Discover (800-347-2683) descuenta un promedio del 1/2% sobre los primeros $3,000 dólares que usted cargue en ella cada año, luego el 1%, y luego—si usted tiene la tarjeta de "edición especial"—el 2% por encima de los $5,000.

Las tarjetas que le dan millaje en aviones, le dan una milla por cada dólar que usted cargue. Llame a 800-FLY-4444 para American, 800-537-7783 para United. Si usted tiene una tarjeta American Express (800-THE-CARD) suscríbase al programa Express Miles, con el cual las millas que usted gana se acumulan en un "banco" y luego puede transferirlas para usarlas en Delta, Continental y USAir, entre otras aerolíneas. La Tarjeta Diners Club (800-234-6377) le da millas aplicables a cualquier aerolínea norteamericana—mas algunos otros lindos regalitos.

El típico boleto de vuelos domésticos "planee-con-anticipación" (plan-ahead) requiere 25,000 millas, sin embargo con frecuencia me ahorra de $500 a $1,250 dólares— ¡de 2 a 5 centavos por milla! Lo que significa que obtengo un "descuento" del 2% al 5% en cada cosa que cargo. ¡No está nada mal! (Ustedes deberían haberme visto cuando compré mi último auto y estuve peleándome con el gerente de ventas. El me pidió un depósito y dijo que podía ponerlo en mi tarjeta de crédito. Naturalmente yo traté de poner *todo* en la tarjeta. Entonces sobrevino una discusión en la que yo trataba de darle el depósito más grande posible, y él trataba de tomar el más pequeño.) La cosa buena de los premios "planee-con-anticipación" (plan-ahead) es que no necesariamente usted tiene que planear con anticipación para obtenerlos. Debe hacerlo si está planeando un vuelo a su hogar justo para el Día de Acción de Gracias (Thanksgiving). Pero si usted tiene una pequeña empresa y debe volar a Minneapolis por un día, es muy posible que haya asientos disponibles inclusive el día anterior. Es en situaciones como ésta, cuando los boletos económicos costarían de otro modo una fortuna, que el valor de las millas es particularmente bueno.

U obtenga cinco centavos por cada dólar que carga en su tarjeta, que será aplicado al costo de su próximo auto nuevo (si es que usted *compra* autos nuevos)—llame a GM al 800-947-1000 o a Ford al 800-285-3000 para más detalles. También pregunte por sus tarjetas doradas (gold cards).

La mayoría de la gente se pasa la vida pagando el 18% extra por cada cosa que carga en sus tarjetas, simplemente porque no paga el total de sus tarjetas a término . . . tampoco obtienen nada a cambio, porque no usan las tarjetas correctas. Cambie, sea uno de los "listos" que *ganan* del 2% al 5% libre de impuestos.

• **Vuele ahora, pague menos.** Cuando usted quiere o necesita viajar súbitamente, sin previo aviso, lo cual justamente siempre sucede cuando las grandes ofertas de tarifas no están disponibles—y/o cuando necesita viajar sin quedarse el fin de semana, la cual invalida muchas ofertas— pruebe llamar a 800-PRICELINE, o si su hijo/a tiene una computadora, pídale que le enseñe cómo ir a www.priceline.com. Si podriá ahorrar $300 dólares a cambio de una escala de una hora en Chicago, y para usted vale la pena, definitivamente llame.

• **No financie su auto.** Aquí pasa lo mismo que con las tarjetas de crédito. No pagar el 11% de interés en el préstamo para un auto es igual que ganar el 11%, ¡sin riesgos y libre de impuestos!

"¡Ah!" piensa usted. "Seguramente que ahora va a decirme que salde la hipoteca de mi propiedad." Pero no lo voy hacer (aunque si estuviera financiada al 11% y hubiera préstamos para vivienda al 7% en el momento en que usted está leyendo esto, estoy seguro que la idea de refinanciar ya se le ocurrió). Inclusive saldar o ir pagando una hipoteca con un 7% no es para nada una mala inversión.* Es el equivalente a una devolución de impuestos completamente segura del 7%. La diferencia entre los autos y las propiedades, es que los autos sufren depreciación, mientras que las propiedades, con un poco de suerte se revalorizan. Puede que no sea tan seguro como solía ser antes, y por supuesto existen situaciones en las que es mejor alquilar. Pero existe una diferencia entre pedir un préstamo deduci-

---

* ¿Vale la pena saldar o ir pagando una hipoteca con el 12%? ¡¡¡Sí!!! ¿Vale la pena saldar o ir pagando una hipoteca con el 10%? Sí. Pero ya sin tanta excitación. ¿Vale la pena saldar o pagar una hipoteca con el 7%? No es una mala inversión. Por lo contrario, si uno tuviera tanta suerte de tener una hipoteca con el 3%, saldarla sería tonto.

ble de impuestos para comprar algo que se revaloriza, y pedir un préstamo no deducible de impuestos para comprar algo que usted simplemente va a consumir. ¿Qué dice? ¿que no tiene suficiente efectivo para comprar un auto? Bien, entonces . . .

- **Compre un auto usado.** El "olor a auto nuevo" es la fragancia más cara del mundo. Puede que sea deprimente *tener* que hacer esto. Pero si se trata de su propia decisión, para alcanzar sus propias metas, es otra historia. Y puede así ahorrar varios miles de dólares.

- **Compre un auto rendidor.** Si usted compra un auto que da 30 millas por galón en vez de 15 . . . y si el precio promedio del galón de gasolina en los próximos años es un dólar veinte . . . eso quiere decir que luego de haber hecho 25 mil millas, usted habrá ahorrado $1,000 dólares en efectivo, simplemente en gasolina. Es más, los autos que rinden más en gasolina por milla, frecuentemente cuestan menos. Y si lo piensa en términos de su característica más importante—que lo lleva a dónde necesita ir—los autos económicos son iguales a los autos más caros. Al comprar un "auto rendidor" usted ahorra sustanciosamente en el precio de compra, ahorra ventajosamente en el seguro (ya que los autos más baratos pagan menos prima de seguro por robo y choque), ahorra convenientemente en gasolina, en mantenimiento, y valiosamente en los intereses (si es que financia su compra). En general, la decisión financiera de "comprar un auto modesto"—decisión totalmente optativa—puede significar para usted tanto como un aumento de $5,000 dólares.

- **Resista la tentación de alquilar su auto (lease).** Es una cosa cada vez más popular pero no muy sensata. Para empezar, generalmente significa un auto a estrenar, lo que significa que usted está pagando por el "olor". Segundo significa financiar casi todo el costo—pero con una tasa de interés oculta. (Pista: no la están escondiendo justamente por ser baja.) Tercero, es simplemente más complicado, con más posibilidades de trampas, que si comprara el auto directamente. Si su profesión es la de "vendedor", tiene poco efectivo y necesita un auto nuevo para impresionar a sus clientes, entonces alquilar (lease) puede que tenga sentido, ya que tal vez pueda deducir sus pagos de los impuestos. Pero si usted sólo maneja a su trabajo, a la escuela y al supermercado, alquilar es comunmente, la manera más cara de viajar.

• **Financie su auto (si debe hacerlo) con un préstamo sobre la capitalización de su casa (home-equity loan).** Una manera de saldar las deudas de sus tarjetas de crédito y la de su auto, es pedir un préstamo sobre la capitalización de su casa, si usted posee una. Los préstamos sobre la capitalización de las propiedades son como enormes tarjetas de crédito de las cuales usted puede sacar y devolver, todo o en parte, tan frecuentemente como quiera. Por lo general tienen intereses más bajos que las tarjetas de crédito, y tasas un poco más bajas que los préstamos para automóviles; y el interés que usted paga usualmente es deducible de impuestos. Si actualmente está pagando unos $3,000 dólares por año en intereses entre las tarjetas de crédito y el préstamo de su auto, cambiar toda esa deuda por un préstamo sobre la capitalización de su vivienda puede ahorrarle unos $1,500 dólares o más, con una tasa de interés más baja y además puede deducirlo de impuestos.

El riesgo: usted empeñará su casa, y como buen "junta deuda" que es, llenará las tarjetas de crédito nuevamente. Si usted se reconoce en este modelo, saque un préstamo sobre la capitalización de su vivenda, pero agarre las tijeras y corte todas sus tarjetas de crédito.

Así y todo hay riesgos. ¿Qué sentido tiene sacar un préstamo a 20 años para pagar por un auto de 6 años? (O una vacación de dos semanas.) Si nada lo fuerza a pagar el total de la deuda durante la vida de su auto, es probable que usted no lo pague. Cuando llega el momento de comprar uno nuevo, usted simplemente se endeuda aún más profundamente. En vez de ser propietario de su casa cuando usted se retire, estará endeudado hasta la manija. El uso de un préstamo sobre la capitalización de su casa requiere auto disciplina.

Si usted opta por dicho préstamo, como yo, busque un prestamista que no cobre "puntos" (points) y cobre mínimo adelanto.* Eso ahorra un montón de dinero, y perderá menos si por alguna razón decidiera mudarse o refinanciar.

• **No se deje engañar por el 1.9 de financiación.** Cuando vea las ofertas para comprar autos con el 1.9% de financiación—o $1,500 dólares de devolución—*agarre* el efectivo. Porque sino usted estará comprando un auto de $16,500 dólares por $18,000, aunque con un buen interés de baja tasa. Es simplemente otra manera de hacerle pagar más de lo que debería.

(Si usted debe financiar su auto, y un préstamo sobre su hipoteca no va a funcionar, su mejor opción es un préstamo de una cooperativa de crédito {credit-union loan}. Si usted no pertenece a ninguna cooperativa, su banco frecuentemente ofrece mejores tasas que la concesionaria de autos. De todas maneras, prométame que comprará su auto basándose en *su precio total,* no en base a sus pagos mensuales. Le sorprendería saber que muchísima gente, sin quererlo, paga $1,000 dólares más de lo que debería—y tal vez otros $1,000 dólares más de intereses—porque comprar el auto a 60 meses tiene pagos mensuales más bajos que comprarlo a 36 meses. Usted debe pedir prestado lo mínimo posible, de la manera más barata posible, y por el menor tiempo posible.)

• **Regatee el precio**—al menos al comprar un auto. Sé que esto puede llegar a ser desagradable y consumir bastante tiempo, por eso considere llamar a 800-CAR-CLUB. Puede

---

* Cada punto es el 1% del préstamo. Tres puntos en un préstamo de $100,000 dólares es igual a $3,000 dólares en efectivo por adelantado. Y en refinanciamientos, los puntos *no* son deducibles todos de una vez, sino a través de la duración del préstamo—$100 por año en el caso de un préstamo a 30 años con $3,000 en puntos.

ahorrar tiempo y dinero dejándolos trabajar para usted. (Yo ya regateé un poco a su favor por mi parte: mencione este libro al comprar, y reducirán $20 de su comisión.) Car-Bargains—800-475-7283 (o www.checkbook.org) ofrece un servicio similar. Por $165 dólares, le darán los precios competitivos de cinco concesionarias cercanas a usted; y entonces sólo le queda elegir la más barata y la más cercana. Ambos servicios tienen muy buenas referencias de usuarios.

• **No canjee su auto.** Ya sé, es mucho más fácil dejar allí su auto viejo, y salir manejando el nuevo. Las concesionarias saben eso, y lo usan con ventaja. Yo también lo haría si vendiera autos. Pero si usted separa la compra de la venta, saldrá ganando. Usted tiene una meta: sacar el mejor precio posible por el auto que compra. Al margen saque el mejor precio posible por su auto viejo. Véndalo a un vecino, o a través de avisos clasificados en el diario, o en el Internet. (Vea la próxima página.)

• **Maneje parejamente.** Acelerar abruptamente "mata" el rendimiento de gasolina por milla; frenar innecesariamente convierte energía, de fricción a calor. Tener "buenos hábitos de manejo" a la vez que neumáticos bien inflados y el motor a punto, pueden ahorrarle al menos un tercio de la cuenta familiar de gasolina por mes.

• **Al comprar un auto o un seguro de propiedad, compare precios**—llame a GEICO (800-841-3000), entre otros, para que le den un precio por teléfono*—y "auto-asegúrese"— eligiendo la franquicia más alta que usted pueda pagar. Esto significa que usted va a tener que comerse los primeros $500 o $1,000 dólares de pérdida, en vez de $100 o $250. Pero a menos que usted tenga muchísima mala suerte, el ahorro en

---

* Progressive Insurance (800-288-6776) le da el precio de su seguro por teléfono y, en muchos estados ellos mismos también le dan los precios de State Farm y otras dos compañías de seguro más—aún si los de la competencia fueran mejores. Así que una sola llamada vale por cuatro. (En los estados en los que Progressive continúa especializándose sólo en conductores con malos antecedentes, únicamente le dan su propio precio.)

las primas durante su vida van a cubrir de sobra los otras pérdidas extras no reembolsadas. Esto es especialmente verdad porque inclusive la gente que tiene cobertura contra todo, duda en reclamar gastos menores, ya que su cuota mensual de seguro subiría al hacerlo. ¿Por qué pagar por cobertura que tal vez nunca usará? En general, no tiene sentido pagar a otra persona para que tome el riesgo que usted puede permitirse tomar. Porque después de todo, en realidad no le están haciendo ningún favor. Los seguros tienen todo planeado para ganar dinero inclusive pagando toda su parte, mercadeo y costos de venta. ¿Por qué mejor no se queda todo eso usted? Además de ahorrar dinero, ahorrará el disgusto y la molestia de hacer reclamos.

Si usted compró una "batata" usada—mi auto favorito— el ahorro obvio será el seguro por choque y robo en general. ¿Quién se la robaría?

• **Al comprar un seguro de vida, el mismo consejo: *compare precios*.** Hay dos clases básicas: "a término" ({term = straight = ordinary} también llamado "sin valor de rescate" o "común") y "con valor de rescate" ({whole life = universal = variable} también llamado "permanente" o "universal"). Con el "seguro a término" usted paga por protección. Solamente si usted se muere, el seguro paga. Con el "seguro con valor de rescate" usted está comprando, además de un seguro de vida, un plan de ahorro resguardado de impuestos. Su póliza acumula "valor en efectivo". Las primas de los "seguros a término" comienzan por ser bajas, pero suben cada año. Los "seguros con valor de rescate" comienzan con primas altas, pero se mantienen constantes.

Los agentes de seguros quieren venderle "seguros con valor de rescate", porque sus comisiones son mucho más altas. Sin embargo usted haría mejor negocio comprando una póliza "a término—renovable" (renewable term insurance), y ahorrando separadamente. (Con una póliza "renovable" usted se asegura una cobertura continua, aún si su salud se deteriorase.)

Los problemas de las pólizas "con seguro de rescate" (whole life) son:

❖ Muchas de ellas pagan intereses bajos.

❖ Salvo que usted sea un experto, no sabrá cuál póliza es buena y cuál no.

❖ Usted pagará tremendas multas si "rescata" la póliza por su valor al cabo de unos pocos años—como lo hace mucha gente.

❖ La mayoría de las familias jóvenes, no pueden pagar un seguro "con valor de rescate" que les dé la protección que necesitan. Ese mismo dinero les daría una póliza "a término" de cinco o seis veces el valor.

Cuando usted pasa los 50 y en años posteriores, las primas por los "seguros a término" suben rápidamente. Pero por entonces, tal vez usted tenga menos necesidad de un seguro de vida. Los chicos ya crecieron, la casa está pagada, y usted cobra jubilación. Así y todo, usted debe tener bienes sustanciales para jubilarse, y para proteger a su esposa. Pero hay mejores maneras de ahorrar para los años tardíos que sacando un seguro de vida.

Para encontrar un buen "seguro a término", con baja prima, llame a Wholesale Insurance Network (WIN) al: 800-808-5810, y déles la información que le pidan para recibir un paquete gratuito con cotizaciones y formularios de aplicación. WIN ganará una comisión si usted compra— lo que tal vez suceda, ya que existen buenas probabilidades de que le encuentren tarifas mejores que las que usted está pagando. Dos otros servicios gratuitos a llamar son: Insurance Quote Services al: 800-972-1104 y Select Quote al: 800-350-0100. Entre las tres compañías, usted tendrá una buena variedad de alternativas.

También si usted vive en Massachusetts, New York, o Connecticut, fíjese en Savings Bank Life Insurance.

Para determinar cuánto seguro de vida necesita—si es que lo necesita—vea el apéndice "¿Cuánto seguro de vida necesita?"

Si usted ya tiene un "seguro con valor de rescate" no se amargue—no es imperioso que "rescate la póliza". Mirando en perspectiva, usted hubiera hecho mejor en comprar un "seguro a término" invirtiendo la diferencia en—por ejemplo una cuenta IRA (Individual Retirement Account).* Sin embargo usted está construyendo un valioso fondo de reservas con ventajas sobre los impuestos. Es más, usted ya pagó los cargos por adelantado, y rescatar la póliza no le devolverá el dinero. Para obtener la evaluación personal de un experto sobre una póliza tipo inversión que usted ya posee, o está considerando comprar, envíe $40 dólares a James Hunt a Consumer Federation of America Insurance Group (8 Tahanto St., Concord, NH 03301) junto con la "ilustración" de computadora (ordenador) que se usó para venderle dicha póliza. (Si usted no puede encontrarla, su agente, o la compañía de seguros, pueden proveerle una nueva copia. Dicha copia muestra, año por año, cuánto paga usted y cómo crece el valor en efectivo.)

Los agentes de seguro odian la frase "compre un seguro a término e invierta la diferencia". Ellos la objetan arguyendo que la gente *no* invertirá la diferencia, sino que la malgastará. Definitivamente ese es un riesgo. Pero si usted es un despilfarrador ¿quién dice que usted no será también uno de los tantos asegurados—el 25%—que dejará caducar su carísima póliza "con seguro de rescate" al cabo de los primeros pocos años? Eso *realmente* es tirar el dinero.

• **No compre un seguro *que no necesita*,** los cuales incluyen: seguro de vida para sus hijos (una buena compra sólo si su hijo es una estrella de cine y usted depende de lo que él o ella gane); seguro de "vida de crédito", el cual se ofrece como opción cuando usted saca un préstamo (es bueno sólo para ancianos o enfermos deshauciados); seguro de vida en los vuelos (nunca es una buena compra—5 centavos por

---

* Nota de la traductora: las Cuentas para Jubilación Personal (IRA = Individual Retirement Account) tienen un tope anual límite de inversión: solamente hasta $2,000.00 dólares de sus ingresos.

cada dólar que cuesta, van para pagar reclamos, y el resto va para gastos de mercadeo y ganancias); seguro contra el cáncer (no tiene sentido comprar un seguro médico para cada enfermedad); seguro al alquilar un auto (ya que la mayoría de las veces, su tarjeta de crédito o su propio seguro de auto, lo cubren).

Especialmente no compre los "seguros de electrodomésticos"—o extensiones de garantía para su refrigerador, cassetera, lavarropa o secarropa. Inclusive si usted recordara de aquí a algunos años que compró ese seguro, cuando el artefacto se rompe, e inclusive si el tiempo para hacer el reclamo y recibir su pago es mínimo—dos grandes ganchos para que usted lo compre—¿por qué pagar a alguien para asegurar un riesgo que puede tomar usted mismo? Con el paso de los años, usted saldrá ganando al resistir los intentos del vendedor para hacerlo comprar dicha extensión o seguro.

◆ **Use el Internet.** En la primera versión de este libro yo sugería que todos compren el catálogo de Sears, no necesariamente para comprar a su través, sino como referencia para saber el precio de las cosas. ¡Ah, maravilla de la ciencia! Ese catálogo quedó tan viejo como las máquinas de escribir. Como muchos de ustedes ya saben, ahora hay algo mucho más poderoso—el Internet. Si usted todavía no está conectado, tal vez lo persuada a hacerlo algunas de las siguientes cosas que usted puede hacer a través de él:

¿Quiere enviar un libro a alguien? Vaya a **www.amazon. com** o a **www.barnesandnoble.com**. Ahorrará el 30% y mucho tiempo. O vaya a **www.bookblvd.com** para el mejor precio.

¿Quiere comprar un auto? Visite **www.edmunds.com** para saber cuánto debería pagar—o para conocer el valor del vehículo que ya tiene. Y también visite **www.carclub.com** (el cual tiene seres humanos que negociarán el mejor precio para usted), **www.checkbook.org** (que pone a las concesionarias de autos en su barrio en la puja para darle el mejor precio), y **www.classifieds2000.com**. Es increíble. Hace un rato pregunté por un Chrysler convertible con aire acondicionado, con menos de 40,000 millas, en cierta zona de Florida. ¡Bang! segundos después, tuve nueve Sebrings y LeBaron entre los cuales elegir, y podía enviar preguntas a los potenciales vendedores con sólo oprimir el ratón de mi computadora. ¿Dónde quedaron los viejos clasificados del diario? Con www. classifieds2000.com usted puede leer o poner avisos para trabajos, inquilinos, cochecitos de bebé, computadoras, recuerdos de eventos deportivos—¡lo que se le ocurra! Fíjese. (Por supuesto, caben todas las advertencias que aplican para las transacciones privadas de los clasificados de diarios comunes.)

¿Busca un buen seguro de vida o una buena tasa para refinanciar su hipoteca? Puede visitar entre otros www.quicken.com. Podría llegar a ahorrar lo suficiente como para pagar su computadora.

¿Quiere tasar su propiedad o quiere saber sobre otras opciones de refinanciamiento? Vaya a www.homeshark.com. Visite igualmente el sitio www.insureme.com para encontrar las pólizas más baratas para seguros médicos, de automóviles, de domicilio, y de vida. Otro buen sitio para seguros médicos y de vida es www.quotesmith.com . . . www.insure.com provee las informaciones básicas sobre los seguros y las anualidades . . . www.el.com/elinks.taxes provee conexiones a los mejores sitios para los impuestos; www.irs.gov/forms_pubs/, es un sitio informativo para obtener los formularios impositivos y instrucciones sobre ellos, y www.irs.gov/tax_edu/faq, un sitio del IRS, provee ayuda y consejos al contribuyente. Consulte www.hsh.com, www.bankrate.com y www.banx.com para encontrar buenas tasas de interés sobre préstamos automobiliaros y de domicilio; www.microsurf.com para cotizaciones sobre los gastos de mudanza, y ayuda con la selección de corredores de bienes raíces . . . www.housenet.com, trata de consejos sobre el mantenimiento del domicilio, reparaciones, mejoras y maneras de reducir gastos aparte de la hipoteca . . . www. travelocity.com y www.travelweb.com proveen precios de vuelos, alquiler de coches, y hoteles . . . www.teleworth.com ofrece ayuda con la selección de una compañía telefónica de larga distancia, basándose en sus hábitos de llamadas personales. Consulte **www.nolo.com** y **www.legaldocs.com** antes de contratar a un abogado.

La red abarca todo el mundo, y constantemente está cambiando y mejorando, así que no voy a intentar catalogarla toda aquí. Pero mi mensaje es: úsela. Le puede ahorrar dinero evitando intermediarios (lo lamento por ellos), y haciendo que sea fácil comparar precios.

Si usted utiliza un corredor de bolsa para comprar y vender acciones, **use un corredor de *gran*-descuento (*deep-discount* broker)** (vea la página 148).

• **Controle a su banco.** Yo tengo una hipoteca con tasa ajustable (adjustable-rate mortgage) en un edificio de departamentos. Bueno, un edificio de departementos muy pequeño en una sección muy modesta de la ciudad. Bueno, en realidad, un edificio miserable. Pero el caso es que, la hipoteca comenzó en Febrero de 1992 con $400,000 dólares al 7.5% de interés, que debía ser amortizado (pagado en su totalidad) en 10 años. Después de 12 meses, recibí un aviso en el que bajaban mi interés al 7%, y me decían que pague $4,670.51 dólares en vez de los $4,748.07 que había estado pagando. Al entrar esta información en mi computadora (ordenador), me dí cuenta que me estaban cobrando $17.22 dólares más por mes de los que deberían cobrarme. Pero en tamaño préstamo, pensé que mejor era "tragármelo" en vez de comenzar toda una cuestión.

Pasados 12 meses más, recibí otro aviso diciéndome que mi interés ahora sería del 7%—es decir, no cambiaba— pero que tenía que hacer un pago mensual *diferente*. ¿Qué? Leyendo detenidamente me dí cuenta que el capital principal adeudado—la suma que yo aún debía era $7,000 dólares más alto que lo que *"Managing Your Money"** decía

---

* Yo uso un programa que se llama *Managing Your Money* (Administrando su dinero), el cual paga mis cuentas por teléfono usando un servicio que se llama CheckFree. Antes también pagaba mis cuentas de otra manera: cobraba regalías por haber ayudado a crearlo. Pero eso ya terminó. La versión a la venta de *Managing Your Money* es historia. Para este tipo de cosas *Quicken* es una buena elección.

que tenía que ser. Ahora sí que la cosa se estaba volviendo seria. Diecisiete dólares es una cosa. Siete mil dólares es otra cosa. Pero la cuestión que yo quiero plantear aquí es esta: si no me hubiera fijado, ya sea con el programa de mi computadora o de otra manera ¿cómo me hubiera dado cuenta? ¿Quién tiene la intuición que le dice que el capital principal adeudado de un préstamo como este debería ser $341,091.50 en Abril de 1994, y no $348,940.01? ¿Dustin Hoffman en *El hacedor de lluvia (Rainman)*? ¡Olvídelo! El contaba fosforitos.

Llevé la cuestión al banco y resultó que me habían enchufado $6,800 dólares más intereses por "póliza de seguro forzado" (force-placed insurance). El modo en que funciona es así: la computadora (ordenador) de ellos busca la confirmación de renovación de su seguro. Si nadie le dice "si", entonces le envía a usted un aviso diciéndole que el banco, para proteger sus intereses (los del banco), le sacó una póliza de "seguro forzado" sobre la propiedad, que deberá pagar usted, y que, casualmente, es la póliza de seguro más cara en la historia del mundo. Entonces usted, muy educadamente los llama, y amablemente les dice que saquen sus zarpas de su propiedad—porque usted ya había renovado el seguro— y les pasa por fax los papeles que lo demuestran. Cortesmente el banco le contestará que no le cobrarán la póliza esta vez. Pero en mi caso, me la habían cobrado igual. Y cuando me quejé, recibí una respetuosa carta del banco en la que cambiaban mi balance y me restaban $7,098.85.

Los bancos cometen errores. (Hace unos años atrás, junto con el resumen de cuenta de mi banco recibí los cheques de una tintorería china. "¿Qué quieren que haga con esto?" pregunté al banco. "Envíelos a la tintorería," me contestaron.) Especialmente con hipotecas con tasas ajustables se les escapan errores, a veces. Controle a su banco cada vez que le ajustan los pagos.

Nota: ¡Ojo! Los bancos muchas veces tienen "pólizas de seguro forzado" para autos también.

• **Ayuda para estudios universitarios,** llame a Federal Student Financial Aid Information Center al 800-433-3243 y pida la información gratuita sobre préstamos del gobierno y becas.

• **Ahorre energía.** Tener un buen aislamiento (y más simple aún "desabrigarse con el clima") tal vez sea la mejor "inversión" que usted puede hacer, ya que le devuelve el 35% o más, libre de impuestos, en ahorros anuales en calefacción y aire acondicionado. ¿Por qué poner $1,000 dólares en acciones de uno de los servicios públicos y ganar $60 dólares en dividendos anuales gravados, cuando usted puede invertir el mismo dinero en aislamiento y ahorrar $350 dólares—libres de impuestos—en su cuenta del mismo servicio? Infórmese además sobre los distintos créditos que se ofrecen para alentar a la gente a efectuar tales inversiones para ahorrar energía. Su compañía de electricidad sabe esto, y puede que ofrezca una "auditoría de energía" gratuita, para mostrarle cómo achicar sus cuentas eficientemente.

Home Made Money, escrito por Richard Heede y el personal del Rocky Mountain Institute ($14.95, Brick House Publishing, 800-446-8642) es una guía excelente para reducir sus cuentas de energía. Con ella usted aprenderá que un tubo de luz fluorescente, además de ahorrarle dinero y problemas, "puede ahorrar en su vida útil, suficiente electricidad producida con carbón, como para evitar que una planta generadora emita tres cuartas toneladas de dióxido de carbono (lo cual contribuye al efecto invernadero)" y que "el uso constante de burletes de aislación contra heladas en las mejores ventanas, desplazaría la necesidad de todo el petróleo de Alaska." También aprenderá sobre calafateo, árboles para sombra, duchas para baños y planchas calentadoras de agua.

❖ ¿Por qué necesitamos tener 78° en invierno cuando afuera hace frío, y 70° en el verano cuando hace calor? **Invertir esas dos temperaturas puede ahorrarnos mucha plata.** Los ventiladores de techo pueden ser una buena inversión—en verano, obviamente, pero si los hace funcionar despacito en invierno, empujan el aire caliente hacia abajo, hasta las puntas de los dedos de sus pies.

❖ **La energía solar para calentar agua** puede ser una buena inversión en algunas áreas.

❖ Un "**cobertor de piscinas**" casi no cuesta nada, y usado apropiadamente puede agregar diez grados a la temperatura del agua, y ahorrarle una fortuna comparado con un calentador de agua de piscinas.

• **Saltee sus deducciones de impuestos.** Mucha gente descubre cada año que tiene suficientes deducciones como para que itemizarlas valga la pena—pero no es así. Si usted está en esta categoría, o si apenas tiene suficientes deducciones para itemizar y hacerlo le ahorra muy poco dinero, considere agrupar sus deducciones cada año por medio. Planee itemizar en el 2000 y el 2002, por ejemplo, pero utilizar la deducción tipo en 1999 y el 2001. No haga los regalos anuales de caridad que normalemente hace en 1999—hágalos en enero del 2000. (Lo mismo con los pagos de impuestos locales, pagos médicos y otros pagos potencialmente deducibles que pueda arrastrar hasta 1999.) Cuando llega diciembre del 2000, *haga* sus contribuciones de caridad, pre-pague los impuestos locales y así en más. La mitad de los años usted tendrá la deducción tipo que hubiera tenido de todas maneras. Y en la otra mitad de los años usted se encontrará con $2,000 o $3,000 dólares de deducciones. Eso le ahorrará de $600 a $900 dólares año por medio, si es que usted está en la categoría de impuestos del 30%.

• **Prepare** *sus propios* **impuestos.** Si usted estuvo pagando $100 dólares o más para preparar sus impuestos, prepárelos usted y ahórrese ese dinero. Es más fácil de lo que usted piensa. Vea la página 130.

• **Marque el teléfono** *usted mismo.* Cuando usted llama a información (lo que de por sí ya es caro, sobre todo si tiene una guía telefónica a mano), frecuentemente le dicen que el número que usted pidió puede ser marcado automáticamente por 35 centavos. Simplemente "oprima 1 o diga YES (sí)". Momentito: A mí me encantan las maravillas de la era espacial como a todo el mundo, pero gastar 35 centavos para ganar 10 segundos, es pagarle a la máquina $126 por hora para hacer algo que muy bien puedo hacer yo.

+ **Córtese usted mismo el pelo.** ("Y ponte la camisa adentro," dice mamá. "Mirate en el espejo.") Usted puede ir a a la peluquería y cortarse el pelo cada tres semanas y pagar cada vez $25 dólares—$425 por año—o bien puede conseguirse una cuchilla de acero inoxidable super afilada y ahorrarse en cinco años $2,125 dólares, además de más de 100 horas entre ir, sentarse y volver de la peluquería. O córteselo profesionalmente unas pocas veces por año, y usted haga el resto.

+ **Evite comprar billetes de lotería** con el vuelto de lo que paga cuando está en la caja. La lotería apenas paga 50 centavos en premios por cada dólar que le chupan; pero como todos los premios mayores están gravados pesadamente, las posibilidades son todavía peores. Si sale cara usted gana 30 centavos, si sale ceca usted pierde $1 dólar.

+ **Suscríbase a *Consumer Reports*** (800-234-1645) ya que tiene informes no tendenciosos virtualmente sobre todas las cosas. Así tendrá buenos productos por su dinero.

+ **Cuando reserve una habitación de hotel, negóciela.** Decir: "Hum, tal vez debería ir a averiguar los precios de su competencia—¿no tiene nada más barato?"—muchas veces, mágicamente, hace aparecer algo. Mejor todavía es llamar a una Red de consolidación de reservas de hoteles (800-634-6835), dado que compran bloques de habitaciones a precios muy rebajados, y después las revenden a gente como usted o yo.

+ **Otras cosa más a negociar: las tarjetas de crédito.** Si su tarjeta cobra una tarifa anual, averigüe si igualan las ofertas de la competencia, la cual no la cobra. Frecuentemente lo hacen. Es más barato para ellos que buscar otro cliente. También, si usted tiene más de tres tarjetas, tiene demasiadas—sobre todo si paga una tarifa anual para tenerlas. Por supuesto que tiene sentido tener una en un lugar seguro, de reserva, en caso de que su billetera sea robada,* o que haya una disputa o error de computación con la tarjeta primaria. Pero ¿tener 6 u 8 tarjetas? ¿Para qué?

Dos tarjetas que *podrían* darle beneficio tenerlas:

La tarjeta **Transmedia**, le ahorra el 20% de algunos restaurantes seleccionados, excepto el impuesto y la propina. Llame al 800-422-5090 y regístrese. O visite **www.transmediacard.com**. Junto con su tarjeta recibirá una lista de restaurantes que participan en el plan. Si usted va a uno de ellos, déle su tarjeta al mesero para pagar la cuenta. El va a recibir su propina completa, así que las "gracias" que le dé al irse, serán sinceras. A fin de mes, usted verá dos cosas en el resumen de cuenta de su tarjeta Visa, Master o Discover (la que fuera que usted autorizó a Transmedia a cargar): todos los gastos del resturante, como siempre, y en otra línea, su crédito por el 20%. Así que si usted lleva a su mujer a una cena romántica de $50 dólares (más impuesto y propina), usted verá un crédito por $10 dólares. Corteje a su mujer *una vez por semana cada semana* en los restaurantes que participan, y usted ahorra $500 dólares anuales. Vaya a un almuerzo de $100 dólares (más impuesto y propina) con 5 colegas, y encontrará un crédito de $20 dólares en su próximo resumen de cuenta—inclusive si su compañía le reembolsa el gasto, y/o si sus amigos insistieron en pasar billetes de $20 hasta usted. (Supuestamente usted compartirá el ahorro con ellos.) Si usted no vive en un área cubierta por la tarjeta, igual sería bueno tenerla para los viajes de negocios ocasionales o para las vacaciones.

La **Tarjeta de Crédito IGT** ofrece el 25% de descuento siempre que usted pague a término. IGT (In Good Taste) incluye cientos de restaurantes que Transmedia no cubre, así puede ampliar sus opciones y llevar las dos. También le da

---

* Una buena costumbre: Fotocopie todo el contenido de su billetera. Si se la robasen estará muy contento de haberlo hecho.

descuentos en hoteles y albergues desde Inglaterra al Caribe y Hawaii; y en artículos como flores o anteojos a servicios de tintorería o limosinas o estacionamiento. Llame al 800-444-8872 para aplicar, o visite www.igtcard.com.

Los descuentos que estas tarjetas ofrecen son posibles, porque muchos restaurantes decentes tienen mesas en exceso, y—así como las aerolíneas prefieren vender pasajes baratos a tener asientos vacíos—ellos prefieren vender comida al "por mayor". La economía de restaurantes y aerolíneas no se difieren mucho. Sólo, los restaurantes son más lentos.

Transmedia e IGT obtienen un descuento aún más grande del precio de la comida, así que mientras más coma usted, más dinero ganan ellos. Y para el restaurante es una manera de atraer nuevos clientes y llenar mesas vacías. El descuento es una forma de publicidad altamente dirigida. En lugar de darle el dinero a una estación de radio para que usted vaya, se la dan a *usted* directamente.

Pero no se olvide que es mucho más barato comer fideos con Pepsi en casa.

◆ **No fume más.** Un paquete por día son unos $1,000 dólares por año sólo para empezar. Dígale a su adolescente que a usted no le importa su salud o su dientes que pronto se tornarán amarillos. Lo que le importa a usted es su *dinero*. La decisión de desarrollar un hábito de ahorro en vez del de fumar, hace una gran diferencia. Con la primera elección, su adolescente gasta $1,000 dólares por año en Marlboros y, a los 65 años tiene cáncer. Con la otra opción, él o ella pone el dinero en fondos mutuos que capitalizan el 12% de interés anual y a los 65 tiene $2.4 millones.*

---

* Los fumadores también pagan más por seguro de vida, y gastan más en remedios para el resfrío y médicos. Puede que el Instituto del Tabaco aún hoy no esté convencido de que el tabaco mata, pero las tres compañías de seguros de vida que pertenecen a compañías tabacaleras, sí lo están. Las tres cobran a los fumadores el doble por un seguro a término. Mientras tanto, una división de Dow Chemical descubrió que los fumadores faltan al trabajo 5.5 días más por año y se ausentan 8 días más por incapacidad (física o mental).

* **Compre la marca del negocio.** La mercadería con etiquetas privadas frecuentemente está hecha en las mismas fábricas y con los mismos ingredientes que las marcas más caras que se publicitan. Aspirina es aspirina, no importa cuán elaborada sea su publicidad.* Lejía es lejía. Es un hecho lamentable que uno de los patrones del consumidor Americano sea evitar comprar las etiquetas de marca privada—la gente pobre en particular—pese a los ahorros potenciales que eso significa—tanto persuade la publicidad. Por ejemplo, una marca privada de espuma de afeitar ocasionalmente está en oferta por $1.09. Créame, funciona tan bien como las marcas conocidas que están en el otro estante y se venden por $2.39.

Está bien, no todas las marcas privadas son tan buenas como los productos de marca de la competencia. Presumiblemente, ninguno es mejor. Nunca *me* encontrarán usando otro ketchup que Heinz. Pero ¿realmente, vale la pena estornudar en un tisú de marca Kleenex?

* El **agua helada** tiene tanto valor nutritivo como la Coca-Diet, y es gratuita. Se supone que tomar cantidades de agua es bueno para usted.

* La gente que toma whisky puede diferenciar entre una y otra marca, pero muéstreme al hombre que pueda decir cuál **vodka** se usó para hacer su vodka tonic. Si los símbolos de status son importantes para usted, compre *una* botella de Absolut y un embudo de 59 centavos. Deben alcanzarle para toda la vida.

* Llame a sus familiares y amigos durante los fines de semana y por la noche. Aún mejor: envíeles **e-mail**.

---

* *Consumer Reports* es arrasante al comparar las marcas tales como Bayer, Bufferin, Anacin y Excedrin con aspirinas de la marca de los negocios. La gran diferencia está en el precio, y un poco de cafeína aquí o de antiácido por allá, o un poco de analgésico tipo aspirina en el otro. En un negocio, encontraron una botella de aspirina genérica de 100 pastillas por 99 centavos, contra la aspirina Bayer a $4.99.

◆ Ya hablamos del Cepacol. **Considere comprar** *servicios* **"por caja"** también.

Hace poco recibí mi renovación del seguro por inundación con una opción: un año a $429 dólares, o tres años a $1,147. ¿Cuál elegiría usted? Es el tipo de opción que tenemos que hacer fecuentemente, tal vez muy seguido con las subscripciones para revistas. La siguiente es la manera que usted debe encarar dichas decisiones:

En el ejemplo de arriba usted debe " invertir" $717 dólares por adelantado para ahorrar $140 (pagando $1,147 de una sola vez, en lugar de $429 en tres veces = $1,287) ¿qué tipo de devolución es esa?

El truco es calcular durante cuánto tiempo usted detiene ese dinero. Su primera respuesta será decir "tres años", pero eso es erróneo. Si usted hubiese pagado anualmente en lugar de todo de una sola vez, los segundos $429 dólares debería pagarlos de aquí a un año, lo que quiere decir que esa porción de los $718 dólares—el 60%—sólo queda detenido durante un año. Y el resto ($289 dólares) sólo queda detenido por dos años.

Si el 60% de sus $718 dólares queda detenido por un año y el 40% por dos años, entonces la cantidad total, sacando un balance promedio, queda detenido por 1.4 años (¿Cómo llegué a ese número? Yo multipliqué 1 año por 60% y me dio 0.6 años; después multipliqué 2 años por 40% y obtuve 0.8 años; depués sumé 0.6 y 0.8 y obtuve 1.4 años.)

¿Qué tipo de devolución es ganar $140 dólares con $718 dólares en 1.4 años? Si usted no es un buen matemático ni un bicho de computadoras, simplemente divida los $140 dólares de devolución por los $718 dólares de inversión y obtendrá el 19.5% de ganancia. Divida *eso* por 1.4 años y obtendrá una respuesta errada—pero no demasiado—del 13.9% de ganancia anual. La respuesta exacta—fácilmente calculable con una calculadora de bolsillo, o un programa de computadora (ordenador) que incluya la función de "valor descontado a actual" (present value) para inversiones—le dará como resultado el 13.569%. Y es libre de impuestos.

Además, usted estará ahorrando el tiempo y el gasto de pagar esa cuenta cada uno de los tres meses. Si usted piensa que cada envío le sale cerca de $1 dólar entre el correo, el sobre y el esfuerzo, sus ahorros suben a $142. Y también está el ahorro de congelar el precio de hoy, y evitar incrementos en los años dos y tres.

Así que, después de impuestos, la devolución que le ofrece tener parados $718 dólares, tal vez sea más grande que el 13.5%.

Igualmente usted debe considerar si existen multas por cancelar o terminar su seguro (o la subscripción de la revista) a la mitad del término, o si la compañía de seguros (o la editorial de la revista, o el gimnasio, o la compañía fumigadora) se fundirán antes de que terminen los tres años, dejándolo sin seguro (o sin nada para leer, o sin lugar para hacer ejercicio, o invadido de ratas y cucarachas).

Si todos estos ahorros de centavos le parecen demasiado minuciosos, no deje de ver cuál es el sentido de ello: puestos todos juntos, es posible que usted esté ahorrando $1,000 dólares anuales—tal vez mucho más—con muy poco esfuerzo. Y eso es lo importante, ya que el típico americano no ahorra demasiado.

Cuando este libro se publicó por primera vez, el porcentaje disponible de los ahorros de ingresos personales en los Estados Unidos era del 9%. Durante la última década ha sido *la mitad* de eso.

La mayoría de la gente necesitaría mejorar eso—y ellos pueden.

Usted *puede* vivir con $165,000 dólares por año

Un centavo ahorrado es—imposible

—OGDEN NASH

La mayoría de nosotros nos pasamos mucho tiempo preocupándonos por el dinero que no tenemos; pero muy pocos de nosotros usamos ese mismo tiempo para hacer un plan razonable para tenerlo. ¿Dónde estoy? ¿A dónde quiero llegar? ¿Cómo voy a lograrlo?

Si usted ya tiene un presupuesto bien equilibrado, o es rico o ahorrador, pase directamente a la página 52. Pero si usted es una de las tantas personas que aunque les va bien les cuesta llegar a fin de mes, o llega con la lengua afuera, *escuche*. Lo que sigue es importante, no solamente porque le dará la posibilidad de poder vivir con su dinero, sino porque en sí, es un plan total.

Primero, tome un lápiz, un block de papel oficio amarillo (o su computadora {ordenador} y un programa como *Quicken*). Luego, dígale a su secretaria que no quiere ser molestado. Si usted es la secretaria, tome un block de papel más chico. Si usted no es una secretaria, ni tiene una—tal vez tiene el trabajo de un *hombre,* como por ejemplo "operador de grúas"—haga esto en casa, en su silla preferida, tarde por la noche, cuando nadie lo vea. (Los verdaderos hombres hacen apuestas, no presupuestos.)

Si usted tiene una media naranja, siéntela(o) a su lado, y trabajen juntos.

1. **Saque la cuenta de su valor neto.** Sume todo lo que usted posee, reste todo lo que usted debe, y ese es su valor neto.

   En pocas palabras, antes de comenzar a hacer un presupuesto, usted debe saber en dónde está parado.

   Abajo, a la izquierda de la primera página de su block de papel amarillo, haga una lista de todos sus bienes y su valor aproximado—la casa, el auto, las cuentas de ahorro. Abajo a la derecha, haga una lista de sus deudas—el préstamo para su casa, el de su auto y los totales de sus tarjetas de crédito. ¿Cuál total es más grande?

   Si usted posee más de lo que debe, usted tiene un valor neto positivo.

   Tiene una ventaja de tres casilleros en el tablero del juego.

   Si usted tiene un valor neto negativo—usted debe más de lo que posee—ahora puede entender porqué su mamá se preocupa tanto por usted. (¿Qué dice? ¿Que porque ella ya está muerta usted piensa que ya no se preocupa más?)

   Reste lo que usted debe a lo que usted posee y escriba el resultado al pie de página.

2. **Póngase metas.** ¿Dónde quisiera llegar de aquí a un año? "A no tener más deudas" podría ser una respuesta apropiada. ¿Y de aquí a dos años? "Sin deudas, con $2,000 dólares en una cuenta IRA (Individual Retirement Account), $2,500 en el banco y un equipo stereo que despierte a los muertos." ¿Y de aquí a cinco años? "Quisiera tener un valor neto de $60,000 dólares punteando hacia el medio millón."

   Usted hace un presupuesto para alcanzar esas metas. Escriba sus metas en la segunda página del block amarillo. Que no sean metas demasiado pretenciosas. Trate de ponerse metas que, malabareando su presupuesto aquí y allá, secretamente usted se dé cuenta no sólo que puede alcanzarlas, sino que puede sobrepasarlas. Si usted apunta demasiado alto, nunca sentirá que lo que está haciendo está suficientemente bien. Por supuesto que guardará en el tintero muchas metas, sueños y esperanzas—¡claro!—pero piense (y no demasiado si puede) en ellos como su sueño mejor. ¡Por supuesto que querrá un Porsche! Pareciera que todo el mundo quiere uno (yo no—yo quiero ser invisible y poder volar). Pero no llegue a ser completamente infeliz por no tenerlo.

3. **Saque la cuenta de cuánto gana por año.** Arriba, en la tercera hoja de papel amarillo, haga una lista de todas sus fuentes de dinero anual: su sueldo (multiplique su cheque por 12, 24, 26 o 52, tantas veces como lo reciba por año), los pagos de la cuenta que le dejó su abuelo, los $20 dólares semanales que saca por arbitrar el fútbol de Los chiquititos, dividendos, y todo lo demás.

Sepa que para la mayoría de la gente, esta lista no es muy larga.

"Sueldo: $28,400 dólares." Fin de la lista.

También sepa que:

❖ No necesita ser maniáticamente detallista. Los redondeos de números están bien.

❖ Cuando tenga dudas, estime hacia abajo, menos cantidad. De esa manera, cualquier sorpresa, va a ser una sorpresa agradable.

4. **Déle un repaso a sus gastos.** Esto es igual que nombrar todos los estados. Si usted se imagina el mapa y comienza por Maine, y gradualmente va bajando hacia el oeste, va a terminar con 43 estados. De repente se va a acordar de Kansas (si usted es de Kansas se va a acordar de Delaware) y de algunos otros, y va a llegar a 48 estados. Los otros dos lo matan, aunque usted los conoce perfectamente bien (Nebraska—¡por supuesto! y Alabama), y es posible que tenga que espiar un mapa para encontrarlos.

Lo mismo sucede cuando hace la lista de sus gastos. Rápidamente encontrará nombres bajo los cuales listar la mayoría de sus gastos, aunque estos listados—al contrario que los estados del país—no tienen un número fijo. Puede que usted ponga varios de sus gastos bajo la lista llamada: "Diversión", o tal vez haga varias listas divididas en: restaurantes, cines, alquiler de videos, libros y revistas, teatro y deportes. Haga lo que tenga sentido para usted.

Tampoco hay un número específico de las cosas que entran en un presupuesto—así que usted no tendrá la misma seguridad que tiene al tratarse de nombrar todos los estados, para saber que no se olvidó ninguno. Usted *pensará* que se acordó de todos, al igual que los estados. Pero es muy posible que no. (Gasolina—¡eso es!—gastos de jardinería.) Si usted no se acuerda, mire el mapa—mire los gastos de su chequera del año pasado y los resúmenes de cuenta de sus tarjetas de crédito. ¿En qué categoría puso los gastos el año pasado? (Miscelánea ¡eso era!)

Al lado de cada categoría, ponga el total de cuánto gasta en ella. Si no sabe cuánto gasta en ella—más razón tiene para hacer este ejercicio. ¿Sale dos noches por semana y gasta $75 dólares cada vez? (No es difícil entre cena, cine y helado.) Eso suma $7,800 por año.

Algunas categorías, como esta, es mejor calcularlas semanalmente y multiplicarlas por 52. El alquiler de su casa, el pago de la hipoteca o la cuenta de electricidad es mejor calcularlos por mes y multiplicarlos por 12. Sus visitas anuales al dentista las multiplica por dos, pero no las incluya en general si el seguro médico se las reembolsa. Los gastos que le reembolsan no afectan sus finanzas para nada, así que, ignórelos.

Ignore también los gastos que le sacan de su pago automáticamente, porque usted anotó solamente la cantidad neta de dinero que lleva a casa, bajo el nombre de ganancias. Pero si prefiere, liste su ganancia *en bruto* y réstele cada una de las deducciones—impuestos, seguro médico, etc.—como si fueran gastos. Cualquiera de esas maneras está bien.

No incluya sus tarjetas de crédito como categoría en su listado. Sólo la tarifa que le cobran por tener la tarjeta, y más importante, los intereses anuales que le cobran, deben estar en su listado. El resto—ropa, comidas, y lo que fuera que usted carga en las tarjetas—debe ir cada uno en su categoría, "Ropa", "Comidas", etc.

En su primer repaso, escriba rápidamente al lado de cada gasto cómo lo calculó (por ejemplo: $75 × 2/veces = 150 × 52 semanas = $7,800). No economice. Si tiene alguna duda, calcule para arriba. Redondee alto. ¿Su seguro de auto cuesta $950 por año? Escriba $1,000.

Al final de la lista ponga todos los gastos que en realidad nos son "gastos": son inversiones. Los $2,000 dólares que voluntariamente usted pone en una cuenta IRA, no son como los $2,000 que se tira en un Crucero por el Caribe. Es dinero que apenas se mueve de su bolsillo delantero y va al trasero. Del mismo modo, gastar $40,000 dólares en una alfombra oriental—si es que realmente vale $40,000 (las que vuelan, los valen) no es gastar dinero para nada. Es simplemente cambiar los fondos de una forma de inversión, como una cuenta de ahorro, a otra, como la alfombra. (Si usted vendiera la alfombra inmediatamente y sacara por ella sólo $25,000 dólares, entonces en realidad invirtió $25,000 en una alfombra y gastó $15,000 en su sala.)

Si usted compra un nuevo auto cada cuatro años, no anote cero para los tres primeros años y $18,000 en el cuarto. Ponga $4,500 dólares por año (más mantenimiento y seguro).

Si posee una casa, incluya una cantidad para mantenimiento y reparaciones, aunque realmente no esté seguro de qué arreglará ni cuando. Si usted lista $2,500 dólares en arreglos por año, porque planea pintar la casa pero el techo comienza a tener goteras—pues entonces este año arreglará el techo, y si los fondos son escasos, el pintarla pasará al año siguiente.

5. **Revise de nuevo sus gastos.** ¿De qué se olvidó? ¿Muebles? ¿Regalos? ¿Electrodomésticos? Inevitablemente se acordará de otras cosas según vaya leyendo, por eso es que usted está escribiendo con lápiz.

6. **Refine su plan.** Sume sus gastos, sin contar las cosas que realmente son una inversión, como las contribuciones al IRA. ¿Cómo está el equilibrio entre lo que gana y lo que gasta? Idealmente usted mete más de lo que saca, tanto como para alcanzar las metas que anotó en la segunda página del block amarillo. Pero generalmente no es así.

¿Dónde está el déficit? ¿Está viviendo una vida de $50,000 dólares cuando en realidad usted gana $45,000? Usted tiene tres opciones para terminar con esa diferencia:

❖ Gaste menos.

❖ Gane más.

❖ Póngase metas menos pretenciosas.

Vuelva a revisar su listado, y tratando de ser realista, fíjese por dónde lo puede cortar. ("Hay varias maneras de administrar y asignar fines para el presupuesto familiar," dijo Robert Benchley, "y todas son insatisfactorias.") Antes, hacer esto, era una tarea pesada. Ahora, todavía sigue siendo pesada, pero es una parte de su gran plan.

Así que primero recorte su presupuesto. Pero sea realista. No predisponga todo para salir perdedor.

Luego, si sus gastos y metas de ahorro todavía exceden sus ganancias, comience a pensar en incrementar sus ganacias.

Lamentablemente esto muchas veces implica más trabajo. Pero si todavía usted no tiene dos trabajos, o paga renta porque usted no es el cuidador de su edificio y puede vivir gratis en él, usted no maneja un taxi los fines de semana, no es mesero, ni tipea documentos— pero quiere alcanzar sus metas y trabajar menos en el futuro—comience a considerarlo. De alguna forma, va a ganar más dinero. Por otra parte, va a gastar menos dinero. Va a estar demasiado ocupado o cansado como para gastarlo.

Si usted no consigue o no quiere otro trabajo, otra vez revise sus gastos, pero esta vez minuciosamente. Usted podría, por ejemplo, mudarse a una casa más económica. Puede cambiar esquiar por hacer aerobismo, o alquilar una habitación de su casa.

Otra opción es simplemente apuntar más bajo con sus metas.

Vuelta y vuelta, ahí está usted, barajando ganancias, gastos, y metas dejando migas de goma de borrar por toda la mesa de su cocina, hasta que llega a un plan de ganancias y gastos que dé un resultado razonable. El proceso en sí vale la pena. Le sirve para establecer sus prioridades. Le sirve para poder ver a dónde están yendo sus finanzas y, si así lo quiere, cambiar el rumbo. En verdad, de lo que se trata aquí, es de tomar control de su vida.

Al estimar bajas sus ganancias, y altos sus gastos, está preparándose para tener éxito. Eso hace que su presupuesto sea un juego divertido de jugar, en vez de un peso de culpa y desaliento que lograrán que usted quiera abandonar.

(Hablando de desaliento, si usted tiene tres niños, no se descorazone si no puede ahorrar mucho. Muchos, solamente pueden ahorrar antes de que los chicos nazcan y después que se gradúen. Pero aunque sea, vaya juntando en una cuenta IRA mientras ellos crecen, sé que es difícil, pero esos ahorros le darán $250,000 o $500,000 de ventaja en el otoño de su vida. Así que trate de ahorrar, aunque sea *algo*.)

Cuando escriba sus metas, deténgase a pensar en lo que sí tiene (como su salud, su televisor Sharp color de 25 pulgadas y control remoto de $359 dólares) y no solamente lo no tiene (como un entrenador personal de gimnasia, o un televisor Matsushita de 60 pulgadas de $2,995 dólares).

7. **Despilfarre $5 dólares en un cuaderno de contabilidad.** Una vez que usted hizo su plan, cómprese un cuaderno contable de varias columnas en cualquier papelería para poder hacer sus números y ver sus progresos (o una computadora (ordenador) pequeña ver abajo). No importa mucho qué metodo use, siempre que use uno. Tampoco necesita esperar hasta enero para comenzar. El gobierno hace sus presupuestos en un año fiscal, y usted también puede. La mayoría de estos cuadernos tienen columnas para anotar los gastos 12 meses, pero usted puede poner los nombres de los meses en los casilleros. El primer mes puede ser tanto abril como enero.

8. **Lleve la cuenta de sus gastos—o use un sistema totalmente distinto.** Antes de ir a la cama todos los días, anote sus gastos del día. Para acordarse de lo que gastó, guarde los recibos y también una tarjeta de fichero de 3 × 5 pulgadas donde pueda anotar todo el resto de los gastos. Con presupuesto, o sin presupuesto, en verdad es probable que usted reduzca sus gastos, si se siente un tonto cuando tiene que anotarlos.

¿Que es muy fácil decirlo, pero otra cosa es hacerlo? Bueno, le doy un sistema más fácil: Destruya todas sus tarjetas de crédito. Cuando reciba su sueldo, deposite el 20% en una o varias cuentas de inversión que nunca jamás tocará ("la canasta intocable" como la llama la consejera de finanzas Betty Maden). El 80% restante póngalos en el banco, en una cuenta corriente común con chequera y ajústese a su presupuesto con ese dinero, cueste lo que cueste.

Es una disciplina financiera no muy convencional, pero es mucho mejor que el sistema de presupuesto Visa que la mayoría de la gente utiliza. El sistema Visa, le dice exactamente cuánto puede usted gastar (su línea de crédito disponible) y exactamente cuánto tiene que pagar por mes (su pago mínimo mensual), y también le cobra el 15% o 20% por molestarse en decírselo.

9. **Dése un respiro.** Si usted se toma el tiempo de planificar su futuro financiero, y controlar sus progresos, no se convierta en un esclavo de ello. ¿A quién le importa si usted no anotó cada gasto que hizo últimamente? ¿Quién se va a meter si se pasa de su presupuesto de tanto en tanto? La idea no es registrar cada centavo (aunque podría llegar a ser un experimento interesante durante tres meses, para saber exactamente a dónde se va el dinero). La idea es gastar menos de los que gana cada año, salir de la deuda, y construir un cómodo y seguro futuro.

El truco se logra viviendo un poco por debajo de lo que usted puede, motivado por la zanahoria (ahorrando con anticipación para cualquiera sea la cosa para la que usted ahorra) en vez de por el rebenque (teniendo que pagar por ello—aunque haya estado lloviendo todo el tiempo que usted estuvo allí).*

Vivir por debajo de su presupuesto es duro. (¡Vivir *dentro* de su presupuesto es duro!) Convertirlo en un juego, ayuda. Convertirlo en desafío ayuda. "Páguese primero a usted mismo" ayuda (ponga el 20% de su sueldo en una cuenta de ahorro o en fondos mutuos). Pero aunque sea duro, cuando comience a ver los resultados, se irá convirtiendo en más fácil. Si quiere salir primero en el juego, tiene más posibilidades de ganar de esta manera, que comprando billetes de lotería cada semana.

De una u otra forma, el futuro llegará. Con un poco de planeamiento, usted puede elegir cómo va a ser. Piense en su dinero no como si fuera un albatros, sino como su arma secreta.

---

* "Yo compré un vestido con un plan en cuotas (reza el viejo dicho). La razón por supuesto, era atraer a un hombre. El vestido está gastado, el hombre se fue—pero todavía sigo pagando las cuotas."

Haciéndolo con la computadora (ordenador)

Como usted tiene que pagar sus cuentas de alguna manera, tengo mucho que decirle sobre cómo hacerlo con una computadora. Sea que use *Quicken* o *Microsoft*, o cualquier otro programa, una vez que lo programó ahorrará cantidad de tiempo, "capturará" la data que necesita para imprimir sus reportes, preparar sus impuestos, y controlar su presupuesto.

Por ejemplo, le voy a decir cómo pago el préstamo de mi vivienda cada mes. No lo pago. Se paga automáticamente, a través de un servicio llamado CheckFree. Cada mes el pago se debita a mi cuenta de banco, y se acredita en la cuenta de la compañía financiera. Cuando el porcentaje de interés cambia, unas pocas teclas en mi computadora con el programa *Managing Your Money* le avisan a CheckFree la nueva cantidad a pagar. Mientras tanto el programa lleva un control de cada pago mensual de interés (para poder preparar mis impuestos) y de capital (para ajustar mi presupuesto mientras que mi casa se capitaliza).

Para pagar la cuenta de electricidad Florida Power & Light, que varía cada mes, hago un click con mi ratón unas pocas veces y entro la cantidad. Todo lo demás se autollena. No necesito escribir un cheque, ni mi número de cuenta, ni la "cantidad en inglés" ("doscientos setenta y nueve con catorce centavos"). No necesito comprar o buscar una estampilla (sello). Esto y otros pagos que yo programé, se transmiten por teléfono a CheckFree, quien efectúa los pagos cinco días hábiles después.

Claro que usted también puede imprimir los cheques (o escribirlos a mano y entrarlos después). Pero lo lindo de todo esto, es que una vez que usted entró la información, queda allí. ¿Quiere una lista rápida de todo lo que gastó en la ferretería si hay un desacuerdo?—¡Bang!—está allí. ¿Quiere comparar lo que gastó en ropa este año y el año pasado? ¡Bang! ¿Quiere reconciliar la cuenta de banco? ¡Bang!

Una vez por año los programas de finanzas personales mejoran. Muchos le ofrecen conexión directa con su banco, así puede "ver" su estado de cuenta en cualquier momento, aunque no tenga su resumen de cuenta, y puede hacer desde su casa todo lo que hace en las máquinas automáticas del banco. "Excepto obtener efectivo" dicen los muy listos— pero tal vez inclusive eso un día cambie. Es verdad, usted no podrá imprimir sus propios verdes. Pero en el momento en que está leyendo esto, o muy pronto, los bancos y las compañías de programas para computadoras (ordenadores) habrán comenzado a experimentar con "tarjetas de efectivo". Pase su tarjetas por una pequeña máquina en un negocio, y esa hamburguesa de $1.99 estará pagada—y el efectivo de $1.99 será debitado a su cuenta bancaria. Para depositar en su cuenta, use su computadora, comuníquese con el banco, y electrónicamente transfiera dinero de su cuenta corriente, o cuenta de ahorros a su tarjeta de efectivo.

La ventaja de la computadora (ordenador) es que hace el presupuesto, y la revisión del presupuesto *divertido*. Usted puede tener control de sus finanzas. Se convierte en el presidente de la junta. Antes no tenía manera de revisar sus finanzas durante el año, y ahora son revisadas *para usted*. Se rumorea que los programas financieros para computadoras (ordenadores) han salvado más de un matrimonio.

Obviamente, gastar $500 o $1,000 dólares en comprar una computadora y sus programas para hacer esto, le puede hacer un agujero en el bolsillo. Por esa razón es que no lo aliento a unirse a la revolución cibernética. Tal vez, un día no muy lejano, todo esto sea posible a través de su televisor. Pero si usted ya tiene una computadora y no la está usando para pagar sus cuentas y prepagar sus impuestos . . . para hacer sus listados y poder ver sus progresos . . . bien, se está perdiendo algo realmente bueno.

Vivir con $165,000 dólares por año

Muchos de nosotros pensamos que no podríamos arreglarnos con un centavo menos del que tenemos. Pero todo lo que una familia que está luchando para sobrevivir con $190,000 dólares al año necesita, es mirar por la ventana y ver a la familia que se las arregla para vivir con $165,000 dólares por año. (Ellos limpian la piscina ellos mismos.) La familia que está luchando para mantenerse con $24,000 por año, sólo debe mirar a la calle y ver a la familia que se mantiene con $18,000 por año—eso sí, no me pregunten cómo lo hacen.

La cuestión es que *usted puede* ahorrar si quiere hacer unos sacrificios. Y es sabio hacerlos. Porque inclusive si nos olvidamos de los ahorros para la jubilación, "días de lluvia" y todas esas cosas, si administra las cosas para que sobre cada año, en vez de que falte, pronto tendrá una seguridad financiera, y muy pronto su calidad de vida mejorará. El dinero *hace* más dinero. El rico *se vuelve* más rico. Y duerme mejor.

Mucha gente se las arregla para enterrarse en un pozo de deudas enorme. Algunos terminan en bancarrota, pero la mayoría se va defendiendo en la vida, abarajando sus cuentas a pagar y rezando para que un gasto extra o la pérdida del trabajo no tire sus finanzas por el balcón.

Pero hay historias existosas. Un tipo que yo conozco logró salir de una deuda de más de $70,000 dólares en tarjetas de crédito—más que la ganancia anual de muchos— y lo logró sin declararse en bancarrota.

Lo hizo de la siguiente manera:

(1) Como no tenía el estómago de cortar todas sus tarjetas de crédito, sólo cortó una (que igual estaba cargada hasta el límite). Cada día, él se miraba en el espejo y decía: "Hoy voy a cortar otra tarjeta." Y aunque la mayoría de los días no lograba hacerlo, finalmente llegó a una última tarjeta, que él pensaba que debía mantener para poder identificarse y para uso comercial. (Una persona llena de deudas sólo comienza a resolver sus problemas cuando deja de juntar nuevas deudas. Los miembros de Deudores anónimos—que tiene grupos en todo el país—toman la misma dura actitud que los de Alcohólicos anónimos, simplemente resuelven no pedir prestado más dinero.)

(2) El pagaba solamente el pago mínimo mensual de sus tarjetas, pero (y esta es la clave) no creaba *nuevas* deudas. Así gradualmente, las pagó todas. Al mismo tiempo puso $50 dólares por mes en acciones, a través de un fondo mutuo.

Matemáticamente, hubiese tenido más sentido aplicar esos $50 dólares para pagar más deuda, "ganando" el 18% libre de impuestos de esa manera. Pero psicológicamente, él necesitaba construir algo, aunque fuera chico. Igual se sentía quebrado todo el tiempo, pero "no me romperé"—decía. Así subió su contribución a $100 dólares por mes, y luego a $150. Así que según que las tarjetas se iban pagando, sus mínimos mensuales a pagar eran menores y sus inversiones mensuales crecían. A los cinco años podía ahorrar el 20% cada vez que cobraba el sueldo. Y todavía lo hace. Ahora tiene un portafolio que minimiza sus antiguas deudas.

Si usted llegó al punto en el que tiene que pagar multas por pagar después de término, o está considerando la bancarrota, busque en su guía telefónica el número de Consumer Credit Counseling Service, una organización sin fines de lucro creada en 1951, para asistir a los deudores a tomar riendas de sus finanzas. Hay un montón de operaciones deshonestas que acosan a los deudores, pero esta organización auspiciada por muchos de los más grandes grupos de crédito del país generalmente cobra poco o nada por sus consejos, actua como intermediaria entre las partes, arregla moratorias de crédito, planes de repago, pagos reducidos o congelamiento de intereses.

Considere las palabras ofrecidas a Charles Dickens por su padre (palabras que Charles Dickens luego puso en la boca de otro fracaso financiero, Mr. Micawber, en el libro *David Copperfield*): "Entrada anual, 20 libras; gastos anuales, 19 libras, resultado: felicidad. Entrada anual, 20 libras; gastos anuales, 21 libras, resultado: miseria." A poco, eso es todo. Gaste menos de lo que gana. Viva *por debajo* de sus posibilidades.

Ahorrar es difícil, pero lo es menos cuando usted tiene una meta y un plan. Sacrificar una noche en la ciudad no tiene sentido. ¿Qué son 60 dólares más? Pero como parte del plan para pagar todas sus deudas de consumidor en un año, o conseguir un valor neto de $25,000 en cinco años—ese sacrificio, que de otra manera no tendría sentido, y podría llegar a ser deprimente—tiene un buen propósito en su meta. Inclusive, satisfactorio.

A nadie le gusta no poder obtener algo que realmente desea. Pero no tenerlo porque *así lo elige*— ya que quiere llegar a su meta más alta—es algo totalmente distinto.

El día que reciba su sueldo, ponga el 10% o el 20% inmediatamente, sin más cuestionarse—en una cuenta de ahorros separada. Puede ser una cuenta de ahorros, un fondo mutuo, una cuenta IRA, o una combinación de todas ellas—pero hágalo. (Inclusive su empleador puede hacerlo por usted, lo cual sería ideal, ya que la mejor manera de combatir la tentación es nunca ver efectivo para empezar.) Simplemente viva como si usted ganara $18,000 en vez de $20,000; $45,000 en vez de $50,000; $130,000 en vez de $150,000.

Hay toneladas de profesionales de planificación financiera, que pueden ayudarlo a que sus finanzas tengan sentido. Pero hasta que usted *sea uno* con su plan—ya sea que lo haya esbozado en un block de papel de 79 centavos, o con un programa de computación de $2,500—no logrará nada. Debe hacerlo *su* plan para que funcione. Y si otra persona tiene que tomar esa responsabilidad para solucionarlo, no va a funcionar tampoco. Comprar aparatos sofisticados para hacer gimnasia está bien, pero no es suficiente. Usted *debe* usarlos.

Como en cualquier régimen, la peor parte es habituarse. Pero cuando vea cómo va engordando su chanchito alcancía, más fácil se volverá.

Y ahora ¿Qué hacer con lo que junta?

No Confíe en Nadie

Confíe en todos, pero corte el mazo usted.

—FINLEY PETER DUNNE

Si usted o alguien que usted conozca están por encima de los cincuenta años, *urgentemente* tomen un papel y una lápiz."

Así comienzaba una publicidad de una compañía de seguros promovida por estrellas en la televisión, y puede que usted la haya visto. Dick Van Dyke ¿se acuerda de él? las hizo. Ed McMahon las hizo. Inclusive Gavin MacLeod—el buen viejo Murray del Show de Mary Tyler Moore—¿se acuerda también de él?—las hizo.

Murray, Murray, Murray.

Pero los planes sonaban buenos ¿no? No importaba cuán mal de salud estuviera usted, *no podían negarle* esta protección "de gran calidad—y muchos dólares." Y así de sorprendente como parecía—bien, por eso es que debían sacar un papel y un lápiz el plan Murray costaba solamente $5 dólares por mes. ¡Y escuche esto!—le garantizaban que aunque usted envejeciera, las primas nunca subirían.

Murray decía: "No saben qué alivio es saber que no seremos un peso para nuestros nietos." Si no fuera por este seguro, los nietos que esperaban heredar un buen toco de dinero—después de todo Murray era el capitán en *El crucero del amor (Love Boat)*— sólo hubiesen heredado la cuenta del funeral. *Gracias al cielo por este seguro.*

Si usted tiene 50 años—decía Murray—$5 dólares por mes ¡solamente!, le darán una protección de $10,000 dólares.

Trampa #1: Si usted se moría de una enfermedad, sus herederos se llevarían sólo $2,800 dólares, no $10,000. La mayor parte de este seguro era sólo para *muerte por accidente.* Sin embargo, los accidentes son la causa menor de muerte de la gente mayor. (Dick Van Dyke decía en la publicidad que ellos son "la mayor causa de muerte de la gente por encima de los 45 años." Pero en realidad, menos del 3% de las muertes de la gente de más de 45 años, es a causa de accidentes. Así, más del 97% de las veces, el pago a los herederos era de $2,800 dólares en vez de $10,000.)

Era cierto, no podían negarle la cobertura, pero—Trampa #2—únicamente estaría cubierto después de haber pagado dos años de primas. Si usted se moría por alguna enfermedad antes de ese tiempo, sus herederos sólo recuperarían las primas que usted había pagado.

Cierto, le garantizaban que sus tarifas no aumentarían (bueno, casi), pero—Trampa #3— según usted iba envejeciendo, su cobertura iba disminuyendo. Supongamos que usted hubiese pagado $5 dólares por mes durante 25 años. Luego, a los 75 años, habiendo pagado un total de $1,500 dólares en primas, usted se moría de un ataque al corazón. Esta póliza le pagaba a sus herederos la increíble suma de $225 dólares. Punto. (Si se moría a los 79 años no les pagaba nada.) Esto es lo que Murray endorsaba como la protección Dólares-En-Grande. El no podía decirle, qué alivio era saber que, cuando sus amados lo necesitasen, ellos podrían contar con $225 dólares.

Si a los 79 años, usted se moría no de una enfermedad, sino por ejemplo, volando un aladelta y cayéndose desde un poste de electricidad, sus herederos tendrían $775 dólares extras, pero—Trampa # 4—la muerte por caerse de un aladelta no calificaba para la bonificación por muerte accidental. Tampoco por muerte en la guerra (muerte declarada o no), ni en un avión particular, ni por suicidio, tampoco por cirugía, ni si sucedía cuando estaba alcoholizado y se mataba por estar borracho. (En vez, si usted estaba recontra mamado en el bar de un tren, y el tren se descarrilaba y se caía por un precipicio, entonces, todo estaba bien.)

Trampa #5: Le garantizaban que las primas nunca aumentarían *mientras que la comapñía de seguro no las aumentase*. No podían aumentar su póliza particularmente, pero, si ellos decidían que todo el mundo debía pagar $6 dólares por mes, en vez de $5, o si decidían cancelar todas las pólizas porque les parecía que no estaban ganado suficiente dinero con ellas, tenían libertad de hacerlo.

Trampa #6: $5 dólares por mes era lo mínimo que usted podía pagar; pero para el modelo de "tipos como nosotros," como decía Murray—usted sabe: tipos cálidos y pelados que ganan $80,000 dólares por episodio— el *"buen negocio"* era comprar el seguro de $40 dólares por mes, para cubrirlos a los dos, a usted y su esposa cuatro veces tanto. Cinco dólares por mes no es nada. Pero $40 dólares por mes, para el presupuesto de muchos ancianos Americanos—$480 al año—es una gran suma.

Los actores de la publicidad reconocen abiertamente que se les pagó para recomendar estos seguros, pero Dick Van Dyke escribía en su segunda carta: "Postdata: Estoy seguro que ustedes saben que nunca recomendaría algo en lo que personalmente no creo." La postdata de Gavin MacLeod decía: "Quiero que sepan que nunca recomendaría algo en lo que no creo con toda el alma." La suma que Continental American Life le pagó para respaldar este plan, seguro que no tiene nada que ver.*

No confíe en nadie. Odio decir esto, y reconozco que hay excepciones—pero esa lista (la de las excepciones) es más corta de lo que usted cree. Es decir: ¡Dios, si no puedo

---

* Se sabe que MacLeod y Van Dyke recibieron cada uno $25,000 dólares para hacer esta publicidad, más una comisión por cada llamada recibida en los teléfonos de número 800 que los comerciales produjeron. Un ejecutivo conocedor del arreglo hecho, estimó que la suma final que cada actor se llevaría, estaría entre los $100 y $200 mil dólares.

ni siquiera creer en *Murray!* ¡Si no se puede ni siquiera confiar en las *Beardstown Ladies!***

Aquí tengo una publicidad de un fondo mutuo. Un fondo mutuo de una firma prestigiosa, y este es su *fondo especial.* De hecho, dice el aviso, este fondo se ha revalorizado en el orden del 21.5% anual durante los últimos 10 años. Compare *eso* con lo que paga su banco local. Usted es lo suficientemente inteligente como para saber que una hazaña semejante no se repite muchas veces (¡Ojalá usted hubiera invertido hace 10 años atrás!) Y también puede ver el gran esfuerzo que hacen en venderle este fondo a usted, por lo que se imagina que debe haber una comisión involucrada en todo esto (y la hay: Sólo $4,575 dólares de los $5,000 que está pensando en invertir, realmente van a trabajar para usted—el resto es una pérdida inmediata). Pero eso no importa. Estamos hablando de un incremento del 21.5% anual—lo suficiente para—de continuar por otras dos décadas, ¡convertir $2,000 de una cuenta IRA en $90,000 dólares!

Usted ya está listo para enviar su dinero, cuando se encuentra con un artículo de Jane Bryant Quinn en *Newsweek.* Ella ha estudiado el prospecto—usted también puede haberlo estudiado, pero sería un inversor muy raro si lo hubiera hecho—y notó que las grandes ganancias que el fondo agrupaba en el atractivo campo del 21.5%, habían

---

** ¿Cómo? ¿Nunca escuchó de estas señoras? Ellas se volvieron super famosas con sus recetas caseras y su astuta manera de seleccionar acciones— vendieron millones de libros en 1998, y aparecieron en televisión cientos de veces, dada su actuación en el mercado. Pero resultó ser que el resultado de sus cálculos era raro. Supongamos que usted hubiese comenzado el año con $40,000 dólares, hubiese agregado $5,000 dólares más, y hubiese visto que su cuenta finalizaba el año con $50,000 dólares. Usted pensaría que sus $45,000 dólares se acrecentaron muy satisfactoriamente. Un 11%. Nada mal. Lo que las Ladies dulcemente calculaban, aparentemente, era que habían comenzado con $40,000, ahora transformados en $50,000—lo que es un 25% de incremento anual. O sea que, en vez de haberle ido tan bien todo el año—le había ido un poco bien. Como hubiera dicho la fallecida Rosanne Roseannadanna "Oh, eso es distinto! . . . no importa."

sucedido hace mucho tiempo. Los primeros 6 años de los últimos 10 años, los valores contables subieron en un promedio del 39% anual. Pero el sube y baja de los últimos cuatro años, dio en promedio una pérdida anual. En ningún lugar de la publicidad decía algo sobre esa pérdida anual. ¿Y sabe qué? En el candente mercado de bolsa desde entonces (este anuncio pareció hace muchos años, proveéndonos con el beneficio de la retrospectiva), el fondo creció inteligentemente, pero nunca pudo superar los resultados del mono que tiraba dardos.

No confíe en nadie. Usted debe ser responsable de sus propios asuntos.

Mucha gente desearía pasarle la pelota de todo este lío a otra persona. Particularmente las viudas tienen este deseo, ya que en algunos casos, durante años las hicieron sentir que ellas no saben ni entienden nada de dinero. Pero a los tipos que sí entienden de dinero, primero les importan sus propios intereses, y después los del cliente—aunque algunos realmente tengan buenas intenciones hacia usted. Usted tiene que hacerse responsable por su dinero, porque a nadie le importa tanto como a usted. Eso no significa que no pueda confiar en que distintos expertos puedan ayudarle— un buen contador, un buen administrador de fondos mutuos, tal vez un buen agente de bienes raíces o de seguros, un planificador de finanzas o un buen abogado. Pero en última instancia, usted está a cargo.

Si usted no entiende en qué está invirtiendo, o si no hizo ningún plan de gastos/ préstamos/ ahorros/ seguros e inversiones, es posible que las cosas no le salgan increíblemente bien. (Mucha gente termina no teniendo nada—dice la consejera de finanzas Venita Van Caspel, "no porque sus planes fallen, sino porque nunca hicieron un plan.") Además, usted *puede* hacerlo. Las inversiones simples generalmente son las mejores. Y también los préstamos simples, los seguros simples y los planes de finanzas simples.

(Yo tengo un amigo que ganaba $2 millones de dólares anuales en Merrill Lynch ejecutando una estrategia de negocios computarizada muy compleja. Alrededor de 1990, él se abrió por su cuenta, y me ofreció a mí y a otros, la oportunidad de unirnos a él en su nuevo proyecto. El hizo todo lo posible para explicar *qué* era exactemente lo que él estaba haciendo. Pero lo único que todos entendimos—inclusive el jefe de inversiones de un banco que también estaba allí—era que el 50% de ganancia anual, estaba esencialmente garantizada, a menos que el procentaje de los intereses subiera o cayera más de 700 puntos base en el mismo año. Lo que nunca sucede—y no sucedió. ¿No le encantaría que le ofrecieran negocios así? ¿No le gustaría muchísimo más saber qué son puntos base?* Fue el negocio más sofisticado y complejo en el que jamás invertí. Por supuesto que no estaba disponible para "un tipo cualquiera". Igual, salí perdiendo dinero. Gran éxito. No es que nuestro amigo haya querido pelarnos, sus intenciones eran buenas. Simplemente estaba equivocado—por razones que yo entendí tanto como entendía antes lo que él hacía: NADA.)

No es suficiente entender la propuesta de la publicidad, o el entusiasmo del vendedor, o el folleto elegantemente ilustrado. Usted tiene que poder leer entre líneas—o por lo menos leer todo el prospecto. Y como no lo va a hacer—ya que la mayoría de los prospectos son ilegibles—debe quedarse con inversiones sensatamente recomendadas por gente que es competente y desinteresada. No competente *o* desinteresada, competente *y* desinteresada—lo cual deja afuera a Murray, también las recomendaciones de su peluquero, e inclusive podría dejar afuera las recomendaciones de su contador o planificador financiero—los cuales podrían llegar a tener una comisión por guiarlo para hacer ciertos negocios. (El *Wall Street Journal* mencionaba el comentario de un reconocido planificador de finanzas de San Francisco, cuando hablaba a un grupo de colegas de su profesión: "El propósito es levantarnos antes [que nuestros

---

* Cada punto base es igual a un centésimo de un porcentaje. Cuando el principal sube del 7% al 8%, quiere decir que subió "100 puntos base."

clientes] y confundirlos. El segundo paso es crear dependencia." El tercer paso, en muchos casos—es comenzar a venderles cosas.)

¡Ah, si usted pudiera preguntarle a un experto en el que pudiera *confiar*! Alguien que supiera cómo leer los prospectos.

Con esto en la mente, sírvase una cerveza, tome un abrecartas y abra lo que tenemos aquí: un sobre de papel manila—entregado en mano en su propia puerta—nada menos que del United States Trust Company, uno de los bancos más antiguos, exclusivos y clásicos del país. ("Cuando usted hace algo muy bien"—dice la publicidad— "simplemente no puede hacerlo para todo el mundo.")

Dentro, tiene todos los papeles que necesita para evaluar y firmar el Programa de Excavaciones 1985-A, de las Propiedades Samson. U.S. Trust—la cual es una institución muy buena, no obstante este viejo episodio—describe el programa Samson 1985-A, como "una inversión en petróleo y gas, de calidad, con riesgo moderado, inherentes beneficios de impuestos, y potencial de ganancias económicas significativas." (Uno presume que lo opuesto sería: ganancias económicas escasas.)

La carta del banco describe el negocio, e incluye un colorido folleto de ventas de Programas Samson, un prospecto de 165 hojas, un enorme sobre de respuestas— comerciales—pagadas del U.S. Trust, para que devuelva los papeles firmados, más el formulario que usted debe firmar acordando pagarle al banco el 5% por "cargos por asesoramiento" por hacerle llegar a usted toda esta información. (Ya hay una comisión de ventas del 7.5% incluída en el contrato, pero el banco no puede tocarla—es ilegal que los bancos vendan valores así—por eso, le cobran el 5% por cargos de asesoramiento. El banco no le está *vendiendo* nada—simplemente le está enviando promociones de venta, recomendándole que lo compre, e incluyendo todos los papeles que necesita firmar y enviar junto con su cheque. ¿Qué? ¿Acaso no puede ver la diferencia?)

Al pagar el "cargo por asesoramiento", está realmente haciendo un gran negocio comprando al 105% del precio de compra. Bien podría evitar ese cargo comprando unidades Samson directamente de un corredor de bolsa, pero al tratarse de un banco de clase—este no es un banquito de esos que dan préstamos para comprar autos—usted también debe mostrar algo de clase.

Para participar en un Programa Sampson 1985-A, empiece a pensar en $25,000 dólares en más.

ESTOS SON VALORES ESPECULATIVOS E IMPLICAN UN ALTO GRADO DE RIESGO, le advierte la primera página del prospecto. La SEC (Securities and Exchange Commision—Comisión de Bolsa y Valores) les hace decir cosas como esas. El banco prefiere describirlos como "riesgo relativamente moderado."

El folleto explica que a mediados de 1984 "los Programas Samson 1973–1981 habían distribuido dinero igual al $127% del total invertido" y que distribuiría otro 226% más a través de la vida de esos programas. El folleto le dice que no debe contar con que futuros programas sean tan buenos, pero ¡hey!, 127% y 226%—¡es como tres veces y media su dinero! Además, al U.S. Trust le gusta el programa, y Samson debe tener más experiencia cada año, y los costos de las excavaciones *son* realmente bajos en estos días, y ¡vamos!, no me preguntes dos veces cómo usar esas deducciones de impuestos—¿dónde tengo que firmar?

Al menos esa fue mi reacción.

El folleto decía, "estos números suponen una inversión igual en cada uno de los programas ofrecidos desde 1973 hasta 1981," pero eso sonaba suficientemente inocuo.

Pasó que el primero de sus programas, un negocito que en 1973 involucraba un total de sólo $325,000 dólares y 11 inversores, pagó a lo loco. Pero todos los programas sucesivos, que iban de 3 a 30 veces del valor del primero, fracasaron. (¿No es increíble cómo esas primeras inversiones que sirven para venderle el resto de ellas, siempre tienen más éxito que las demás?)

Si usted no asume "una inversión igual en cada uno de los otros programas", sino que en vez asume cada vez la suma que *realmente* estaba invertida, la devolución de esos programas 1973–1981, a mediados de 1984 no habrán sido del 127% (todo su dinero y algo más), sino del 45% (devolviéndole menos de la mitad de su dinero).

De los $30 millones de dólares que la gente invirtió en Samson en 1981 (sin mencionar los $70 millones en 1982, 1983 y la primera parte de 1984) se había pagado en devoluciones menos de $1 millón al 30 de septiembre de 1984.

De los tres negocios de 1980—uno privado y dos públicos—uno dio una devolución del 74%, y los otros dos pagaron el 17% y el 9% respectivamente. Adivine cuál era el negocio privado.

Y comprenda que estos números no son devolución *sobre* su inversión (con suerte eso viene después), son la devolución *de* su inversión.

Si hubiera un cínico en la habitación—y confío en que no haya—él sugeriría que Samson junte $100 millones en inversiones, para excavaciones desde 1981 a 1984, basándose en la fortaleza de un endeble programita de $325,000 dólares de un programa de hace 10 años atrás.

De hecho, eventualmente descubrí que *el primer negocio no fue excavado por Samson en general*. Fue excavado por May Petroleoum. Samson simplemente compró los pozos de producción al precio de $2 por barril, y siguió bombeando hasta que los precios del petróleo subieron hasta el cielo, aparentemente dándose cuenta de que ahora tenía la posibilidad para hacer un gran folleto.

Habiendo dicho esto, es importante tener claro que hay varios negocios de excavaciones cuyas crónicas son igualmente poco inspiradoras (yo estuve en varias), y también que Samson en 1973—81 programas más tarde, todavía tiene un montón de hidrocarburos en el suelo. El folleto decía que estos programas estaban proyectados para devolverle aún el 226% más del dinero de su inversión.

¿Pero en qué basaron sus proyecciones? ¿Qué precio se imaginaba Samson, y qué compraba aparentemente el U.S.Trust, como una razonable proyección, por ese petróleo aún bajo la tierra?

Ahí nomás, en la página 78 del prospecto, en el párrafo 3, estaba la respuesta, clara como el día. El 226% que aún quedaba por venir, se basaba no sólo en los fabulosos resultados de ese primer programita que Samson no excavó, sino también en la conjetura, de que los precios del petróleo continuarían siendo de $29.50 dólares por barril hasta 1986 (realmente bajó hasta $10 dólares en cierto punto) y que después subiría, a través de los próximos 16 años, hasta $75 dólares en el año 2,000.

Una de las buenas cosas al hacer negocios a través de un banco era tener el beneficio de un análisis independiente. La carta del banco decía: "Además de la información que contiene el prospecto incluído, llamado "Prospecto del Ofrecimiento" provisto por Samson, debemos asegurarnos que usted está al tanto de otras cosas."

"¡Oh no!," pensé: ahora viene lo sucio.

"En particular, nuestro análisis ha establecido (la competencia de Samson y sus registros anteriores)." Por lo que el banco simplemente vuelve a decirle lo que le dice el prospecto de Samson. "Hasta el 30 de Junio de 1984 los Programas Samson 1973–1981 han distribuido dinero igual al $127% del total invertido y ha estimado futuras distribuciones iguales al 226% del dinero invertido."

Alguien del U.S. Trust debería haber leído ese prospecto. Pero eso, si usted no puede confiar ciegamente en el U.S. Trust para sus inversiones—realmente una de las instituciones fiduciarias más finas del país, a la cual debo *mucho* dinero—¿en quién *puede* usted confiar ciegamente?

En nadie.

Capítulo para los gallinas

Resulta que este agente de bolsa llama a su cliente durante cuatro años, y cada año le hace inversiones atroces en acciones que después se van por los sótanos. El quinto año, el cliente llama a su agente y le dice: "Mira: como yo no sé nada sobre las acciones que estamos comprando todo el tiempo—pienso que tal vez sería mejor que me invirtieras en bonos."

"Sí, seguro"—dice el agente—"pero ¿qué se yo de bonos?"

—VIEJO CHISTE

Hace unos años, fui a las carreras de caballos por primera (y última) vez en mi vida, con un amigo que siempre estaba allí—dos veces por semana—desde 1959. Mi amigo sabe de caballos. Yo no sé absolutamente nada de caballos, pero llevé $100 dólares, y me imaginé que podría aprender. La única parte que realmente entendí, fue la de los perritos calientes y la cerveza, pero los perritos calientes no corrían, y mi límite de cerveza para el mediodía de días laborables, son tres cervezas; así que a la sexta carrera, empecé a aburrirme, y decidí que ya era hora de que hiciera una apuesta.

Mi amigo me llevó al "muestreo"* para la carrera, y me explicó por qué Tal y Tal seguramente ganaría y lanzó una

---

* Nota de la traductora: ronda donde se "muestran" los caballos que van a correr.

carcajada cuando le dije que yo no pondría mi apuesta a Tal y Tal, sino a Willow. *¡¡Willow!?*—casi me gritó—Willow, nunca había corrido, y no tenía nada a su favor. Ella era ese tipo de caballo que se pone en las carreras para que ninguno de los otros caballos se sienta mal. "No entiendes lo que estoy haciendo"—le expliqué. "Si Willow gana, va a pagar 25 a 1."

Mi amigo trató de persuadirme para que no hiciera una apuesta tonta (uno siempre puede perder en las carreras, pero las posibilidades de perder son todavía mayores si uno apuesta a los posibles "perdedores".) Igual hice mi apuesta. Después, fui a mi palco y comencé a tratar de imaginarme desde dónde iba a comenzar la carrera. Todas las carreras habían comenzado desde distintos puntos de la pista, y a mí me costaba enfocar mi largavista alquilado, en la porción de pista correcta.

¡Largaron! anunció el relator, y yo pregunté "¿Dónde están?"

Aunque logré avistarlos, no podía distinguir cuál caballo era cuál, pero según el relator, *Willow llevaba la delantera*. Miré a mi amigo, tenía una larga trompa, y una cara entre aburrida y asombrada. Seguí mirando los caballos. Según los altoparlantes *Willow seguía siendo puntera*.

Por lo general, cuando estoy delante de 15,000 personas extrañas, soy bastante silencioso, pero después de todo, mi dinero estaba puesto en las patas de ese caballo; además, me había tomado tres enormes cervezas. Así que empecé a gritar: " ¡Vamos, Willow viejo nomás!" Y a la mitad, Willow *todavía* estaba a la cabeza.

Seguramente ahora, usted está esperando que le diga que, a pocos metros, brazas o yardas de la meta, Willow tropezó, que se cansó, o que otro caballo lo pateó. Pero no— ¡Willow ganó!

¡Y pagó 25 a 1! ¡Gaaaaaaaannnnnóóóóóó!

Pero yo sólo le había apostado $3 de mis $100 dólares.

Tengo una explicación para esto, pero me imagino que usted instintivamente ya lo sabe: si yo hubiera apostado todos mis $100 dólares a Willow, seguramente que hubiera perdido. Nunca hubiese ganado. Nunca. ¿Acaso lo duda? Piénselo. La gente dice: "Una gran apuesta vale por toda una vida de inversiones prudentes"—una frase buena y verdadera. El problema es encontrar la gran apuesta. Poca gente la encuentra, sobre todo si son amateurs. Yo prefiero decir: "en el mercado financiero, si eres cuidadoso, sacas por cuanto pagas. Si tratas de sacar más, te quemas."

Las cuentas de ahorro y los fondos de inversión del mercado de dinero (money-market funds) son para los gallinas. Pero yo respeto a los gallinas. Y por mi apuesta en Belmont, bien se puede decir que soy un gallina.

El desafío de invertir como un gallina, no es decidir dónde poner su dinero, sino resistir la tentación de ponerlo en algún otro lado. *Reconózcalo: las cosas seguras son aburridas.* Las Letras del Tesoro tienen mezquinas y predecibles intrigas que son pobre tema de conversación en un cóctel (aún si tienen algún atractivo snob que las redima), y no lo volverán rico. Si el Tesoro de los Estados Unidos realmente quisiera vender esos valores, las emitiría con unas tasas un poco más bajas—y pondría la diferencia en un pozo común, para el cual habría un sorteo diario: la Lotería de los Estados Unidos. Eso daría a los compradores de Letras del Tesoro algo que buscar en los diarios todos los días, y la posibilidad—aunque mínima—de volverse rico.

Una vez cada muerte de Obispo—lo cual no sucede muy seguido—usted encontrará algo seguro en qué invertir, y que le va a dar tremendas ganancias. La única vez que tuve esa increíble suerte fue hace décadas, con unas acciones llamadas Nation Wide Nursing Centers. Claro que en circunstancias normales, las acciones para asilos de ancianos no son inversión para gallinas. Pero esta era una de esas raras cosas seguras. En un día de increíble suerte, cuando estas acciones estaban vendiendo al público por $22 cada una—ése es el precio que *usted* hubiese pagado—pude comprar 500 acciones por $8 dólares cada una "por debajo del mostrador". El único detalle era que las acciones no estaban registradas, lo que quería decir que no iba a poder venderlas durante un tiempo. Era un regalo virtual de $7,000 dólares, lo cual ya era bastante difícil de creer, y mucho más de dejar pasar de largo. Generalmente, las gangas financieras no existen. Los mercados financieros son muy grandes y eficientes como para que eso ocurra. Comunmente, si usted es cuidadoso, usted saca proporcionalmente a lo que su dinero paga. Trate de sacar más y verá los resultados. A mí me habían dicho que iba a tener que mantener mis acciones del asilo de ancianos por tres meses, cuando casi seguro sería comprado por una compañía de acero que se fusionaba, a $40 dólares por acción. El jefe de investigaciones de una de las más prestigiosas firmas de Wall Street había entrado en el trato con 4,000 acciones, así que yo sabía que se trataba de un muy buen negocio.

En menos de un año, las acciones bajaron a cero.

Hay dos tipos de dinero en el mundo: deuda y valorización. (Para mí es fácil acordarme de esto, ya que estos son los nombres de los perros de un amigo mío: Deuda y Valorización.) Deudas son YTP (Ya te pagaré); la valorización es parte de la acción. Deudas son bonos, valores, letras o CDs (Certificados de depósito)—cualquier cosa en la que usted *presta* su dinero, ya sea al gobierno de los Estados Unidos, al gobierno estatal, a un banco de ahorros, a una corporación—a quien fuera. (Sí, cuando usted deposita dinero en un banco de ahorros, en realidad está prestando su dinero. El banco es su deudor y debe pagarle interés. Usted aceptó su YTP a cambio de efectivo.) Valorización es cualquier cosa en la que usted *invierte* dinero, sin ninguna promesa de que usted recupere su dinero, pero con la idea que según la empresa prospere o caiga, así prosperará o caerá usted. (En verdad no es tan simple. La compañía puede prosperar inclusive si sus acciones caen. Pero ya llegaremos a eso.)

Una cosa muy básica que debe saber sobre su dinero, es que, a la larga, la gente que compra valores—acciones—

seguramente hará mucho más dinero que la gente que simplemente hace inversiones "seguras" (si en general se dan cuenta de cómo lo hicieron). Lamentablemente, como la gente tiende a enfocarse en este hecho crucial y darle credibilidad sólo cuando el mercado sube increíblemente, pierde la confianza cuando el mercado cae, por lo que tienden a comprar alto y vender bajo. Pero igual sigue siendo cierto. Especialmente cuando el mercado está estancado—situación lamentable que puede durar muchos años—aún así **nunca se olvide de este hecho básico.**

Pero, hasta que usted tenga $5,000 o $10,000 dólares en algún lado seguro y líquido, como en una cuenta de ahorros, sería un loco siquiera en considerar hacer este tipo de inversiones riesgosas, u otras más sofisticadas—salvo que usted sea tan rico que no tenga que preocuparse por las contingencias de la vida diaria. Relájese: Usted está haciendo lo correcto. Usted *no es* un miedoso. Hay un tiempo y un lugar para cada cosa, y cuando las conversaciones de cóctel pasan a las "inversiones" o al "mercado bursátil", yo le sugiero que se vuelva petulante. Deje que lo otros hagan lo que hacen—usted está por encima de ellos. Ellos pueden apostar, especular, pueden hablar de doblar su dinero (sin mencionar perder la mitad); usted es auto suficiente (vea la página 245–6 para repuestas petulantes y frases financieras inofensivas, para estar al nivel de la conversación).

Las comerciales televisivos en los que los banqueros dicen que los bancos comerciales son para negocios, y los bancos de ahorro son para gente—"y yo soy una persona"— son tan tontas que ni siquiera voy a discutirlas. Hay otra publicidad, que tal vez usted haya visto, en la que un hombre cuenta su historia de malas inversiones, y luego se pone muy contento diciendo que ahora su dinero está en una cuenta de ahorros, que aunque es más simple, es "una manera mejor." No es tan mal consejo. Los primeros mil dólares que usted tenga (además de la valorización de su propiedad) deben estar en su cuenta corriente o en una cuenta de ahorros (o un fondo mutuo del mercado de dinero, lo que es esencialmente lo mismo). Para mucha gente, ese es *todo* su dinero.

Al elegir entre cuentas de ahorro que le dan chequera, cuentas corrientes que le pagan intereses, y fondos mutuos del mercado de dinero que le dan ambas cosas pero no tienen seguro federal, es importante que recuerde esto: no hay mucha diferencia.

Más o menos, la tasa de interés para fondos de inversión seguros y líquidos, es la misma en todas partes. Un banco puede ofrecer un poquito más por un tiempo; los fondos del mercado de dinero por lo general ofrecen un poco más de interés—pero también comprenden un poco más de riesgo—y pueden ser un poco menos convenientes (y totalmente incomprensivos si alguna vez usted va a pedir un préstamo para mejorar su vivienda); las cooperativas de crédito (Credit Union) pueden ofrecerle un trato levemente mejor porque no tienen fines de lucro.

Esencialmente usted quiere su cuenta, o cuentas, en un lugar que le convenga y que le dé buen servicio. (Tener muchas o todas sus cuentas en un sólo banco, ayuda a tener una buena relación.)

El peligro es que, usted se pasará un montón de tiempo, tratando de darse cuenta si le conviene más una cuenta de ahorros con el 5% de interés, con cheques gratis, pero con un cargo mensual de $4 dólares; o la otra cuenta corriente que le da el 4.5% de interés, sin cargo mensual, pero que le cobra 25 centavos por cheque o depósito. (Respuesta: elija la que tenga un Cajero automático más cerca.) Sino, perderá visión de lo que es realmente importante. Porque la verdadera cuestión aquí no es estrujar un 1% de interés extra de los $5,000 o $10,000 dólares que usted está guardando seguros y líquidos. El 1% sobre $5,000 o $10,000 dólares son $50 o $100 dólares al año—después de los impuestos es inclusive menos. Usted está demasiado ocupado como para preocuparse por $60 dólares. La verdadera cuestión es de estrategia: ¿Cuánto de su patrimonio quiere usted mantener completamente seguro y líquido? ¿Cuánto patrimonio puede inmobilizar por un tiempo para obtener una mejor ganancia? ¿Cuánto puede arriesgar en la bolsa?¿Cuánto en valores libres de impuestos? ¿Cuánto en propiedades? ¿Cuán bien diversificado está usted?

En la época en que un pequeño ahorrista no podía sacar más que el 5½% de interés, no importa qué, y ningún ahorrista de ningún tamaño jamás había pensado en intereses de dos dígitos, había un libro que realmente me atraía, ya que proclamaba y prometía decirle: "COMO LOGRAR EL 13% O MAS DE INTERES EN SUS AHORROS—¡COMPLETAMENTE ASEGURADO!" La publicidad de este libro, contaba de lo disgustados que estaban los bancos de ahorros con su aparición, pero que igual no podían hacer nada, y que el interés que usted podía ganar podía ser más del 13%, etc., etc. Y cuando usted enviaba su dinero para comprar el libro, se daba cuenta que, para obtener esa increíble tasa de interés, debía pasar la mayoría de su vida, transfiriendo dinero con una precisión al minuto, de un banco el viernes por la tarde, a otros que manejarían el dinero de su cuenta de manera diferente, y así ida y vuelta— ¿podía acaso esperar otra cosa?—*así y todo ganaría esta tasa sólo durante unos días al año.* Usted no ganaba el 13% de interés anual. La mayoría del tiempo sólo ganaba el 5½%, y *otras veces* podía lograr ganar el 13% anual durante un fin de semana largo. Pero ¿*A quién le importan* todos esos centavos?

Si después tiene todavía $10,000 dólares o menos, ya sabe qué hacer con ellos. Seguramente usted ya lo hizo: ponerlo a interés en algún lugar seguro. Si este libro no le rindió ni diez centavos, al menos con él pudo confirmar su sentido común. Y siempre puede volver a leerlo si su fortuna se agranda. (Bueno, lea el siguiente capítulo, porque es posible que un día tal vez pueda ahorrar, y arreglar todo para que sus ahorros estén libres de impuestos.)

Para aquellos que tienen suficiente dinero para ganar uno o más puntos de interés, por los que valga la pena preocuparse, hay tres cosas que van a determinar cuánto va poder sacar por ello, tres cosas que el mercado financiero premia: volumen, paciencia y riesgo. Para cada uno de ellos aplica el mismo refrán: el rico se vuelve más rico.

❖ **Volumen:** como con cualquier otro producto, financiero o de cualquier otra clase, generalmente, si usted compra en cantidad, hace mejor negocio. Bien se sabe que las posibilidades son menos para el pequeño inversor—ya sea peores posibilidades en la lotería estatal, o levemente menos peores posibilidades en las máquinas de juego. Más pequeña la apuesta, más grande la comisión que pide la casa. (Por suerte, como ya explicaré, con cosas como los agentes de gran descuento [deep discount brokers], fondos mutuos indicadores [index mutual funds] y programas como Treasury Direct—todas cosas nuevas desde la primera edición de este libro—hay maneras de poder nivelar el campo de juego.)

❖ **Paciencia:** Mientras más tiempo quede detenido su dinero, más altos serán los intereses que recibirá. (Ocasionalmente en promociones de "créditos aplastantes", las tasas a corto plazo pueden temporalmente ser mejores que las tasas a largo plazo.)

❖ **Riesgo:** Más grande el riesgo que toma, más grande el potencial de ganancia (y también más grande el potencial de pérdida—vea el Unico gráfico de este libro en la próxima página). Pero ¿cuán grande es el riesgo—inclusive si usted lo considera "un buen riesgo"—que usted puede tomar?

Si yo le apuesto 2 a 1, que si tiramos una moneda a cara o ceca, si sale cara usted gana $20 dólares, si sale ceca usted pierde $10 dólares ¿agarraría la apuesta? Y si la situación fuera la misma, pero en vez de perder 10, usted perdería $1,000 dólares ¿agarraría la apuesta? ¿Y si fueran $50,000 dólares? Donde sea que usted pare, es su nivel de gallina—

lo cual está doblemente justificado. Hay un montón de riesgos excelentes por todos lados que, la gente de posibilidades limitadas, simplemente no puede aceptar si son prudentes.

Uno de ellos podría ser el mercado bursátil, pero ese es otro capítulo. Por ahora ¿cuales son las alternativas para el inversor que quiere tomar sólo un riesgo mínimo? A groso modo, estos "instrumentos financieros", también llamados "instrumentos de deuda" o "valores de rentas fijas" (fixed-income securities), pueden ser divididos en corto plazo y largo plazo—igual como la deuda de su tarjeta de crédito es a corto plazo, y la deuda de su hipoteca parece estirarse eternamente.

No todos tienen sentido. Pero los voy a mencionar para que usted no se engolosine cuando escuche la frase "acumulativo preferente" (cumulative preferred). Así comprenderá *por qué* no tiene sentido para usted. Y la base de ello, es muy simple.

CORTO PLAZO

Fondo de inversión a corto plazo (Money-Market funds)

Los fondos de inversión a corto plazo, mezclan su depósito inicial con cientos de millones de otros dólares, y luego los invierten en acciones de primera clase a corto plazo del gobierno o de obligaciones de corporaciones. Sin embargo usted tendrá una chequera para su cuenta, así que realmente son como cuentas corrientes que pagan intereses. Frecuentemente pagan mejor interés que su banco. ¿Por qué? Porque no están aseguradas federalmente. La revista *Money* publica una lista de los más grandes fondos y cuánto rinden por mes. También puede llamar a las "familias" de fondos mutuos, cuyos teléfonos están en las páginas 248–52.

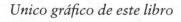

Unico gráfico de este libro

BONANZA

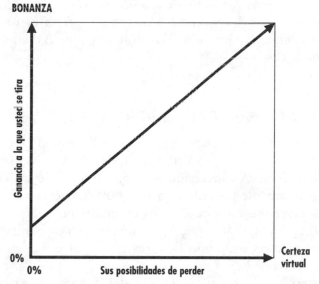

Ganancia a la que usted se tira

0%
0%   Sus posibilidades de perder

Certeza
virtual

Básicamente usted buscará un fondo conveniente, y que tenga los gastos anuales más bajos posibles. Porque mientras menos gastos tenga, más puede guardarse usted.

Los fondos de inversión más convenientes para los inversores sólidos, son las cuentas de administración de fondos (CMAs = cash-management accounts), que le ofrecen la mayoría de los agentes de bolsa. En ellas, su dinero es automáticamente pasado a una cuenta corriente del mercado de dinero. Y si usted gira en descubierto, automáticamente le da un préstamo de margen de relativo bajo costo, contra el valor de sus acciones y bonos.

Así de seguros como son los fondos de inversión, cuando usted arriesga su dinero en cuentas de bancos que no están aseguradas por la Sociedad federal de seguros de depósitos (FDIC), debe tratar de entender en qué está invirtiendo. Miles de inversores de la Piper Jaffray Institutional Government Income Portfolio (¿no le parece que este nombre suena bien seguro?), perdieron cerca del 30% de su dinero en pocos meses en 1994, porque habían apun tado a mayores rendimientos especulando con las tasas de inversión. Otros varios fondos de inversión del mercado de dinero y fondos del gobierno a corto plazo, se salvaron del desastre, gracias a grandes inyecciones de dinero de sus firmas matrices.

Letras del Tesoro (Treasury Bills)

Los títulos de corto plazo más seguros del mundo son las Letras del Tesoro de los Estados Unidos. El previo monto desalentador de la inversión mínima de $10,000 dólares, afortunadamente fue reducido a $1,000 dólares. Las letras son la inversión justa cuando usted quiere un buen rendimiento, para un dinero que usted quiere tener disponible en tres, seis meses o un año (los tres plazos ofrecidos por el Tesoro).

Usted puede comprar Letras del Tesoro (pagarés y bonos—siga leyendo) en cualquier sucursal de la Reserva federal a través de un programa llamado Tresury Direct. Compras o ventas son tan fáciles como de hacer una llamada o llenar un formulario con sistema de seguridad a través del Internet (visite **www.publicdebt.treas.gov**). El dinero es automáticamente transferido desde y a una cuenta corriente o de ahorros que usted indica. Usted también puede dar instrucciones para reinvertir (roll over) sus letras a su termino. Si necesita venderlas antes de tiempo, también puede hacerlo. El Tesoro le dará ofertas competitivas y hará la operación por un precio nominal.

Las Letras del Tesoro no pagan intereses de la manera general. Se venden con descuento. (El valor exacto del descuento depende de un proceso de remate en el que usted no necesita participar.) Supongamos que usted envía $10,000 dólares. El descuento se acredita en su cuenta bancaria poco después de la puja. Es como tener su interés por adelantado. El valor nominal de $10,000 dólares llega al final del período de tenencia (a menos que usted pida que su letra sea reembolsada y re-invertida). Si usted compra una Letra del Tesoro de un año, con un valor nominal de $10,000 dólares y 5% de descuento, recibirá $500 dólares inmediatamente, lo que significa que el valor neto de su compra es $9,500 dólares. Su tasa de interés es igual a los $500 dólares de descuento, divididos por los $9,500 dólares del costo verdadero, o sea 5.26%. No es imponible hasta que la letra venza. Y los intereses del Tesoro no están nunca sujetos a los impuestos locales o estatales.

Los títulos del Tesoro se comercian en el mercado común, por lo que puede comprarlos y venderlos *después* de ser emitidos, pasando por encima de Tresury Direct. Sin embargo esto significa pagar una comisión la mayoría de las veces. Su banco o su agente de bolsa estarán encantados de hacerle el favor.

LARGO PLAZO

Cuando usted compra un título, usted está prestando dinero, ya sea a Tío Sam, a General Motors o a la Ciudad de Houston. Existen tres riesgos. El primero es que no le reembolsen nada. El segundo es que le reembolsen muy pronto. El tercero es que, si usted vende el título un tiempo antes de que venza (del día de reembolso), no va a poder sacar tanto como lo que usted pagó.

El primer riesgo es en función del valor crediticio del prestatario. Bien podría quebrar.

Por suerte, usted no necesita más que unos minutos para investigar el valor crediticio de las entidades que usted está considerando. Eso se hace *para* usted. Cada título importante está apreciado por dos servicios tasadores: Standard & Poor y Moody. *Sus* hombres con gafas verdes, escudriñan hojas de balances, radios de coberturas y notas de pié— y convierten todo para usted, a notas escolares. Tres A (AAA) es lo mejor. Cualquier cosa que tenga una B (Beee, por ejemplo) significa "OJO", probablemente esté bien, pero este es el capítulo sobre riesgo mínimo y sobre dormir como un bebé por la noche, así que quédese con las categorías A, o inclusive doble A. (Los títulos C son puras especulaciones.)

Los tipos que hacen estas tasaciones no son infalibles, pero sus análisis son tan astutos como los suyos o los míos, por lo tanto ¿para qué perder el tiempo duplicando su esfuerzo?

Inclusive si usted no investiga estas apreciaciones, todavía puede darse cuenta de la calidad de un título fijándose cómo su rendimiento se compara con el rendimiento de otros títulos. Estos son mercados razonables y "eficientes", y usted no va a encontrar un título seguro que se vaya de línea comparado con los otros. En última instancia, debería tener cuidado con los títulos que pagan demasiado interés: debe existir una razón por la que pagan tan bien.

Y como el futuro es impredecible, inclusive para los gigantes como las compañías telefónicas, sería prudente diversificarse. No le preste todo su dinero a Pacific Bell— la novedad en comunicaciones telepáticas podría arruinarlo. Reparta su dinero en distintas cosas.

Sin embargo, si se divide *demasiado,* tampoco es bueno, porque el otro lado de la diversificación es el volumen. Los títulos se denominan de a $1,000 dólares,* pero cualquier compra por debajo de los 25 juntos, es como comprar un dentrífico para viajeros: le roban en el precio.

La segunda cosa a mirar cuando se compra un título: la "exigencia". Muchos títulos se emiten con la previsión de permitir al emisor exigir el pago antes de que venzan. Cuando esto sucede, usted obtiene el total valor nominal de los $1,000 dólares del título—frecuentemente con una pequeña bonificación—pero después tendrá que ir buscando un nuevo lugar donde poner su dinero. Y como los prestatarios tienen la tendencia a cobrar sus títulos cuando

---

* La manera en que se cotizan, como porcentaje de paridad ($1,000), a veces lleva a confusiones. Un título que vende a 88¼—88¼% de paridad—cuesta $882.50; al 94½ cuesta $945.00; al 106⅜ cuesta $1,063.75.

los intereses caen—de la misma manera que usted refinancia el préstamo de su propiedad—tal vez usted se arrepienta de no haber comprado un título no redimible (noncallable bond).

Una manera de evitar esto es, comprar títulos que, aunque son redimibles (callable), fueron emitidos cuando los intereses estaban bajos, y así venden en el mercado común con descuento. Si usted compra un título por $680 y se lo redimen 10 años antes por $1,000 dólares—bien, ¿No le parece que hay peores cosas en la vida? (Cuando el nivel general de las tasas de interés es bajo, no va a poder encontrar títulos que vendan con gran descuento. Lo siento.)

El tercer riesgo al comprar títulos es que usted puede perder dinero al venderlos—aunque si espera hasta que venzan obtendrá los $1,000 de valor nominal. Esto ocurre porque: **cuando las tasas de interés suben, el precio de los títulos baja.**

Existe un mercado de dinero (o monetario) al igual que existe un mercado para cada cosa—café, madera, limones—y cuando mucha gente quiere pedir prestado, pero pocos quieren prestar, el precio (es decir, las tasas de interés) sube. Cuando son pocos los que quieren pedir prestado y son muchos los que quieren prestar, el precio (las tasas de interés) baja. Es la oferta y la demanda, más una buena dosis de intervención del gobierno. (El gobierno controla el suministro general de dinero—el cual a diferencia de los limones, el café o la madera, no crece en los árboles.)

La clave de todo lo financiero, y de casi todo lo económico, son las tasas de interés. Cuando las tasas de interés para dinero suben, los precios de los títulos automáticamente caen (y los precios de las acciones caen casi automáticamente también). Cuando las tasas de interés para dinero bajan, los títulos (y las acciones) suben. No hay nada misterioso en esto, son simples matemáticas. Si usted pagó $1,000 ("paridad") por un título que pagó $50 dólares de interés anual, y luego las tasas de interés subieron de tal manera que, los nuevos títulos emitidos pagaban $70 dólares de interés, ¿quién que esté en sus cabales va a comprar los suyos por $1,000 dólares? ¿Por qué alguien compraría con el 5% de interés si la tasa ahora paga el 7%? Sin embargo, si usted ofrece el título a, digamos $850 dólares, capaz que pueda venderlo (depende de cuánto tiempo falte para que venza), ya que el comprador estará obteniendo $50 dólares de interés sobre $850 dólares—5.88%—más la perspectiva de $150 dólares de ganancia al vencimiento del título.

Es como un sube y baja. Las tasas suben, los títulos bajan. Las tasas bajan, los títulos suben. Son dos maneras de expresar la misma cosa. Como cuánto de lleno o vacío está un vaso.

(Los precios de las acciones tienen un doble efecto. Por alguna razón, cuanto más suben las tasas de interés, menos atractivos parecen los dividendos de las acciones en comparación . . . de manera que la gente vende acciones para comprar títulos, entonces los precios de las acciones caen hasta que los dividendos parecen atractivos. Segundo, las altas tasas de interés desaniman a la gente de pedir prestado para comprar acciones "al margen".* Tercero, altas tasas de interés significan altos costos para los negocios, una baja en los consumos, y frecuentemente, bajas ganancias. Es posible que las acciones suban pese a los altos intereses, o que bajen pese a que los intereses hayan caído, tanto como es posible que las ventas de acondicionadores de aire suban en un verano cuando está uno o dos grados más fresco. El "sube y baja" no es totalmente automático, como lo es con los títulos. Pero está fuertemente relacionado, de todas maneras.)

Existen distintas tasas de interés para los distintos tipos de prestatarios (los que piden dinero), y distintos tipos de préstamos, pero todos se mueven en fila. Si la tasa que los bancos le cobran a sus mejores clientes sube, puede usted estar seguro que la tasa que le cobran a sus clientes menos

---

* Nota de la traductora: Acciones compradas, por las que todavía no pagó totalmente.

importantes también sube. Si las corporaciones tienen que pagar más interés para emitir un título, esté seguro que las municipalidades también deben hacerlo.

Además, las tasas de interés se asientan sobre la inflación. Si se espera un 6% de inflación anual, los prestamistas serían tontos en prestar su dinero al 5%, así que no lo hacen. Como regla general, las tasas de interés a largo plazo de los títulos de alta calidad están un 3% por sobre las espectativas de las tasas de inflación de largo plazo, de los prestamistas.

Para tener una visión general, y también una visión en el tiempo, en la próxima página observe cómo variaron las tasas de interés desde 1920.

Notará que quien compró un título de 20 años, al 3% de interés, con valor nominal de $1,000 dólares cuando fue emitido en 1955, lo cual le daba derecho a $30 dólares anuales de interés hasta 1975, recién se empezó a sentir agradecido en 1957, cuando títulos similares comenzaban a emitirse con un 4% de interés—$40 dólares de interés anual. Es el mismo sentimiento que uno tendría de haber comprado un televisor poco antes de que el nuevo modelo totalmente mejorado sea lanzado.

Si por otro lado, alguien compró títulos General Motors Acceptance Corp., al 6% por $430 dólares cada uno en Julio de 1982—títulos que prometían pagar unos miserables $60 dólares por año hasta el 2011, y por ello se vendían por menos de su valor nominal de $1,000 dólares— bien podría esa persona haber vendido esos títulos en Enero de 1983 a $560 dólares cada uno y hacer un 30% de ganancia en 6 meses.

Obviamente, si usted supiera cómo fluctuarán las tasas de interés, podría ganar de muchas maneras. Por eso mucha gente trata de adivinar, y algunos aciertan, a veces. Muy pocos aciertan todo el tiempo, mucho menos usted o yo. Los expertos no se ponen de acuerdo; y el punto de vista de la mayoría está expuesto a ser tan errado como el punto de vista de la minoría. En el único punto que todos coinciden es en lo difícil que es predecir las tasas de interés.

Evidentemente las tasas de los años cincuenta parecían muy altas comparadas con las tasas de los años cuarenta— sin embargo en los años sesenta subieron todavía más. Nadie en el mundo hubiera creído en 1965, que unos meros 15 años más tarde, las tasas de interés llegarían al 20% en los Estados Unidos de América— lo cual es la razón por la que querían comprar títulos a largo plazo que rindieran menos del 5% de interés. Quiero pensar que nunca en toda nuestra vida veremos nuevamente tasas tan altas. Tal vez mientras que usted lee esto—o tal vez la próxima vez que lo lea—las tasas podrían estar aún más altas. O la espiral de inflación podría destrozar el valor de la moneda del todo, como pasó en Alemania después de la Primera guerra mundial, y en tal caso cualquier valor a largo plazo, de tasa fija, no tendría ningún valor. Por otro lado, imagínese qué bien se sentiría si usted hubiese comprado títulos del Tesoro al 15% en 1981, como muchos valientes hicieron.

En este país, estamos muy conscientes de que una inflación mayor del 2 o 3 %—y mucho más si fuera el 5%—es asesina. Sube las tasas de interés, carcome las ganancias, baja el nivel de vida, anula el interés de inversión, y sube el porcentaje de desempleo. Una inflación de "dos dígitos" es igual a un desastre nuclear, algo que debe ser evitado a toda costa—o al menos es lo que todos los economistas y políticos creen—si se desea que sobreviva el orden económico. Como resultado, uno espera un gran porcentaje de esfuerzo y energía aplicados a gran nivel, para que las tasas de interés no vuelvan a alcanzar tales picos.

Este no fue ni cerca el caso de los años cincuenta y sesenta, cuando la suba de las tasas de interés y de inflación, aunque no eran bienvenidas, tampoco eran percibidas como un peligro para la base de la sociedad. Se pensaba entonces, que un poco de inflación era bueno. Hacía que todos se sintieran prósperos—los sueldos y ganancias, y los valores de la propiedad subían—y la confianza que *eso* producía, ayudaba a mantener una saludable economía. Una inflación del 2% e intereses a largo plazo del 5% son bien tolerados por el sistema, en cambio una inflación de

Tabla que parece aburrida, pero es de los más reveladoras

Año	Tasa de interes preferencial	Títulos Triple A	Títulos Municipales	Cuentas de Ahorro	Préstamos para vivienda	Inflación
1920	6.58%	6.12%	4.98%	4 %	5.75%	2.3%
1925	4.98	4.88	4.09	4	5.90	3.8
1929	6.02	4.73	4.27	4½	5.92	0
1930	3.50	4.55	4.07	4½	5.95	−6.0
1935	1.50	3.60	2.40	2½	5.26	3
1940	1.50	2.84	2.50	2	5.40	.1
1945	1.50	2.62	1.67	1½	4.70	2.3
1950	2.07	2.62	1.98	2	4.95	5.8
1955	3.16	3.06	2.53	2¾	5.18	4
1956	3.77	3.36	2.93	2¾	5.19	2.9
1957	4.20	3.89	3.60	3	5.42	3.0
1958	3.83	3.79	3.56	3¼	5.58	1.8
1959	4.48	4.38	3.95	3¼	5.71	1.5
1960	4.82	4.41	3.73	3½	5.85	1.5
1961	4.50	4.35	3.46	3½	5.87	.7
1962	4.50	4.33	3.18	4	5.90	1.2
1963	4.50	4.26	3.23	4	5.84	1.6
1964	4.50	4.40	3.22	4	5.78	1.2
1965	4.54	4.49	3.27	4	5.74	1.9
1966	5.62	5.13	3.82	4	6.14	3.4
1967	5.63	5.51	3.98	4	6.33	3.0
1968	6.28	6.18	4.51	4	6.83	4.7
1969	7.95	7.03	5.81	4	7.66	6.1
1970	7.91	8.04	6.50	4¼	8.27	5.5
1971	5.70	7.39	5.70	4¼	7.59	3.4
1972	5.25	7.21	5.27	4¼	7.45	3.4
1973	8.02	7.44	5.18	5	7.95	8.8
1974	10.80	8.57	6.09	5¼	8.92	12.2
1975	7.86	8.83	6.89	5¼	8.75	7.0
1976	6.83	8.44	6.64	5¼	8.90	4.8
1977	6.82	8.20	5.68	5¼	8.68	6.5
1978	9.06	8.99	6.03	5¼	7.92	9.3
1979	12.67	10.05	6.52	5½	10.94	13.0
1980	15.27	12.77	8.60	5½	13.50	11.9
1981	18.87	14.17	11.23	5½	14.70	8.9
1982	14.86	13.79	11.57	5½	15.14	3.9
1983	10.79	12.04	9.47	5½	12.57	3.8
1984	12.04	12.71	10.15	5½	12.38	4.0
1985	9.93	11.37	9.18	5½	11.55	3.8
1986	8.33	9.02	7.38	5½	10.17	1.1
1987	8.21	9.38	7.73	5½	9.31	4.4
1988	9.32	9.71	7.76	5½	9.19	4.4
1989	10.87	9.26	7.24	5½	10.13	4.7
1990	10.01	9.32	7.25	5½	10.05	6.1
1991	8.46	8.77	6.89	4½	9.32	3.1
1992	6.25	8.14	6.41	2½	8.24	2.9
1993	6.00	7.22	5.63	2	7.20	2.8
1994	7.15	7.97	6.19	2	7.49	2.7
1995	8.83	7.59	5.95	2	7.87	2.5
1996	8.27	7.37	6.75	2	7.80	3.3
1997	8.44	7.27	5.55	2	7.71	1.7
1998	8.5	6.5	5.2	2	6.9	1.7

dos dígitos es algo totalmente distinto. Con un 2% de inflación, en 30 años, el valor adquisitivo de $1 dólar pasa a ser de 54 centavos. Pero al 12% de inflación pasa a ser de 3 centavos.

La perspectiva de reducir el valor adquisitivo de $1 dólar a 3 centavos en 30 años hace peligrar tanto la prosperidad, que los banqueros centrales e inlcusive los políticos, realmente tratan de mantener la inflación limitada.

Bueno, ya tiene suficiente base. Ahora. ¿Qué tipos de inversión de largo plazo hay para los gallinas?

Pagarés del Tesoro (Treasury Notes)

Estos son títulos de "medio-plazo", emitidos con vidas de entre dos y diez años. Se parecen a los CDs (Certificados de depósito) que dan los bancos, especialmente porque los intereses que pagan están exentos de impuestos locales y federales. Tal como las Letras del Tesoro pueden ser comprados a través del programa Treasury Direct. La compra mínima es de sólo $1,000 dólares como para las Letras del Tesoro. En vez de vender con descuento, como las Letras, los Pagarés del Tesoro son títulos normales, emitidos por $1,000 dólares y pagan un interés semianual.

Una vez emitidos, los Pagarés del Tesoro se comercian activamente, así que usted puede comprarlos o venderlos en cualquier momento. A diferencia de los CDs de los bancos, no tienen penalidad por vender antes, salvo la comisión que usted paga a su banco o agente. Dado el sube y baja de los intereses, usted sacará ganancia de sus Pagarés, si las tasas de interés bajan desde que usted compró; y sufrirá una pérdida si las tasas suben. (Un buen detalle en esto—muchas veces pasado por alto—es que los Pagarés del Tesoro tienden a subir su valor levemente con el pasar del tiempo; así que si usted vende antes, no sufrirá pérdida. ¿Por qué? Bueno, acuérdese que el mercado generalmente paga más interés por un préstamo a largo plazo, que por uno a corto plazo. Y recuerde que, según pasa el tiempo, el

Pagaré de Tesoro que usted compró tiene una vida más y más corta. Alguien que quiera comprar su Pagaré no lo ve como el Pagaré a 5 años que usted compró originalmente; esa persona lo verá como un Pagaré a 2 años, si eso es lo que le queda de vida hasta su vencimiento. Cuando esa persona vea que los "dos años" de *su* Pagaré del Tesoro pagan $60 dólares de interés anual, y los que se emiten en ese momento sólo pagan $50, va a pagar el dinero extra por los suyos.)

Bonos del Tesoro (Treasury Bonds)

Los Bonos del Tesoro son el tercer lado del triángulo del Tesoro—letras, pagarés y bonos—el cual a fines de 1998 llegaba a $5.5 billones en total. Esta es la famosa "deuda nacional" sobre la que tanto leyó. Se le debe a los poseedores de esas letras, pagarés y bonos. Tal vez, usted mismo.

Los Bonos del Tesoro son iguales a los Pagarés del Tesoro, salvo que vencen diez años más tarde. En general, no debería comprarlos, porque en tan largos períodos siempre será mejor que invierta en acciones. Lo que es más, los Pagarés de 10 años, típicamente rindieron igual que los Bonos del Tesoro de 30 años, lo que significa que usted no es recompensado por arriesgar su dinero esos 20 años extras. (Y el buen detalle de los Pagarés del Tesoro explicado antes, no aplica. Dado que las tasas no caen notoriamente cuando usted pasa de 30 años a 10 años, los precios de los bonos no tienden a subir levemente mientras pasan esos 20 años.) Si la inflación sube, el valor de sus bonos podría caer si los vende antes de tiempo . . . o, si los mantiene durante los 30 años hasta su vencimiento, usted encontrará que, dada la inflación, su valor nominal de $1,000 dólares, no comprará mucho.

Es verdad, las tasas de interés son altas y usted las congeló por 30 años. Podría hacer una buena ganacia cuando las tasas bajen (el sube y baja nuevamente). Pero es muy difícil predecir la dirección de los intereses; y las tasas que caen podrían hacer que las acciones suban aún más que los bonos. Solamente en una situación tipo Depresión desinflacionaria, podrían los Bonos del Tesoro ser mejor inversión que el mercado bursátil por largos períodos de tiempo. Así que, piense en las Tesorerías de largo plazo como apuesta para la Depresión.

Las acciones se ven más riesgosas que los bonos—y en plazos relativamente cortos lo son (sobre todo si usted no achicó el riesgo diversificándose). Pero luego de la inflación, alguien que continuó su inversión de Bonos del Tesoro a largo plazo, desde 1946 a 1981, tendría una pérdida total del 70%, sin calcular impuestos. Si descuenta los impuestos, la pérdida será más cercana al 80%. Es cierto que luego de 1981 los bonos hicieron un gran giro, y dieron gran ganancia. Pero aún no llegan a compararse con el resultado que da la bolsa durante el mismo período de tiempo. Dow Jones industrial average bajó a 777 en 1982. Dieciséis años después—sin ni siquiera contar los dividendos—más que sextuplicó. Así que, usted hubiera hecho bien congelando las tasas de rendimiento altas cuando los intereses llegaron a su pico, pero hubiese hecho mucho mejor en comprar acciones.

Bonos ajustables a la inflación (Inflation-Adjusted Bonds)

El Tesoro comenzó a ofrecer notas a largo plazo "indexadas con la inflación" en 1997 (y parecidos Bonos de ahorro—con la "inflación"—de Serie I en 1998). En su plazo (actualmente de 5 o 10 años), pagan una tasa de interés fijo, pero, su valor nominal de $1,000 dólares, sube con la inflación (y baja con la deflación—pero no más allá de los $1,000 dólares). Una gran desventaja: el IRS trata estos ajustes a la inflación semi-anuales como ingreso imponible, por lo que usted anualmente estará pagando impuestos sobre ingresos que, en realidad, no recibirá hasta que venda los bonos, o maduren. Bueno, dice usted: bien podría poner estos bonos en mi cuenta de jubilación que tiene impuestos diferidos. Está bien—si usted tiene 90 años. Pero si calcula que todavía le quedan unas décadas para vivir por delante, esta es una elección demasiado con servadora para dinero a largo plazo.

Bonos municipales

Hay dos tipos de bonos: la gran mayoría—que están gravados—y los municipales—que no lo están. Los intereses de bonos emitidos por el estado y los gobiernos locales o agencias (autoridades cloacales del condado y otras por el estilo) están usualmente exentas de impuesto federal a las ganancias—y de los impuestos a las ganancias locales del estado también. Por ejemplo, los intereses en bonos de Nueva York, están exentos de impuestos a las ganancias federales, estatales y de la ciudad (pero no de los impuestos a las ganacias de California o Ilinois). Cuanto más alta sea su categoría impositiva, más sentido tiene para usted favorecer los bonos libres de impuestos.* Si usted está en la categoría del 30 al 40% de impuestos, y tiene bonos gravados en su ropero, no entiendo qué impide que usted los venda y que compre bonos municipales en cambio. Si tiene que perder para comprarlos, mejor. La pérdida reducirá sus impuestos.

Los Bonos municipales no son tan seguros como las Tesorerías, pero hablando en forma práctica, los bonos de "responsabilidad general" (general obligation)—los que están respaldados por toda la fé y crédito del gobierno local o estatal, no sólo las ganancias que dé un hospital o el peaje de una ruta—son muy seguros. Inclusive si una ciudad está en problemas, lo más probable es que el estado encuentre una manera de hacerla salir a flote. Porque si los poseedores de bonos pierden dinero, eso subirá los costos de los préstamos para todas las *otras* ciudades del estado (al mismo tiempo que los compradores de bonos se volverán más cau-

---

* Verá muchas publicidades diciendo que, para alguien que esté en la categoría del 40% de impuestos, un bono libre de impuestos al 7% " es equivalente a ganar 11.66%." Mentira. Un bono libre de impuestos al 7% es equivalente a ganar el 7%—y poder guardarlo.

telosos) e inclusive para el estado mismo. Puede que usted permanezca incrédulo por cierto tiempo—algunos Newyorkinos en 1975 fueron forzados a esperar un año extra antes de que sus Pagarés de "Un año" le fueran pagados, aunque les dieron intereses por ese año extra. Pero inclusive en un hipotético desastre, como la bancarrota de Orange County en 1995, lo más probable es que usted recupere toda, o casi toda su inversión.

Otra cosa a considerar, es la posibilidad de que un día, la calidad de libre de impuesto de los municipales sea revocado. Pero inclusive si los municipales perdieran su exención—¡sería muy raro!—seguramente eso sólo afectaría los nuevos bonos emitidos. En dicho caso, los viejos bonos municipales, seguramente *subirían* su valor, y gradualmente se reduciría su disponibilidad.

Un último riesgo: El impuesto a las ganancias un día será cambiado por otro tipo de impuesto, haciendo que la exención sea inútil. Tal vez. Pero algo me dice que, entre los federales hambrientos de ingresos y los gobiernos locales y estatales, siempre será ventajoso tener bonos libres de impuestos.

Si usted está comprando o vendiendo bonos municipales, siempre pida al menos dos precios—el de su agente, si es que tiene uno, y otro de una compañía como Gabriele, Hueglin & Cashman (800-422-7435) que se especializan en municipales.

Lo que mucha gente hace es comprar bonos de *fondos* municipales—lo cual es un error. Las comisiones de administración y venta son muy grandes. Un mercador conocido cobra el 6.3% de comisión de venta—por lo que todo el primer año de intereses se va por la alcantarilla—más un 0.67% anual por gastos de administración. Eso podría no parecer mucho, pero puede llegar a ser el 10% o más de lo que usted saque. Por lo que es mejor hacer un poco de tarea, y comprar los "muni" directamente, si es que es lo suficiente rico para comprar alguno en general.

Nota: las ganancias que usted hace vendiendo bonos libres de impuestos (si el sube y baja de los intereses subió el precio desde que usted los compró) están sujetas a los impuestos a las ganancias sobre el capital (= impuestos a las plusvalías) como cualquier otra ganancia.

Obligaciones societarias (Corporate Bonds)

No los compre. Los más seguros, a veces llamados bonos de inversión graduada (investment grade bonds), sólo pagan un poco más de interés que los valores del Tesoro, pero están sujetos a los impuestos estatales y locales. No tienen ninguna ventaja. Lo que es más:

❖ Usted puede comprar Tesorerías sin comisión a traves de Treasury Direct.

❖ Si usted decide vender, las Tesorerías son más líquidas que las obligaciones societarias, por lo que tendrá menos recortes.

❖ Si usted decide *no* vender, no tendrá que preocuparse de _____. Las Tesorerías no son _____rse por incumplimiento. _____ seguros. Pero ¿qué pasa _____ emitió decide pedir pres- _____ para hacer una adquisi- _____ si es comprada por otra _____ de dinero se agotan en la _____ *talmente* seguras.

_____ntrar obligaciones pres- _____ltos que las Tesorerías. _____ más interés ofrece. Pero _____ nización que los emitió, _____ y *realmente* sacar gan- _____ asas de impuestos a las

Bonos basura (Junk Bonds)

Los bonos con grandes réditos se llaman "Bonos basura" (aunque las compañías que los emiten no los llaman así). Nunca los compre cuando se emiten por primera vez porque, como bien dije, si finalmente resultan buenos, las acciones principales seguramente saldrán mejor. ¿Por qué especular cuando lo mejor que usted podrá sacar será el 12% anual (si eso es lo que el bono ofrece cuando se emite, cuando otros bonos más seguros reditúan el 9%)?

Algunas veces los Bonos basura pueden llegar a ser una apuesta interesante. Prometen pagar el 12% de interés al ser emitidos, pero en tiempos duros, el pago de los intereses se suspende, y los vendedores comienzan a tirarlos, horrorizados. Puede que los vendedores tengan razón, claro: tal vez los bonos se tornaron absolutmente inútiles. Pero supongamos que usted los compró a 50 centavos por dólar, y el empeoramiento todavía *no es* lo peor. Ese cupón del 12%, si vuelven a pagar los intereses, significan $120 dólares anuales por bono que recién usted "robó" por $500 dólares—una devolución del 24% anual. Y si los pagos de intereses comienzan a parecer seguros, el precio de los bonos comenzará a subir hacia los $1,000 dólares, de manera que ahí usted puede hacer otro 50%. Pero aún si esto a veces puede ser muy lucrativo, no es una inversión para gallinas. Mejor haría en comprar un bono especulativo— para los cuales hay advertencias en el próximo capítulo.

Fondos de bonos (Bond funds)

No. Con ellos tendrá diversificación y administración profesional, pero ¿por qué pagar por algo que no necesita? Las Tesorerías ya son seguras; no necesita diversificarse. Y especialmente siendo libres de impuestos, su rendimiento ya es bueno inclusive sin administración profesional.

Lo que sucede es que, todos los que están involucrados en un bono, razonablemente, quieren que les paguen por su trabajo, y los agentes que ejecutan la compra venta, también quieren que les paguen. Cuando usted compra un título del Tesoro directamente de la Reserva federal, sin que nadie se lleve un pedazo, usted comienza con ventaja, una ventaja muy difícil de superar por los otros fondos. Simplemente por conveniencia, también podría considerar los fondos que sólo compran y retienen bonos de inversión graduada, ofrecen chequera y hacer contribuciones en sumas irregulares (al contrario que el Tesoro). Pero entonces elija un fondo sin comisiones de venta y MUY bajos gastos anuales. (Inclusive el 0.5% anual es muy alto para un Fondo de Bonos.)

En cuanto a la seguridad, usted sabe ahora que no puede confiar en la palabra "gobierno" en cuanto al nombre de Fondo de bonos. Una señal indicadora de la mayoría de los fondos que tuvieron problemas: ganancias que constantemente exceden a la competencia sin ninguna buena explicación, como podría ser: gastos muy bajos anuales. De hecho, los gastos bajos anuales son señal de seguridad, ya que un administrador de fondos que tiene una estrategia peligrosa y exótica, espera que le paguen muy bien por todo su trabajo extra.

Sociedades inversoras por obligaciones (Unit Trust)

Las Sociedades inversoras por obligaciones son bonos de fondos mutuos que no están administrados. Cualesquiera que sean los bonos de obligaciones societarias o bonos municipales con que comiencen, esos son los que conservan. Como resultado no hay gastos de administración. Sin embargo, hay una comisión de venta—típicamente del 4%. Eso mata. Imagínese un banco que le cobrase una tarifa del 4% por aceptar su dinero, y además de eso, le pagase intereses sólo sobre $96 dólares por cada $100 dólares que queden.

Usted verá publicidades de Sociedades inversoras por obligaciones en el *Wall Street Journal,* y los agentes estarán muy contentos de vendérselos a usted. Los avisos aparecen todos juntos con distintos vencimientos, así que puede elegir la sociedad que le guste. Ofrecen diversidad; pero algunas de las sociedades aceptan riesgos—tales como los bonos para hospitales respaldados únicamente por los ingresos del hospital (y no por el poder impositivo de la ciudad o el condado en el que está), y puede que usted no acepte esos riesgos. El tipo que pone el paquete de bonos juntos, está más preocupado para que el rédito se vea bien atractivo— para que venda—que para que el bono sea seguro, de aquí a 12 años, cuando él esté en un jacuzzi en Maui. Una vez vendidos al público, las sociedades inversoras por obligaciones no se comercian. Los inversores pueden redimir sus acciones con el depositario al "valor activo neto"—con pérdida, si los precios de los bonos cayeron desde que la Sociedad fue emitida, y con ganancia si suben. Pero si usted vende antes de tiempo, el mordiscón por esa venta, va a ser grande. Olvídese de las Sociedades inversoras por obligaciones.

Bonos convertibles (Convertible Bonds)

Estos bonos pagan interés determinado, pero también le dan el derecho de convertir los bonos en determinada cantidad de acciones ordinarias (shares of common stocks). Es lo que se llama un "lanza beneficios". Con un bono convertible usted puede dormir y comer bien. En tiempos duros, a menos que la compañía se vaya a la quiebra, todavía usted mantiene su interés; pero si la compañía se vuelve rica usted sacará ganancia junto con los demás accionistas.

Supongamos que las acciones de una compañía están vendiendo por $25 dólares la acción. La compañia necesita juntar más dinero, así que emiten bonos al 7% (cuando el resto está pagando 9%) *que son convertibles en 30 acciones.* Ellos esperan que la gente acepte el 7% de interés, dada la oferta de conversión. Claro, no tiene sentido convertirlos inmediatamente—usted estaría cambiando un bono de $1,000 dólares por un valor de $750 dólares en acciones (30 partes a $25 dólares cada una). Pero ¿qué pasaría si las acciones llegaran a $100 dólares? ¡Guau!

El problema con esto es: A) pocas acciones suben de 25 a 100 tan rápido; B) si lo hicieran, usted habría hecho más dinero invirtiendo sus $1,000 dólares en 40 acciones; C) es redimible. Puede que le obliguen a redimirla mucho antes de que llegue a 100.

Esto no quiere decir que los bonos convertibles son una pésima inversión. Pueden ser una buena. Pero ¿por qué cambiar todos sus otros pasatiempos, o tiempo con sus hijos para transformarse en un experto en bonos convertibles? Como dije antes, las Sociedades inversoras por obligaciones no tienen mucho sentido—compre Tesorerías si quiere estar a salvo. Y como pronto veremos en los siguientes capítulos, elegir acciones individuales no tiene sentido para la mayoría de la gente. La manera de invertir en el alza de la bolsa es invirtiendo en fondos mutuos de inversión sin pago de comisión (no-load mutual funds).

Que es lo próximo.

Bonos sin interés (Zero-Coupon Bonds)

Los Bonos cupón cero no pagan intereses. En cambio se venden baratos, y suben de a poco hasta $1,000 dólares en su vencimiento. Mientras a más largo plazo sea el vencimiento, más baratos son. Hace tiempo, cuando los intereses estaban por los cielos, yo compré uno que estaba a 5 centavos por dólar. ¡Qué divertido era ver el valor nominal de $100,000 dólares en el resumen de cuenta que me enviaba mi agente todos los meses! En los siguientes 30 años, el valor de mercado de los bonos subiría de $5,125 dólares a $100,000. Eso era mucho mejor que el 10% de interés compuesto.

Los compradores de bonos comunes a largo plazo pueden congelar el alto interés—pero ¿qué ganarán en intereses *en eso*? Esa es la belleza de los Bonos cupón cero: asumiendo que el emisor no quebrará, la ganancia anual compuesta está congelada desde el vamos.

Los cero son más riesgosos que los bonos comunes si no es su idea quedárselos hasta su vencimiento, porque las pequeñas variantes en el interés a largo plazo predominante, produce grandes variantes en el mercado de valores de los bonos. Piense otra vez en el sube y baja. Con los Cero es un sube y baja gigante: de 30 metros de alto, y a 30 metros cada punta, del pié central que lo mantiene parado. Al principio, usted (y su compañero, sentado en la otra punta, a 60 metros de distancia) sube y baja. Pero si los dos (usted y su compañero) se van acercando al centro exacto, donde está el pie que lo mantiene, digamos 1 metro por año, en el año #29, muy cerca uno del otro, no van a subir y bajar mucho. Porque en el centro mismo del sube y baja, el sube y baja no sube ni baja. Llevado esto a un cupón cero a 30 años, el "centro exacto" es el día de vencimiento, cuando— suponiendo que el que lo emitió pueda pagar (en el caso de que no desarmen el sube y baja para poner un salón de tatuajes para el cuerpo)—vale exactamente $1,000 dólares.

Por eso sólo debe considerar los Bonos cupón cero, cuando los intereses están muy altos, y sólo de un emisor que usted considere solvente. (Si es que está en esto por seguridad.)

En realidad (aunque este es el capítulo equivocado para ello), es más interesante especular con cero de compañías precarias—pero a precios tan bajos, que si les va bien, usted ganará a lo grande. En la última versión de este libro, yo fanfarroneaba de tener unos cero de la compañía Revlon Worldwide, que había comprado a mediados de 1994 a 43 centavos por dólar, y que prometían 100 centavos el 15 de Marzo de 1998. "Si pagan"—escribía entonces—"voy a haber sobrepasado una ganancia del 25% de interés compuesto anual. Si no pagan, voy a sacar algo entre cero (si el emisor quiebra y no hay suficiente patrimonio para pagarles a los poseedores de bonos absolutamente nada) y más que eso (si hay patrimonio)." Yo hice esta apuesta no sabiendo nada sobre Revlon Worldwide, salvo que un tipo, que es el que la controla, se llama Ron Perelman, y que él es un multimillonario que estaría muy avergonzado si sus bonos fallaran. (Por lo que era una situación sin pérdida. O sacaba mucho dinero, o me sentía superior a un multimillonario.) Bien, resultó que pagaron. Y entusiasmado por el éxito, traté de repetir mi juego con un asociado de Perelman, Marvel Toys, a 20 centavos el dólar. Perdí en ello virtualmente cada centavo. Y ni siquiera me siento superior. Otras cuatro advertencias sobre los cero (siendo la primera , que usted puede perder dinero):

* Están gravados. No interesa que no tengan interés: el IRS (Internal Revenue Service—Servicio de impositiva) dice: si el bono está pensado para revalorizarse con un 10% anual, entonces, ¡caramba!, *usted pagará impuestos* . Dos trampas para esa regla: los Cero municipales (libres de impuestos en este "interés imputado", tal como cualquier otro interés), y los Cero retenidos en un plan de jubilación (vea el próximo capítulo).

* Muchos son redimibles. Al principio esto no parecerá un problema. ¿Cuán loco tiene que estar el tesorero de una corporación para obligar a redimir los bonos a una paridad de (1,000 dólares) que se venderían por una pequeñísima fracción de ahí en más? Pero los Cero no son redimibles a una paridad, sino según una "tabla de crecimiento", que figura en sus prospectos. Así que en vez de ver su dinero reproducirse al 8% de interés anual por 30 años, podría dejar de verlo a los 5 o 10 años. Asegúrese de leer todas las previsiones antes de comprar.

* Algunos cero se comercian muy activamente y salen en el diario todos los días, pero muchos no. Siempre podrá vender, pero tal vez no le ofrezcan los mejores precios del mundo.

* Fuera de un plan de jubilación, si los vende, los cero aumentan sus penurias para preparar los impuestos —inclusive los cero municipales—porque el IRS quiere que usted compare qué sacó usted por la venta realmente, y qué "debería" haber sacado, basado en la manera en que su bono subiría gradualmente, desde el precio que usted pagó por comprarlos, hasta sus $1,000 dólares de valor nominal. Si usted estuviera adelantado en la curva cuando vendió, y sacó más

de lo que suponía cuando lo compró, pagará impuestos a los ganacias sobre el capital en ese dinero extra. Si usted va rezagado en la curva, debe descontarlo como pérdida de capital.

Acción preferida (Preferred Stock)

Las acciones preferidas son como los bonos. Todos los años usted recibe un pago, pero ni un poquito de la actuación. Son acciones "preferidas" solamente porque sus dividendos deben ser pagados en su totalidad antes que cualquier dividendo sobre las acciones ordinarias sea pagado; y si la compañía falla, los accionistas preferidos cobran primero que los accionistas comunes—pero después que un montón de otros, como los obligacionistas (poseedores de bonos), si todavía queda algo que repartir. Las acciones preferidas no ofrecen la posibilidad de participar en la buena suerte de la compañía, si eso sucediera. Los dividendos nunca suben.

Las "acciones preferidas acumulativas" (cumulative preferred stock) son las que prometen pagar sus dividendos no importa qué, aunque no sea pagado en término. El dividendo puede ser omitido, si fuera necesario, pero sigue debiéndose a los accionistas preferidos, y los dividendos de las acciones no comunes, pueden ser pagados hasta que todos los dividendos preferidos se actualicen.

Así y todo, las acciones preferidas no son una buena inversión para los individuos. Una de las razones es que, la puja de los inversores de las corporaciones las hacen subir de precio. Las acciones preferidas le dan a las corporaciones—no a los inidividuos—una gran ventaja en impuestos. ¿Por qué pagar una prima para un respiro impositivo que no lo beneficia a usted?

Bonos de ahorro series EE (Series EE Saving Bonds)

Los bonos de ahorro Series EE son distintos de los bonos normales. No se denominan de a $1,000 dólares, no le envían cheques con sus intereses semi-anuales, y no se comercian en el mercado libre. La primera vez que se publicó este libro, debían ser las peores vías de ahorro de los Estados Unidos. Ahora, para los pequeños ahorristas, no están mal.

Los bonos de ahorro comenzaron como bonos de guerra. El Tío Sam utilizó el amor de su gente para hacer que los pequeños ahorristas aceptaran sus tasas de réditos miserables. Después de Vietnam, Watergate y de la inflación de 1970, la gente ya no quería tanto ahorrar así. Como resultado, se dieron dos cambios:

❖ En 1982, las tasas de interés se volvieron competitivas. Para los bonos emitidos después del 1 de mayo de 1997, la tasa se clavó al 90% de la tasa de interés de 5 años del Tesoro. El valor de los bonos se ajusta al comenzar cada mes (aunque si usted se queda los bonos menos de 5 años, pierde los últimos 3 meses de ganancia, como penalidad). Estas tasas ganan al compararlas a las de las cuentas de ahorros con libretas de depósito   especialmente porque los intereses están libres de impuestos estatales y locales. (Para averiguar las tasas de hoy, llame al: 800-USBONDS, o a través del Internet vaya a al sitio del Tesoro en www.publicdebt.treas.gov.)

❖ En 1990, el Congreso las desgravó, además, de impuestos federales, *si los ahorros son usados para pagar los costos de educación superior calificada del contribuyente, su esposa, o sus dependientes.* Esta ventaja no está disponible a los contribuyentes de grandes ingresos, pero la mayoría de las familias que quieren ahorrar para pagar los costos de la universidad, califican. Usted no debe mencionar que los bonos son para costos de universidad hasta que son redimidos, así que no tiene por qué esperar a tener hijos para comenzar a comprarlos. (Sin embargo debe tener un mínimo de 24 años cuando compra los bonos, para poder desgravarlos después.)

De otra manera, los intereses de los bonos de ahorro están sujetos a los impuestos federales. Pero usted tiene la opción de pagarlos según se vayan juntando—lo que tiene más sentido para un chico o un adulto cuyo ingreso es tan bajo que no deben pagar impuestos—o aplazarlos hasta que redima los bonos. (¿Cómo pagar los impuestos cada año, cuando no se deben impuestos? Llenando los formularios para devolución de impuestos declarando sus ingresos y guardando una copia de la devolución con sus papeles permanentes.) De hecho, no sólo usted puede postponer los impuestos hasta por 30 años, usted puede pasar Bonos vencidos Series EE a Bonos "de jubilación" Series HH, los que pagan una modesta tasa anual de interés semi anual. El interés es imponible, pero el interés acumulado en la Serie EE continúa siendo aplazado, hasta que se rediman los Series HH.

Los bonos de ahorro son lentos pero una manera segura de construir un patrimonio, para las necesidades del pequeño ahorrista. Tienen valores nominales de $50 y $10,000 dólares, y se venden exactamente por la mitad. ¿Cuántos bancos lo dejarán abrir una cuenta de ahorros con sólo $25 dólares—y sin gastos de mantenimiento? En verdad, como no ganan ningún dinero con ellos, a los bancos no les interesan mucho los bonos de ahorros, y tuvieron mucho éxito presionando al Congreso para que una persona tenga un límite de compras de estos bonos de $15,000 dólares por año calendario ($30,000 dólares de valor nominal). Así y todo, todos los bancos del país tienen formularios para que usted pueda comprar bonos, los cuales le serán enviados a usted por el gobierno, unas semanas después de la compra.

Más fácil todavía: miles de empresas ofrecen sueldos con planes de ahorro que descuentan el monto de su compra = un bono de $50 dólares por semana (que cuesta $25 dólares), directamente de su cuenta.

Cuando usted redime los bonos:

❖ Redima los más nuevos, para minimizar los impuestos sobre los intereses acumulados, lo cual va a ser mucho más en los más viejos.

❖ Pero si usted está utilizando este dinero para educación, y califica para la exención mencionada, redima los bonos *más viejos,* para obviar la cantidad de intereses más grande posible.

Préstamos a amigos

"Es mejor dar que prestar" dijo el corresponsal de guerra inglés Philip Gibbs, "y cuesta más o menos lo mismo." Una mejor solución es ofrecer avalar un préstamo bancario. Usted será responsable si su amigo o familiar deja de pagar, pero si eso pasara, el banco enviará esas horribles cartas de reclamo de pago. Es más, el miedo a ser categorizado como mal pagador, puede lograr que su amigo o familiar pague la deuda más rápido, lo que tal vez el miedo a perder la amistad no lograría.

Dos últimas recomendaciones para los gallinas

1. *Conseguir altas tasas de interés no ayuda en nada, si usted primero no ahorra.* Mucha gente no ahorra a menos que esté "forzada" a hacerlo. Por esa razón, los sueldos con planes de ahorro, u otra forma de ahorro con modestas ganancias (¡por muchos años los Clubes de Navidad de los bancos de ahorros no pagaron ningún interés!) son mejores que *planificar* una inversión de gran ganancia, pero nunca hacerla.

2. *Es importante para los gallinas entender cuál es el riesgo.* El mayor riesgo financiero que usted encontrará, no será sufrir pérdidas en las inversiones. Es que usted jamás juntará suficiente dinero para pagar gastos importantes, que en realidad deberían sacarse de los ahorros: emergencias inesperadas, adelantos para la compra de propiedades, universidad, jubilación. Ahorrar más dinero es la manera más segura de reducir este riesgo. Pero, especialmente para la jubilación, probablemente no es suficiente.

Inclusive si usted separa y guarda el 20% de las ganancias de su completa vida de adulto, sólo ahorrará lo suficiente como para vivir por 8 años, salvo que lo haga crecer. Después de la inflación y los impuestos, es virtualmente imposible obtenerlo de los instrumentos de deuda. Ese crecimiento a largo plazo casi seguro que va a tener que provenir de poner su dinero a la incertidumbre de inversiones de valores a corto plazo: en acciones, alquileres de propiedades, o tal vez de su propio negocio (o los tres).

No es muy probable que usted acepte la incertidumbre de estas inversiones sin tener una base de ahorros que verdaderamente sea *segura*. *Su sentido común le dice que tratar de exprimir intereses extras de su dinero seguro,* es una buena manera de exponerlo al riesgo. Así que no se sienta tonto por mantener su dinero a corto plazo en algún lugar seguro y cómodo, y de exponer su dinero a largo plazo a un riesgo prudente.

Nota: Los nuevos bonos de ahorro de Serie I, "indexados con la inflación", se venden por el total de su valor nominal—no la mitad—permitiendo hasta $30,000 dólares por año en compras reales. (El límite de $30,000 dólares no ha cambiado, pero vendiendo estos bonos por su valor nominal, parece que el Congreso duplicó el límite, sin que los cabilderos de bancos se dieran cuenta.)

CAPÍTULO **6**

Estrategias para los impuestos

Un contribuyente es alguien que no tiene que dar examen de
"servicios civiles" para trabajar para el gobierno.

—Stock Trader's Almanac

Los impuestos menguan los resultados de sus inversiones. Hasta 1986, cuando la categoría tope de impuesto federal era el 50%, comprensiblemente, la gente hacía lo imposible para evitar los impuestos. El mundo estaba inundado con vendedores de resguardos fiscales. Pero el detalle era que, uno debía gastar $20,000 dólares en un resguardo fiscal, para evitar $10,000 dólares de impuestos. Se ofrecían negocios de petróleo y gasolina, negocios de trenes, de esperma de toro. ¡Perdí tanto dinero! Nunca traté negocios con esperma de toro, pero ¡chico! ¡si lo habré hecho con petróleo y gasolina! en Ohio, sobre todo, lo cual tal vez, fue mi primer error.

La mayoría de toda esa tontería ya pasó—en parte porque las categorías topes de impuestos bajaron, en parte porque la gente aprendió de sus errores, (yo aprendí montones de cosas) y en parte porque, además de bajar las categorías impositivas, el Congreso terminó con un montón de "agujeros en la ley impositiva".

Muy bien. La mayoría de ellos llevaban a comportarse estúpidamente de todas maneras.

En este capítulo: unas pocas nociones básicas que pueden reducir drásticamente el mordiscón de impuestos sobre el crecimiento de su patrimonio.

Hijos

El mejor consejo financieramente, por supuesto, es no tener ninguno. Pero si usted ya ignoró eso —y espero que lo haya hecho— una manera de tener una parte de sus ahorros libres de impuestos es ahorrar bajo *sus* nombres, con *sus* números de Seguridad Social, en cuentas de ahorro o de inversión, y dejar que *ellos* paguen impuestos sobre los intereses o dividendos que se junten. Los códigos impositivos hoy, regulan que no se deberán impuestos sobre los primeros $700 dólares que junte un chico menor de 14 años, y sólo se impondrá el 15% sobre los próximos $700, lo que da un total de $105 dólares en impuestos contra tal vez $500 que hubiese tenido que pagar usted. (Más allá de los $1,400 dólares, la ganancia por inversiones de un chico menor de 14 años se calcula a la tasa de sus padres. A partir de los 14 años en más, todo se calcula en la categoría impositiva en la que entre el chico.) Si usted tiene dos hijos que ganan $1,400 dólares anuales en dividendos e intereses, usted se ahorrará el doble de impuestos.

Cada padre puede darle a cada hijo hasta $10,000 dólares anuales, sin tener que pagar impuesto a los regalos. (En realidad es un poco más. El número es indexado con la inflación de cada año.) Como custodio de los ahorros o inversiones de un chico, usted tiene derecho a sacar fondos en cualquier momento, para beneficio del niño (si usted usa los ingresos de la cuenta para el mantenimiento básico del niño, el IRS puede hacerle pagar impuestos a usted, como si usted, no el niño, los hubiese ganado). Depende de cada estado, puede que su hijo no pueda tocar ese dinero hasta tener 18 o 21 años, aunque usted puede renunciar a la custodia de ese dinero antes, o eligir guardar el control hasta que tenga 25 años, en los estados de California, Nevada y Alaska.

Supongamos que usted tiene mellizos mañana, y ahorra $1,000 dólares por año para cada uno, por 18 años. Supongamos además que usted podría incrementar ese dinero al

7% de interés, descontados los impuestos en su categoría de impuestos (la de usted); pero si lo hace en la categoría de ellos, sería el 9% descontados los impuestos. Ahorrando a nombre de ellos, a los 18 años, usted habría sacado $14,600 dólares extras.

Tiene sus desventajas.

❖ Le complica la vida, dado que tiene que llevar control de esto y declarar impuestos por cada uno de ellos todos los años.

❖ El dinero que ahorra de este modo *pertenece a su hijo*. Llegado el momento, su hijo, bien podría decidir derrocharlo en vez de utilizarlo para estudiar.

❖ Al llegar el momento, los oficiales de ayuda financiera (para estudios) van a ser menos generosos con un chico que tiene $40,000 dólares en ahorros de primer nivel (blue chips), que con un chico cuyos padres tienen los mismos $40,000 dólares en una cuenta para su jubilación. Esto es una cuestión muy discutible si usted tiene un buen pasar, ya que podría resultar en que su hijo no tenga dinero disponible para sus estudios de una u otra forma. Los préstamos son la ayuda disponible, y su disponibilidad no debería verse amenazada por los ahorros que tenga su hijo.

Tal vez la mejor razón para ahorrar dinero en nombre de sus hijos sea interesarlos en ello. Usted puede inclusive, proponerles a sus hijos un plan en el cual, por cada dólar que ellos ahorren del dinero que ganan—ya sea cuidando niños o trabajando con sus computadoras (ordenadores)— usted pondrá otro dólar o dos. No es que usted quiera transformar a su adolescente de 13 años en un Rey Midas, que proteste por el doble impuesto de los dividendos con sus compañeros de clase—quienes a su vez sólo están interesados en protestar por tanta tarea que les dan en la escuela. Pero enseñar a sus hijos buenos hábitos con el dinero—como saber comprar y ahorrar—es una de las mejores cosas que puede hacer por ellos.

Cuentas IRA para educación (Education IRA)

Las mal llamadas cuentas de educación IRA, no son un tipo de cuenta para jubilación individual (a menos que usted esté planeando vivir de sus bien educados hijos)—y lamentablemente, tampoco son programas de ahorro para educación, aunque se habla de mejorarlas. Actualmente se puede establecer una cuenta de educación IRA en nombre de cualquier niño. Cualquiera puede hacer contribuciones libres de impuestos en ella (no solamente los padres del niño) hasta que el beneficiario cumpla 18 años. Luego, todo el dinero puede ser retirado libre de impuestos, para ser utilizado para pagar los costos de educación superior. Si la pequeña Sally decide que en vez de pertenecer a la Clase '08, prefiere unirse al elenco de un circo, el dinero puede ser pasado a la cuenta de su hermano menor: o se puede dejar allí reproduciéndose, ya que tal vez los trapecios no sean el verdadero destino de Sally y elija ir a la universidad. Si cuando el beneficiario llega a sus treinta años, el dinero todavía está en la cuenta, se le dará al beneficiario, y su ganancia estará sujeta a los impuestos normales, más un 10% de multa.

Sólo se pueden contribuir $500 dólares anuales a favor de un beneficiario—mucho que hacer por casi nada—y el Congreso incluyó una previsión que niega al contribuyente la beca de crédito HOPE (HOPE Scholarship Credit) en cualquier año en que los fondos sea retirados de la cuenta de educación IRA. La mayoría de las veces, la cuenta entonces tiene $1,500 dólares, y por lo tanto, sería muy raro que los beneficios de exención de impuestos del IRA, sobrepasen la pérdida del crédito de impuestos de la beca HOPE. Mejor es ahorrar esos $500 dólares cada vez, directamente a nombre del niño, como ya describimos.

En el espíritu del grotescamente complejo Acto de simplificación de impuestos de 1997, se habló de reformar las cuentas de educación IRA, para hacerlas más atractivas. Si usted ya abrió una, engórdela. No hay daño en hacerlo, y tal vez el Congreso un día haga que valga la pena tenerlas.

De cualquier manera, los planes de jubilación de planes 401(k), Keoghs, y las verdaderas cuentas IRA, siempre deben tener prioridad sobre las cuentas de educación IRA, especialmente esos planes que permiten retirar dinero antes para fines de educación.

Planes de jubilación

Como seguramente usted ya sabe, el dinero que usted estuvo pagando a la Seguridad Social todos estos años, no se puso aparte para cuando usted se retire. La mayoría de ese dinero se le pagó a gente que ya está jubilada (ej. sus padres o tal vez sus abuelos). Ya no existe.

En mi opinión (consulte el apéndice para obtener más detalles), la Seguridad Social va a proveer subsistencia a aquellos que la necesiten. Pero, si queremos poder retirarnos cómodamente, vamos a tener que proveer el colchón de seguridad nosotros mismos. Por suerte hay una variedad de planes de jubilación con impuestos diferidos (aplazados).

Los mejores planes de retiro son los 401(k) y los 403(b), los cuales son "planes-que-reducen-su-salario", a los cuales contribuyen millones de empleados. Lo bueno de estos planes, es que muchas empresas agregan 25 o 50 centavos por cada dólar que usted ahorra en ellos. *Este dinero es gratis.* Si su empresa le ofrece este plan, y usted no lo está aprovechando en su totalidad, es un idiota. (Bueno, perdón, pero ¡vamos!: si su banco local decidiera darle dinero gratis para atraer depósitos—por ejemplo, $500 dólares por cada $1,000 dólares que usted deposite—habría tumultos en la calle, tan desesperada que estaría la gente por conseguirlos.)

Y aún si su empresa no agregase nada por su parte a sus contribuciones, usted debería poner todo lo posible en su 401(k), hasta el límite, porque:

❖ Es una manera relativamente fácil de ahorrar sin pasar penurias.

❖ Evita impuestos sobre el dinero que pone allí, hasta muchos años después, cuando lo retire.

❖ Mientras su dinero crece, no debe impuestos.

Usted logra que la parte de su dinero que debería ir al "Tío Sam" (sus impuestos) le dé ganancias por todos esos años, agregadas a las que le dé su propio dinero. El mordiscón de los impuestos se reduce considerablemente.

Pero ¿cómo agrandar su patrimonio en una 401(k)? Bien, como este es dinero a largo plazo, usted debería usar la alternativa que da mejores resultados a largo plazo: las acciones. Habrá años en los que el valor de su 401(k) baje rotundamente, porque el mercado bursátil hace eso muchas veces. Pero a la larga, las posibilidades están a su favor. A menos que usted piense que puede ganarle al mercado bursátil (le doy una pista: no puede), la forma más simple y razonable de agrandar su patrimonio, es mantener su dinero en el fondo, sin saltar de un lugar a otro de la bolsa.

Si su plan ofrece acciones del mercado "nacional" o "internacional", puede dividir su dinero entre los dos. De ninguna manera somos la única mejor jugada.

El error más común que cometen los participantes de 401(k) es mover su dinero muy conservadoramente. Incluso si usted ya está por retirarse, no debería sacar todo su dinero en acciones y ponerlo en una inversión a corto plazo o de seguridad garantizada. Tal vez, *una parte* de él—sobre todo si el mercado bursátil está alto—pero es preciso recordar que el comienzo de la jubilación no es el fin del juego. Un hombre de 60 años, casado, que no fuma, y tiene buena salud, tiene posibilidad de vivir todavía 26 años más. Y si es una mujer, 31 años más. Así que, si usted está a punto de jubilarse, sepa que no se trata de vaciar su 401(k) y gastar todo el dinero en bastones el primer año, en sillas de ruedas el segundo y ¡bang!—después usted se muere. Con suerte, todavía tendrá su inversión a largo plazo, para poder mantenerlo. Y eso significa que cuando usted se jublile, una buena parte de su dinero debe todavía mantenerse invertida en acciones. (Inclusive aún cuando ya haya dejado su empresa, tendrá manera de rotar su dinero a otras cuentas de jubilación con impuesto diferido. Si el mercado bajó justo cuando usted se retiró, puede rotar su dinero de jubilación del mercado bursátil a otros fondos del mercado de valores, y esperar a que se recobre.)

El segundo error común que cometen los participantes de las 401(k)—muchas veces por lealtad—es apostar fuerte a su empresa. Usted ya cabalgó bastante en su empresa . . . su trabajo, tal vez con algunas opciones de acciones. Poner todos los huevos en una canasta, no es prudente. Puede que su empresa a veces sobresalga en el mercado, pero no es prudente. A menos que usted sepa lo que está haciendo, tenga cuidado con esta opción.

Nota a los participantes de planes 403(b): Las organizaciones sin fines de lucro muchas veces ofrecen una variante del plan 401(k), que se llama plan 403(b). Algunos de ellos ofrecen opciones de inversión que incluyen anualidades variables y fondos cobrando altos gastos. Una "trampa a la regla" poco conocida, sin embargo, permite a los individuos que sus contribuciones vayan virtualmente a cualquier custodio que administre cuentas de jubilación—fondos mutuos , por ejemplo— *si* el custodio está dispuesto a establecer una cuenta 403(B)-7. Déjeme asegurarle que lo único que necesita es llamar al fondo mutuo que usted quiera usar, y les pida que lo/la ayuden para disponer las cosas de manera que sus fondos existentes más futuras contribuciones vayan directamente a ellos. A ellos les interesa hacérselo fácil, para que su dinero le vaya a ellos. El departamento de beneficios para los empleados de su organización puede decirle que esto es imposible, pero, a menos que la ley cambie, si usted insiste, eventualmente va a lograr convencerlos de que están equivocados. El fondo mutuo que está tratando de obtener su dinero va a ser su aliado, dando prueba de que el Congreso permite esto para dichos planes.

Cuidado con las tarifas que le cobren por transferir los ahorros de jubilación existentes en anualidades variables, o fondos con gastos de reversibilidad (back end loads); pero tenga en mente que los custodios con más altas penalidades generalmente son las peores inversiones, así que la multa por retirar su inversión puede ser menos dañina a largo plazo, que dejar su dinero con ellos.

IRAs, planes Keogh y SEPs

Si su empresa no ofrece planes 401(k) o 403(b), e inclusive si sí los ofrece, usted siempre puede abrir una cuenta IRA (Individual Retirement Account = Cuenta de jubilación individual). Si usted trabaja por su propia cuenta, o sea que se auto-emplea, puede abrir un plan Keogh o una SEP (Simplified Employee Pension = Pensión simplificada de empleado).* Puede hacer esto casi en cualquier banco, firma bursátil o fondo mutuo. Yo recomiendo los fondos mutuos porque, lo repito una vez más, este es su dinero de jubilación de largo plazo. Pero lo más importante, es *hacerlo,* si es que todavía no lo hizo. Tome el teléfono y marque cualquiera de los números de las páginas 248–52 ("Fondos mutuos selectos"). Le enviarán los materiales que necesita para comenzar. O vaya a su banco, y saque los folletos que le dicen cuánto puede contribuir cada año, cuánto de ello es deducible en su situación, cómo se hacen los retiros, y todo lo demás.

No ponga en estos planes dinero que vaya a sacar en uno o dos años, porque tendrá que pagar una multa no deducible del 10% sobre cualquier suma que saque antes de los 59 años y medio (*y* va a tener que pagar impuestos cuando lo retire totalmente). Estos son buenos lugares para

---

* Ahora usted también puede establecer un plan SIMPLE (Savings Incentive Match Plan for Employees = Plan de Incentivo de Ahorros por Igualdad para Empleados) el cual es una variante del plan 401(k) para pequeñas empresas. Casi no necesita papelería o formularios para el gobierno—lo cual hace valer su nombre—y le permite hasta $6,000 dólares antes- de- impuestos para cada empleado en una cuenta especial SIMPLE-IRA, además de un Ahorro por Igualdad sobre las contribuciones, hasta el 30% del salario de los empleados. Llame a su familia de fondos mutuos para más información.

poner el dinero para el último 40% de su vida (de los 60 a los 100 años).

Supongamos que usted tiene 29 años y medio y pone $2,000 dólares en un plan Keogh o una cuenta IRA la semana que viene. Con un 10% de interés, se transfomarán en $34,899 dólares cuando usted tenga 59 años y medio (cuando puede empezar a sacarlos sin multas) y en $99,570 dólares cuando usted tenga 70 años y medio (cuando *tiene* que empezar a sacarlos). Supongamos que a esa edad usted decide sacarlo todo de una vez, en lugar de extender el resguardo de impuestos sacando de a poco por vez. A los 70 años y medio sacará $99,570, pagará digamos una tercera parte en impuestos, y todavía le quedarán $66,000 dólares.

Ahora mire los mismos $2,000 dólares sin el beneficio de un plan Keogh o una cuenta IRA. Lo primero que hubiera sucedido de no ponerlos en una de esas cuentas a los 29½ años, es que hubieran sido gravados. Otra vez, la tercera parte de ellos se irían en impuestos a las ganancias locales y federales, y le quedarían $1,333 dólares. Si entonces hubiese invertido esos $1,333 dólares al 10% anual—después de descontar la tercera parte de impuestos—hubiesen crecido a sólo un 6.7 %. Treinta años después, a los 59 años y medio—suponiendo siempre que se haya resistido a la tentación de gastárselos en muebles nuevos—se habrían transformado en $9,243: y a los 70 años y medio en $18,798.

De la primera forma usted se queda con $66,000; de la segunda con $18,798. Los planes Keogh, y las cuentas IRA le dejan tres veces más dinero descontados ya los impuestos, y no requieren más dinero para empezarlos, ni más riesgo, ni más esfuerzo. Inclusive menos autodisciplina (porque una vez que los depositó y quedaron trabados en el plan, no se tentará todo el tiempo para hacer algo distinto).

Y eso con sólo $2,000 un año.

Lo que está bien, porque en 41 años $66,000 dólares no comprarán tanto como compran hoy, y ustedes, fanáticos del golf, van a necesitar mucho más que eso para vivir cómodamente. *Pero no importa cuán poco puedan comprar $66,000 dólares en 41 años, siempre serán más que $18,798 dólares.* La primera cosa importante es darse cuenta de la importancia de empezar temprano. Lo que usted agregue cuando ya es viejo, va a agregar relativamente poco al valor de su fondo. Son las contribuciones tempranas las cuales aumentando a través del tiempo, crecerán enormemente.

Por ejemplo, usted puede contribuir $1,000 dólares por año, de los 25 a los 35 años, y después nada más. Si después saca el dinero entre los 65 y los 80 años, su $15,000 dólares iniciales, creciendo al 8% ¡le darán más de $400,000 dólares!

Si usted logra que su dinero crezca al 10% (tal como lo ha hecho el mercado bursátil desde 1926 más o menos), entonces sus $15,000 dólares iniciales le darán $1 millón de dólares. Al 12% (como estaba el mercado si comenzó después de la Depresión), tendrá cerca de $3 millones. Todo por haber contribuido quince veces con mil dólares durante su juventud.

El problema, por supuesto, es que cuanto más altas sean las tasas de interés de ganancia, más grande será también la tasa de inflación. Por eso, es posible que $3 millones no compren mucho. Pero como ya lo mencioné, siempre van a comprar más que cualquier suma menor que usted haya ahorrado fuera de un plan Keogh o una cuenta IRA.

Entonces ¿por qué es que todos los que califican para tales planes no abren una cuenta y ponen en ella todo lo que puedan? La primera objeción es que hay gente que no quiere tener su dinero detenido por tanto tiempo.

Pero hay dos muy buenos argumentos en contra de esa objeción. Primero, usted puede retirar dinero de estos planes. Pagando impuestos y multas. Pero igual hubiese tenido que pagar impuestos sobre ese dinero si no lo hubiese puesto en el plan—así que esa parte no es tan terrible. Y el 10% extra no deducible, aunque es duro, no lo es tanto, si piensa que pudo ahorrar su dinero—y también el que le tocaba al gobierno—y diferir los impuestos por varios años.

Segundo y más importante: ¿Piensa tener ahorrado *algún* dinero para cuando tenga 59 años y medio? ¿*Algún* valor neto? ¿*Algo* para completar lo que le dé la Seguridad Social y la generosidad de sus hijos? Si es así—y para la mayoría de la gente, la respuesta es un enérgico sí—muy bien podría ser en la forma de un fondo de jubilación libre de impuestos. ¿Qué puede perder por no pagar impuestos?

El Roth IRA

Este es uno bueno. Siempre que su ingreso bruto ajustado sea menos de $95,000 dólares, usted puede contribuir $2,000 dólares a una cuenta Roth IRA. (Si usted contribuye conjuntamente con su esposa, por ejemplo y su AGI (Adjusted Gross Income: Ingreso Bruto Ajustado) está por debajo de los $150,000 dólares, *cada uno de ustedes* puede tener una cuenta Roth IRA y contribuir $2,000 dólares.) Esto está permitido inclusive si está participando activamente en otra pensión o arreglo de ganancias compartidas.

Mucho se dijo de la dificultad de poder decidir entre una cuenta Roth IRA y la cuenta tradicional IRA (ya que el tope de depósito en las dos es de $2,000 dólares). Pero esto es muy simple. Especialmente si usted es joven y está en una categoría de impuestos baja. Pero aún si así no fuera, probablemente debería abrir una cuenta Roth IRA y llenarla al máximo cada año.

Como usted sabe, la diferencia entre una cuenta Roth IRA y una cuenta tradicional IRA, es que en la cuenta tradicional usted tiene su deducción de impuestos al entrar—sus $2,000 dólares de contribución son deducibles—y en la cuenta Roth IRA tiene esa deducción al salir. Cada centavo que usted saca de la IRA tradicional es imponible; cada centavo que usted saca de la Roth IRA está libre de impuestos. (Otra ventaja de la Roth IRA: no *requiere* que usted saque el dinero en general, y mucho menos en rígidos tiempos dictados por el IRS. Si usted no los necesita cuando tiene 70½, los puede dejar creciendo hasta que tenga, por ejemplo, 75 u 80 años, cuando tal vez sí los necesite.) Teóricamente si su categoría de impuestos es la misma cuando usted contribuye, que cuando usted retira el dinero, no tiene importancia cuál de las dos cuentas elija. Para hacer las cuentas simples, digamos que usted está en la categoría de impuestos del 50%. De una manera, todos sus $2,000 dólares crecen para usted, pero los impuestos le sacan la mitad cuando los retira. De la otra manera, sólo quedan $1,000 dólares para invertir luego de los impuestos, pero no le sacan nada cuando los retira. Para hacerlo *realmente fácil,* imagine que usted hizo una sola contribución, en un fondo mutuo que triplicó. Con ellos tendría $6,000 dólares en la IRA tradicional, y sólo $3,000 en la Roth IRA. Los saca, y paga el 50% en impuestos sobre los $6,000 dólares, y mire qué pasa—tiene $3,000 dólares de una u otra forma.

Así que, teóricamente usted elegirá una Roth IRA si ahora está en una categoría baja de impuestos y espera que sea más alta cuando se retire; y elegirá una IRA tradicional si su categoría de impuestos es alta, pero espera que sea menor cuando se retire.

Pero hay un error en esa teoría. Asume que o pone usted $2,000 dólares en una IRA tradicional (luego del mordiscón de impuestos); o pone sólo $1,000 en una Roth. ¡Hey! ¡Si usted puede, ponga todos los $2,000 en la Roth! De esa manera, dado el ejemplo arriba citado, usted tendrá $6,000—*y se los podrá quedar* todos.

En esencia, una persona que abre una cuenta Roth IRA está ahorrando para el futuro. *Y se supone que una persona que ahorra más, termina teniendo más.* La cuenta Roth IRA engaña al contribuyente para que ahorre más dinero (porque debe proveer $2,000 dólares reales, no $2,000 dólares con una deducción de impuestos)—y eso no está mal.

De todas maneras, todo esto es discutible para la mayoría de la gente ya que el deducible IRA sólo está disponible para gente de relativamente bajos ingresos sin ningún otro plan de jubilación. Y como la mayoría de los trabajadores tiene acceso a algún tipo de plan de jubilación no podrán deducir sus contribuciones IRA. Salvo que su ingreso sea lo suficientemente bajo como para estar en la categoría más baja de impuestos—y en tal caso sacaría muy poco beneficio de una cuenta tradicional IRA.

Siempre existe la posibilidad de que el Congreso haga alguna jugarreta para negar los beneficios de las cuentas IRA—como por ejemplo sería reemplazar el impuesto a las ganancias con impuesto a las ventas. Así usted estaría pasando una buena deducción de impuestos año tras año, para evitar lo que sería el *¡el impuesto a las no ganancias después de todo!* O tal vez, los retiros de las cuentas Roth IRA serían considerados para decidir si usted en realidad "necesita" beneficios de Seguridad Social. Pero no creo que eso pase. ¿Sabe cuántos ancianos votarán cuando su cuenta Roth IRA tenga un montón de dinero? ¿Se imagina cómo se pondrían si el Congreso tratara de pasar un impuesto por la puerta de atrás para los retiros de las cuentas Roth IRA?

También está la cuestión de si 50 estados honrarán el espíritu de las cuentas Roth IRA y dejarán que los retiros de dichas cuentas sean libres de impuestos, tal como hace el Tío Sam. Me imagino que sí.

Así que todo es posible. Pero para mí las Roth IRA significan ahorrar más, más certeza (lo que usted ahorra es lo que usted se queda) y más flexibilidad para sacar el dinero.

(No solamente *usted* no necesita sacar el dinero, sus beneficiarios pueden elegir seguir estirando los retiros por toda su vida, si quieren. Una contribución a una cuenta Roth IRA a los 25 años, puede crecer libre de impuestos por 60 años—y después por otros 50 o 60 años cuando su nieta, que es su beneficiaria, lentamente retire los fondos.)

La cuestión aquí es que las cuentas Roth IRA generalmente son la mejor alternativa, a veces por un amplio margen; y ocasionalmente puede que una IRA tradicional sea mejor, pero por muy pequeño margen. Evítese el problema de martirizarse tratando de elegir, y vaya directamente con una Roth IRA (salvo que sus ingresos sean demasiado altos para calificar). Y olvídese de hacer tantos deberes.

Algunos buenos detalles de los IRA / Keogh

Por supuesto que hay muchas cosas a considerar. He aquí algunas:

* **¿Qué pasaría si me muero o quedo lisiado?** En esos casos— sin importar su edad—puede sacar todo el dinero sin ninguna multa, sea todo de una vez, o a lo largo de los años. Si usted se muere, el beneficiario cónyuge, tiene la opción de pasar lo que haya en la cuenta, a su propia cuenta IRA. (Beneficiarios no-conyugales pueden transferir el dinero a "IRAs beneficiarios" especiales, pero deben empezar el retiro inmediatamente.)

* **¿Qué pasa si tengo empleados?** Si usted tiene un plan Keogh para usted mismo, usted debe hacer contribuciones para sus empleados también. Pero puede organizar el plan de manera que los empleados no puedan entrar sino luego de tres años de estar en su empresa.

* **¿Qué pasa si *ya* tengo 59 años y medio?** Todavía no es tarde para abrir una cuenta o plan, y los ahorros en impuestos pueden ser sustanciales.

* **¿Qué pasa si estoy en una categoría impositiva muy baja ahora?** Bueno, entonces definitivamente debería elegir una cuenta Roth IRA. O podría estar resguardando dinero de un 15% de impuestos hoy por ejemplo, para cambiarlo en un futuro cuando usted llegue a la categoría del 40% de impuestos (ya sea porque su fortuna mejoró, o sea porque el congreso subió las tasas de impuestos).

* **¿Qué es esa horrible sisa de impuestos del 15% de la que hablan?** Era bastante horrible. Y aplicaba a las "distribuciones excesivas" en el caso de que usted hubiese ahorrado con demasiado éxito. Pero por suerte, fue revocada.

❖ **¿Cuál es el fin del plazo para abrir una de esas cuentas?** Esa pregunta es errada, porque presupone que usted quiere esperar hasta el último momento para empezar. La verdad es que debería empezar ya mismo, si puede. Inclusive si se pasó del día del cierre de impuestos de este año, eso significa que puede prepararse para empezar cuanto antes el próximo año. Si ustedes son dos personas que contribuyen cada una $2,000 dólares anuales en una cuenta IRA, durante 25 años, con un 10% de interés, pero uno de ustedes depositó el 2 de enero de cada año (es decir, lo antes posible dentro de cada año) y el otro esperó hasta el 15 de abril del año siguiente (el último momento posible del año fiscal); cada uno habría contribuído $50,000 dólares a través de esos 25 años. Pero el que depositó primero, verá que su dinero creció $20,000 dólares más, porque la cuenta habrá tenido más intereses que pagar.

❖ **¿Qué hay sobre los depósitos en los planes de jubilación que "no-son-deducibles"?** Mucha gente deposita dinero "extra," no deducible, en los planes de jubilación de su empresa, o en sus cuentas IRA inclusive si no califica para ser deducido de impuestos. Al hacer esto, resguardan de impuestos el crecimiento de ese dinero hasta que sea retirado; y luego sólo la ganancia es gravada al retirarlo. No está nada mal. Pero una cuenta Roth IRA es mejor, si usted califica para ella. Lo que es más, lea la sección sobre acciones, al final de este capítulo.

❖ **¿Qué pasa si uno retira el dinero antes de tiempo?** Entre otras tantas ventajas de las Roth IRA, está la de poder retirar, en cualquier momento, el dinero que se depositó, no su valorización—libre de impuestos o multas. Es una ventaja relativa, ya que el verdadero sentido de esta cuenta, es poder tener todo el dinero que se pueda, creciendo libre de impuestos. Aunque sea permitido, yo pensaría dos veces antes de sacar los ahorros de una Roth, o una IRA tradicional para pagar el adelanto de una primera propiedad. Ni tampoco para pagar estudios o gastos médicos monumentales. Está bien tener la opción de poder hacerlo, pero debería usarse en última instancia, dado que los retiros para esos fines, no pueden volver a ponerse bajo un resguardo de impuestos. Mejor pida prestado de su plan de retiro en el trabajo, si es posible—y luego, devuelva el préstamo tan pronto que sea posible.

❖ **¿Y qué pasa si paso mi cuenta tradicional IRA ya existente a una Roth IRA?** Es tan simple como llenar unos formularios de la institución que ya tiene su IRA. Pero sólo puede hacerse en el año que su ingreso bruto ajustado (sin contar esta conversión) sea por debajo de los $100,000 dólares— grandes multas si se equivoca. (Puede evitar la multa si—en cuanto se da cuenta de que su sueldo excede $100,000 dólares—anula la conversión antes del 15 de Abril del año siguiente.) Tendrá que pagar impuestos por cada centavo que pase (excepto los centavos que fueron contribuidos sin poder deducirlos). Pero, si alguien tiene ahorrados $17,397 dólares en una IRA, de los cuales $12,000 dólares representan seis contribuciones de $2,000 dólares no deducibles, digamos que pasar la cuenta a una Roth es irresistible, ya que sólo pagará impuestos sobre $5,397 dólares de valorización, y de ahí en más, cualquier crecimiento estará libre de impuestos para siempre. Al contrario, alguien que tiene $196,384 dólares en su IRA los cuales serán en su totalidad gravados, entonces tendrá que pensarlo dos veces. En primer lugar, esto la pondrá en una categoría de impuestos más alta, si todavía no lo está. En segundo lugar, no querrá utilizar parte del dinero de la IRA para pagar impuestos, ya que de esa manera estaría reduciendo el tamaño de su fondo resguardado de impuestos.

Así que, una posibilidad sería abrir una cuenta Roth IRA y pasar anualmente sólo una porción sensata, desde su cuenta tradicional IRA. Especialmente en los años, que por cualquiera que sea la razón, su ingreso imponible—y con él los impuestos que deba pagar—sean bajos. No se sienta tonto por tener una cuenta tradicional IRA. Son buenas. Pero en la medida que pueda pagar los impuestos para pasar el dinero a la Roth, será como meter más dinero para sus años plateados.

❖ **¿Tiene más preguntas?** Escriba a la oficina de impuestos IRS más cercana, y pida la publicación 590 y trate de entenderla, o pregunte al experto en planes de retiro de su banco, o a su empresa o a su contador.

Los hijos y los planes de jubilación

Unos últimos comentarios para conectar estas dos cosas— sus hijos (o nietos) y su jubilación. Aunque suene tonto al principio, tal vez haría bien en alentar a sus hijos de 12 años a abrir una cuenta Roth IRA. No porque el niño ya tenga interés en ahorrar para cuando sea viejo, sino simplemente porque el resultado de los intereses acumulados es asombroso. (Y además para crear buenos hábitos con el dinero.) Dos mil dólares anuales de los que gane su chico pueden ponerse en una cuenta IRA, siempre que sea verdadero ingreso, ya sea ganado a través del negocio familiar (porque ayuda a poner la mercadería en los estantes de su negocio) o por otras fuentes, como cuidar niños, o cortar el pasto (pero no por cuidar *su* niño, y cortar *su* pasto). También es legal que usted le dé a su hijo lo suficiente como para reemplazar lo que puso en la cuenta IRA.

Supongamos que su hijo/a, gana $20 dólares semanales—$ 1,000 dólares—que pondrá en una cuenta IRA. Pongamos entonces, que usted *le da* otros $20 dólares extras semanales, para reemplazar ese depósito. Así a su hijo no le va a importar tanto.

¿Tiene sentido hacer eso? Bien . . . si su hijo/a hace esto por 10 años, hasta los 22 años . . . y si su hijo/a invierte en una cuenta Roth IRA con un fondo mutuo que le da un 10% anual . . . cuando tenga 70 años (no se ría) esos $10,000 dólares que usted le ayudó a juntar, se habrán transformado en $1,500,000 dólares—lo suficiente para que derroche $180,000 dólares por año durante 20 años, hasta que tenga 90 años.

No hay magia en esto (salvo la magia de *hacerlo*— ¿Cuántos lectores que lean esto piensa usted que lo harán?). La inflación seguramente va a erosionar el valor de esos

$180,000 dólares. Pero si calculamos un promedio del 3% de inflación durante esos años, será el equivalente a $25,000 o $30,000 dólares anuales en poder adquisitivo de hoy—lo cual no está mal para haber hecho diez contribuciones anuales de $1,000 dólares. ¿Cuántos viejos que conoce usted hoy, podrían darle uso a $25,000 dólares extras por año? Mi sueño, (bueno, uno de mis sueños), es que, mucho después que usted y yo nos hayamos ido, habrá unos viejos de 80 años jugando al póker diciendo: "Sabes, mi Papi leyó este *librito* una vez, cuando yo tenía doce años, y ... ¿eh? ... ¡ah! ¿que ya te lo dije?"

Pero ¿podría una inflación espantosa destruír la estrategia de este sueño? Si hubiera una ola inflacionaria alguna vez, seguramente que su hijo o su nieto igual estaría bien. El poder adquisitivo de los *bonos* sería abatido por una mala inflación, pero las acciones de fondos mutuos (equity mutual funds), con el tiempo, seguramente saldrían a flote de la inflación. ¿Por qué? ¡Porque tendrían acciones en las compañías que están subiendo los precios! Si los perritos calientes costaran 20 veces más de lo que cuestan hoy, es posible que las ganancias de los fabricantes de los perritos— de los cuales sus hijos tendrían acciones—suba proporcionalmente. Y así también el valor de las acciones.

Anualidades

¡NO LAS COMPRE! Las anualidades están de moda en estos días porque: (a) crecen con impuestos diferidos (b) le pagan una gran comisión a los tipos que las venden, lo que lleva a una promoción muy entusiasta.

Básicamente, las anualidades son como cuentas IRA gigantes, sin límite de depósitos—pero también sin deducción de impuestos por esos depósitos.

Algunas anualidades prometen una devolución fija. Más y más, la gente está comprando anualidades *variables,* en las cuales su ganancias dependerán de cuán bien la compañía de seguros haya invertido su dinero. Es como invertir el dinero de su IRA en un fondo mutuo del mercado bursátil.

Como seguramente usted escuchará un montón de razones por las cuales debe comprar anualidades, le voy a mencionar algunas razones por las cuales no debe comprarlas:

1. El ingreso por anualidades está gravado. Si usted está buscando un refugio impositivo ¿por qué en vez no comprar bonos libres de impuestos (tax- fee bonds)? (Vea el capítulo 5). Su interés *nunca* está gravado.

2. La atractiva tasa que ofrecen algunas anualidades está garantizada generalmente por un año. Los folletos con los que las promueven, lo engolosinan a usted con lo que *podría* llegar suceder, pero nada le garantiza que será así.

3. Una vez que usted compra una anualidad, sus depósitos están bastante trabados hasta que cumpla 59 años y medio. Hay una multa del 10%, como en las cuentas IRA (pero sin la deducción inicial del 10% que convierte a las IRA en atractivas); y muchas anualidades imponen grandes multas por su propia cuenta.

4. Como las anualidades se compran típicamente a *largo plazo* ¿ por qué mejor no comprar acciones? A largos períodos de tiempo, las acciones casi siempre sobrepasan cualquier inversión de tasa fija.

5. Las anualidades variables invierten en acciones, pero ¿invierten bien? ¿Qué sucedería si la compañía de seguros tiene un administrador de bajo nivel? Después de todo, no todos los administradores son sobresalientes. ¿Y qué pasa si usted quiere cambiar el administrador? Por lo menos, tendrá que sufrir un "Intercambio 1035" u otras multas.

6. Incluso si los administradores de inversiones fueran buenísimos, la mayoría de las anualidades variables no dan tan buen resultado, porque sus grandes ventas, gastos fijos generales y componentes de seguro que le dan insignificantes beneficios, los bajan.

7. En cualquier forma, si usted va a invertir en acciones, *¿por qué hacerlo a través de anualidades?* Sus dividendos van a estar resguardados de impuestos hasta que los cobre, pero tiene sus vueltas: *cualquier ganancia que usted retire de*

una anualidad es imponible como ingreso común, inclusive si hubiesen calificado como ganacias sobre el capital a largo plazo levemente gravadas, fuera del "resguardo" de la anualidad. (Esto también es verdad para las cuentas IRA tradicionales y planes Keogh; pero con ellos, usted obtendrá esas deducciones de impuestos iniciales tan atractivas.) ¡Está pagando muchas tasas para convertir ganancias con pocos impuestos en ganancias con muchos impuestos!

8. La valorización dentro de una anualidad debe ser eventualmente distribuida y sujeta a los impuestos a las ganancias—cuando usted muera, sino antes. Bajo la ley corriente, las ganancias *fuera* de una anualidad, escapan a los impuestos a las ganancias cuando usted muere. Son buenas noticias para sus herederos.

En pocas palabras: si usted está pensando en *una anualidad de tasa fija,* considere en cambio bonos libres de impuestos. Si usted está pensando en *una anualidad variable*—compre un fondo mutuo sin pago de comisiones (no-load mutual fund). Se va a ahorrar comisiones de venta y gastos de seguros; no pagará multas por sacar los fondos antes, y va a disfrutar considerables, aunque diferentes, ventajas impositivas.

Si usted *ya compró* una anualidad: bien. Hizo bien en poner dinero aparte y que esté creciendo con impuestos diferidos. Pero el próximo dinero que pueda invertir, podría invertirlo aún mejor.

Dos excepciones:

❖ Maestros en instituciones con tasas de instrucción tienen un buen negocio con TIAA-CREF. Si usted es uno de ellos sabe de lo que estoy hablando.

❖ Si está interesado en comprar una *anualidad,*—una verdadera—pues hágalo. Antes que las anualidades fueran promovidas como una buena manera de diferir impuestos para los trabajdores, eran algo totalmente diferente—las compañías de seguros prometían pagarle una cantidad fija, mientras que usted viviese. Para alguien que tenga 80 años, y que no sepa si vivirá otros 3 o 30 años más, es una manera de pasarle el "riesgo" de vivir una vida excepcionalmente larga, a una compañía de seguros. La aseguradora puede tomar ese riesgo porque: a) al poner el precio, ya supuso que usted vivirá una larga vida (los pacientes terminales no compran anualidades) y b) pero inclusive aunque *usted* viva hasta los 105 años, otros no. Así que en promedio, todo está muy bien. Las anualidades son lo opuesto a un seguro de vida, en los que el asegurador sospecha de todos los aplicantes con enfermedades coronarias hereditarias, y en los que el cliente "gana" al morir joven. Antes de desembolsar $300,000 dólares por una anualidad, asegúrese de comparar precios—y de que en verdad esto es lo que quiere hacer. Una vez que compró la anualidad, no hay devoluciones.

Resguardos impositivos (Tax Shelters)

Tradicionalmente, el término " resguardo impositivo" no se refiere a una cuenta IRA o una anualidad, sino más bien a una esquema urdido por un promotor y un abogado en la forma de una sociedad limitada. Usted y un grupo de individuos ricos ponen de $25,000 a $250,000 dólares cada uno, deduciéndolos de impuestos, y de repente usted posee acciones en un complejo de departamentos, un pozo de petróleo, o un huerto de paltas; y puede pasarse los próximos 15 o 20 años protestando sobre qué poco que da todo eso.

En el mejor de los casos, el resguardo impositivo, sólo aplaza los impuestos, no los elimina. Y los resguardos de impuestos frecuentemente salen torcidos. Algunos son directamente un fraude; otros son intentos de negocios de buena fé, que salen mal (como un pozo de petróleo que se seca); y otros no pasan el escudriño del IRS (Servicio Impositivo).

Cuando el margen tope de impuestos es 90% (como lo era antes de Kennedy) o 70% (como lo fue hasta 1980), o inclusive el 50% (como fue hasta 1986), se comprende que la gente haga lo imposible para pagar lo menos posible. Pero cuando las categorías de impuestos bajan, el incentivo para tomar riesgos locos, pagar tarifas de promoción que son un robo, y hacer impuestos complicados, baja—o al menos así debería ser. Lo que es más, muchos inversores ya aprendieron que es mejor darle 40 o 50 centavos por dólar al gobierno, en vez de darle todo.

Inmobiliaria (Real Estate)

Las propiedades en las que usted invierte personalmente—donde usted personalmente busca el área, busca la posibilidad y se involucra íntimamente en la estructura del trato y el estado físico de la propiedad—es algo totalmente distinto del tipo de resguardo impositivo que mencionaba arriba. Esta manera tan casera de esforzarse, que se hace cuidadosamente, es muy posible que salga mal.

Porque el detalle es que, a fines impositivos, usted debe sacarle valor a su propiedad, aunque, en realidad, puede que ella se *revalorice*. Supongamos que usted compra un edificio de ocho departamentos que está en un juicio hipotecario bancario (bank foreclosure) por $350,000 dólares, de los cuales $275,000 dólares son depreciables, y se las arregla para sacar $10,000 dólares anuales, luego de todos los gastos. Dado que la propiedad residencial se deprecia actualmente a través de 27.5 años, usted puede deducir $10,000 dólares anuales por depreciación sobre sus ingresos por alquileres—así que en este ejemplo todo tiene impuestos diferidos, hasta que venda el edificio. Mientras tanto, supongamos que la propiedad devaloriza a un 4% anual. Esa ganancia, también tiene impuestos diferidos, hasta que usted venda. Cuando vende, debe pagar impuesto a las ganancias sobre el capital, no sólo sobre el 4% anual de valorización, sino también sobre toda la depreciación acumulada. *Pero nadie le dice que debe vender.* Usted puede seguir juntando alquileres—y tal vez un día pedir un préstamo sobre su ahora más-que-valorizada propiedad—para disfurtar de algunas de las ganancias sin tener que pagar impuestos sobre ellas.

Estas son básicamente las ventajas que le da la inmobiliaria. Pero las propiedades no son una inversión, son un *negocio*. Lo cual está muy bien si usted tiene el tiempo, el talento y el temperamento para hacerlo. Pero es mucho más fácil agarrar el teléfono y comprar 1,000 acciones de una compañía que invierte en propiedades (tal como el "Consorcio de inversiones inmobiliarias" [Real Estate Investments Trust] listado en el New York Stock Exchange), que tener que ir a arreglar el inodoro de un inquilino el domingo por la mañana. Y es también más fácil hablar por teléfono y *vender* esas acciones, que tener que vender su edificio.

El negocio inmobiliario, puede llegar a ser un *trabajo* de media jornada—investigar las propiedades del mercado, arreglar su compra, reparar todo lo que se necesite en esas propiedades, entrevistar a los posibles inquilinos, mantenerlos contentos, negociar los laberintos burocráticos, encontrar plomeros confiables y que cubran emergencias—si se toma como inversión. Alguna gente sólo lo ve como dolores de cabeza y riesgos. Otros lo ven como una oportunidad para ser creativos, para levantar un valioso patrimonio (y aún más valiosa deuda) y tener su propio show. Si usted lo ve de esta última manera, hay muchas buenas ofertas disponibles, y muchos agentes inmobiliarios que le ofrecerán administrar su propiedad por un porcentaje del alquiler.

Por favor, compre ese motel frente al mar como su negocio o vivienda para cuando se jubile. Pero reconozca en él lo que realmente es: un negocio . . . y que hacer negocios es un trabajo . . . y que no todas las propiedades *se revalorizan*. Acuérdese que está haciendo un buen negocio, y que está entrando en él, antes de comprar.

Su propio negocio

El negocio inmobiliario, ofrece otros miles de buenos negocios. Además de las potenciales ventajas impositivas, tendrá: la posibilidad de poder abrir una cuenta de jubilación más grande que las cuentas IRA, y deducir los costos de su seguro médico; el seguramente leve gravamen de cualquier ganancia que usted venda. Y mucho más. Pero es un mundo aparte y un nuevo libro. Este libro se trata de su dinero, no de cómo cambiar su carrera.

Su propia casa

Usted no puede depreciarla. Y ni siquiera sacará beneficio impositivo si la vende con pérdida, como sucede con las inversiones. Pero cuanto más alta sea su categoría impositiva, más costo carga el Tío Sam, por la virtud que poseer una propiedad brinda en deducciones impositivas: intereses de la hipoteca e impuestos a la propiedad. Mientras tanto, pagar la hipoteca de la propiedad es un buen método de "ahorro forzado" ya que la valorización se junta mes a mes (aunque al principio no se note). Y lo mejor de todo, tal vez sea que: cualquier ganancia que usted saca de vender la propiedad en la que vive está libre de impuestos hasta los $250,000 dólares ($500,000 dólares para un matrimonio) siempre y cuando usted haya vivido en ella por lo menos durante dos de los cinco años anteriores. De hecho, si usted tiene para alquiler una casa residencial que se revalorizó enormemente, tal vez le convenga mudarse a ella durante dos años, antes de venderla, para poder así convertirla en su vivienda principal, y convertir la valorización en ingresos libres de impuestos.

Acciones

Las compañías en crecimiento pagan poco o nada en dividendos gravados. La mayoría de sus ganancias se re-invierten, y la mayoría de lo que usted saque al final, se espera, será en la forma de una valorización a largo plazo. La primera ventaja: los impuestos y sus ganancias serán diferidos hasta que usted elija entre vender o sacar su ganancia. Mientras tanto, la parte del Tío Sam de su capital está trabajando a la par que su propia parte. La segunda ventaja: las ganacias sobre el capital a largo plazo son gravadas menos que los ingresos normales.

Beneficencia

Si usted dona grandes cantidades para beneficencias cada año, puede ahorrar mucho dinero en impuestos donando en vez, obligaciones revalorizadas (appreciated securities). No solamente recibirá la deducción de impuestos por el regalo, usted evitará el impuesto a las ganancias sobre el capital, que de otro modo debería. En el caso de una acción que usted compró por $4,000 dólares y ahora vale $13,500 usted puede ahorrarse tanto como $2,660 dólares (28% de impuesto federal de los $9,500 de ganancia), y probablemente algunos impuestos locales también, donando las acciones en vez del dinero. Pero cuidado:

❖ Asegúrese que su agente de bolsa transfiera las acciones a la obra de beneficencia *antes* de que ellos mismos las vendan y se queden el dinero que de ahí proceda. Si las acciones están a nombre suyo cuando se venden, usted deberá pagar impuestos.

❖ Asegúrese que usted conservó esas acciones (o el edificio, o el cuadro de Van Gogh) *al menos durante un año y un día,* o el IRS (Servicio Impositivo) sólo le permitirá deducir su costo original.

Por supuesto que esto no tiene sentido para los regalos chicos. Además de los problemas, la comisión que la obra de beneficencia tendrá que pagar para vender $250 o $500 dólares en acciones de Microsoft, podría llegar al 10% o 15% del total del regalo. Si usted es una persona a la cual le gusta donar entre $250 y $500 dólares anuales a distintas beneficencias, hay una solución. Abra una cuenta en Fidelity Investments Charitable Gift Fund (800-682-4438), transfiera sus $13,500 dólares en acciones a la cuenta, por los cuales obtendrá una deducción por beneficencia inmediata, tal como sería si le hubiese dado su dinero a la Cruz Roja. Luego, de tanto en tanto, pásele instrucciones por fax a Fidelity. Ellos enviarán cheques en su lugar por montos de $250 dólares en más, e invertirán el resto de su dinero mientras tanto, en la que fuera su elección entre cuatro clases de fondos—así tendrá para donar más que lo planeado.

Esta es la manera del hombre pobre de hacer caridad— a la Fundación Ford, a la Fundación Rockefeller y ahora a *su* Fundación.

La Fidelity's Gift Fund es práctica también si usted sufre una caída. Supongamos que usted hizo caminar sus acciones Microsoft este año y sacó $400,000 dólares, y quiere donar $100,000 dólares a una obra de beneficencia. La Charity Gift fund podría ser perfecta. Después de todo, allí está usted, una recepcionista de 32 años, que estuvo con Microsoft desde el principio. Si usted da todos sus $100,000 dólares a su obra de beneficencia favorita este año, usted se verá rodeada de amor y aprecio—*e inundada* de pedidos el año que viene. Pero ¿qué podrá dar el año que viene? Todavía es una recepcionista, aunque muy buena, que gana $26,000 dólares por año. Pero la gente a la que usted dio $5,000 dólares el año pasado, está esperando $6,000 dólares este año . . . y usted estaba pensando en darles sólo $50 dólares este año, lo cual para una persona que gana $26,000 dólares por año, está muy bien. ¡La van a odiar!

Con $100,000 dólares en el Gift Fund, usted puede decidir repartir $5,000 dólares por año—sacados del crecimiento del fondo mismo, que con suerte, nunca tendrá que sacarlos de sus $100,000 dólares. De ese modo, se la ve como una persona generosa, muy generosa, porque ¿cuántas recepcionistas hacen donaciones de $5,000 dólares anuales? Y así podrá disfrutar y refinar su dádiva a través de los años sin demasiado estrés.

Buenos Detalles de la Beneficencia

❖ Si usted donó $250 o más dólares a una beneficencia, necesita un recibo, no solamente su cheque cancelado. Muchas obras de beneficencia lo envían automáticamente, ya que conocen la regulación; pero es responsabilidad suya pedir el recibo y guardarlo para el caso que sufra una auditoría. No es suficiente pedirlo uno o dos años después, cuando le llega la noticia de la auditoría. Los recibos no pueden tener fecha posterior al día en que usted hizo sus impuestos y reclamó sus deducciones.

❖ Los recibos deben dejar bien claro que usted no recibió nada de valor significativo a cambio de su contribución; y sino debe declarar el valor de lo que recibió—por ejemplo: si de su donación de $150 dólares, $40 fueron para comida o entretenimiento. Usted sólo puede deducir los $110 dólares restantes, inclusive si usted tiene testigos que digan que sólo se comió *un pancito* en toda la noche, y que además se quedó dormido después de las tres primeras palabras del discurso.

❖ Si usted donó otra cosa que dinero, la obra de beneficencia sólo debe proveer una descripción de lo donado, no el valor. Ese es su trabajo. Cuando el Presidente Clinton era Gobernador, él valuó un par de zapatos a $80 dólares. Tal vez los zapatos usados suyos no tengan tan gran valor, y tal vez sean más pequeños, así que táselos en un poco menos.

❖ Si usted está donando algo con valor por encima de los $5,000 dólares (otra cosa que no sean acciones) se requiere una tasación. La tasación de su tía que sabe de antigüedades (¡Ay! ¡Es tan divino!), no es suficiente.

❖ Si usted va a un remate de beneficencia y adquiere una obra de Warhol, o la lapicera que utilizó Paul Simon para escribir "Puente sobre aguas turbulentas", sólo podrá deducir de su pago, la parte de dinero que exceda el verdadero valor del mercado de lo que usted compró (si es que tiene algún valor). Por ejemplo: si la tasación en el catálogo del remate era $1,500 dólares, y usted finalmente pagó $900, no va a tener ninguna deducción. Mucha gente toma la suma total del cheque como deducción de todas maneras, y tal vez sea por eso que el IRS ahora pide el tipo de recibos que pide. Hace treinta años atrás, mi mamá organizó un muy exitoso remate de arte en nuestro granero. (Ya sé. Usted no se esperaba esto de un ratón de ciudad como yo, pero teníamos un granero.) Juntó unos cuantos miles de dólares para una buena causa, y mi papá, sabiendo que la mayoría de los postores reclamarían el 100% de los pagos como deducciones de beneficencia, llamó al evento *La Grande Tax Dodgerie (La gran topadora de impuestos)*. Creo que puso el nombre en francés como para que " los chicos" no se diesen cuenta de lo que se estaba hablando. Al igual que uno deletrea la palabra p-e-r-r-o, para no producir la excitación del chico ni del perro. Claro que en nuestra escuela se comenzaba a enseñar francés a partir de segundo grado. La ley de los impuestos vino después.

❖ De la misma manera que sería muy extraño invertir en alguna propuesta que le llegue con el correo basura (toda la papelería que usted tira), es arriesgado darle dinero a una obra de beneficencia basado simplemente en su pedido—y más aún si es un mercadeo telefónico que llama en nombre de alguna obra de caridad (y que se quedan, frecuentemente con el 50% de lo que usted dona). Hubo un caso famoso de un grupo que hacía realidad los deseos de los chicos moribundos. De acuerdo al *New York Times*, el grupo juntó $237,000 dólares en 1984. De ellos $10,000 se invirtieron en materializar los deseos de los niños; el resto se utilizó para "pagar a las organizaciones profesionales que juntan fondos para beneficencia, sueldos, alquileres de automóviles, joyas, alquileres de oficinas, préstamos personales sin garantía, videocassetteras, y un video juego llamado *Juegos Sexuales*." Llame al Council of Better Business Bureaus (703-276-0100) para información sobre las diferentes beneficencias, o envíeles $2 dólares, y un sobre estampillado con su nombre y dirección, para recibir una copia de *Give But Give Wisely (Done, pero done sabiamente)*, la cual califica a las beneficencias a través de 22

parámetros (4200 Wilson Blvd., #800, Arlington, VA 22203).
O escriba a National Charities Information Bureau, y pida
su *Guía gratuita de donaciones inteligentes (Wise Giving
Guide)* (19 Union Square West, New York, NY 10003).

La beneficencia y su cuenta IRA

Si está planeando dejar dinero a alguna beneficencia
cuando usted se muera, y tiene una cuenta IRA, considere
poner a esa beneficencia como beneficiario de su cuenta
IRA. Eso va a ahorrarle a sus herederos el impuesto sobre
las ganancias, que de otra manera tendrían que pagar. Dé-
jeles a sus herederos dinero "común" de afuera de su IRA—
dinero sobre el cual el impuesto a las ganancias *ya fue pagado*. A la caridad no le hará diferencia, ya que no pagan
impuestos, pero a sus herederos sí.*

La beneficencia y su fortuna

Si tiene un montón de dinero, y está pensando dejarle
una parte a alguna obra de beneficencia, hay ventajas impositivas, si cuando usted es viejo, la da mientras está vivo.
Usted dona el dinero (o la propiedad valorizada) ahora,
pero arregla las cosas como para recibir todos los ingresos
mientras viva. Mientras tanto, recibirá una deducción de
impuestos—ahora—por el "valor presente" de su regalo.
Si usted tiene 85 años, el valor presente es casi tan grande
como su donación, ya que el IRS no se dé cuenta que usted
es uno de esos viejos alegres que va a seguir jugando tenis
por 20 años más. Si usted tiene 50 años, ni se moleste con
todo esto, dado que el valor presente de su donación será
mínimo. Casi cualquier obra de beneficencia le explicará
las bases de todo esto. Y tal vez usted quiera discutirlo luego
con su abogado o el contador que prepare su testamento.

---

* Una pequeña desventaja: Si usted pone a una obra de beneficencia como
beneficiaria de su cuenta IRA, puede que las regulaciones del IRS lo obliguen
a retirar el dinero más rápido, que si su esposa fuera su beneficiaria, una vez
que usted haya cumplido los 70½, exponiendo más del dinero a impuestos.

Libros y programas de computadoras sobre impuestos

Cualquiera sea la forma que tenga del código de impuestos cuando usted lea esto, seguramente habrá una nueva edición de *Your Income Tax (El impuesto a sus ingresos)* de J. K. Lasser, para guiarlo. Está lleno de ejemplos y claras explicaciones. Simplemente mire el índice para encontrar lo que necesita. *Consumer Reports* y H&R Block también tienen buenas guías.

Si usted tiene una computadora (ordenador), compre el más actual *Tax Cut* o *Turbo Tax* y úselos para preparar sus impuestos. Es barato y fácil, y siempre podrá ir a su contador la primera vez que los haga, para pedirle que los revise. O, si su situación impositiva es compleja, deje que el contador le haga los impuestos, pero use estos programas para revisar lo que él hizo. Una vez yo encontré una diferencia de $2,000 dólares a favor del IRS en los impuestos que, su maravilloso contador, le había hecho a mi mamá. Nadie es perfecto.

La bolsa

El problema al tratar de ganarle a la bolsa es que, los inversores profesionales son tan talentosos, tantos, y tan dedicados a su trabajo, que como grupo, hacen muy difícil que uno de ellos sobresalga más que los demás, sobre todo a largo plazo . . . porque es muy fácil que, mientras se trata de que todo salga mejor, todo salga peor.

—CHARLES D. ELLIS
Investment Policy: How to Win the Loser's Game

CAPÍTULO **7**

¡A trabajar se ha dicho!

Octubre. Este es uno de los meses más peligrosos para invertir en acciones. Los otros son noviembre, diciembre, enero, febrero, marzo, abril, mayo, junio, julio, agosto y septiembre.

—MARK TWAIN

Ok. Usted tiene dinero en una cuenta de ahorros; usted está depositando el máximo permitido en la cuenta 401(k) de su compañía; su casa tiene margen de valorización en caso de necesitarlo; tiene almacenados $1,000 dólares en grandes cantidades de atún y crema de afeitar; ya redujo las primas de los seguros de su vivienda y su auto incrementando las franquicias; tiene el seguro de vida adecuado; ya pagó el total del su préstamo reembolsable a plazos con el 18% y aisló el altillo de su vivienda—es decir, hizo todo lo que debía hacer.

¿Y ahora?

Ahora existen tres razones muy importantes por las cuales debe invertir una gran parte del dinero que le queda en acciones:

1. **A largo plazo—y puede ser un muy largo plazo—las acciones siempre le darán más que las inversiones "seguras".** La razón es que los precios de los bonos y las acciones se dan en el mercado abierto—y el mercado, a largo plazo, recompensa el riesgo. Según Ibbotson Associates, desde 1926 hasta mediados de 1998, el total acumulado de la tasa anual de ganancia que usted obtendría por Letras del Tesoro de los Estados Unidos sin-

riesgo (U.S. risk-free Treasury bills) era el 3.8%. La ganancia, por obligaciones societarias (corporate bonds), levemente más riesgosas le hubiese dado el 5.7%; la ganancia por acciones de primera clase (blue chip stocks) hubiese sido el 11%; y la ganancia por acciones de pequeñas compañías hubiese sido el 12.7%.* La tasa anual acumulada de inflación durante el mismo período de tiempo fue el 3.1%. Ignorando los impuestos, $1,000 dólares invertidos en Letras del Tesoro (Treasury bills) en ese mismo período de tiempo, hubiesen crecido a $14,250 dólares. Si hubiesen sido obligaciones societarias (corporate bonds) hubiesen incrementado a $55,400 dólares. Las grandes acciones hubiesen dado $1,828,000 dólares; y las pequeñas acciones, $5,520,000 dólares.

Por supuesto, estos números dependen de los períodos de tiempo de los que estamos hablando. En esos 72 años hubo varios períodos espantosos de 5 y 10 años (en caso de que usted no lo hubiera notado) en los que hubiese hecho mejor invirtiendo en bonos o cuentas de ahorro.

Por ejemplo, hubo un tiempo entre septiembre de 1929 y junio de 1932, en el que el mercado bursátil de los Estados Unidos cayó el 83%. A las acciones pe-

---

* La ganancia de las acciones incluye dividendos. Cuando usted lee que el mercado llega a una ganancia histórica del 9% o el 10% anual, eso quiere decir el 6% o 7% de valorización, en promedio, y el 3% o 4% de dividendos. Ultimamente, el promedio de los dividendos ha sido muy bajo—menos que el 2%. En parte esto se debe a que los precios de las acciones subieron mucho. (Un dividendo de $1 dólar sobre una acción de $20 dólares, es el 5%, pero si la acción sube a $100 dólares, el dividendo baja a ser 1%.) En parte también se debe a que los ejecutivos máximos han usado las ganancias para recomprar las acciones de la compañía en vez de pagar dividendos. Ellos van a decir que lo hicieron porque las ganancias sobre las acciones están gravadas levemente menos que los dividendos, así que los accionistas preferirían ver que la acción sube (lo que sucederá si la compañía sigue comprándolas), que recibir un cheque por dividendos totalmente gravado. Lo que no van a decirle es que, el grueso de su compensación viene de las opciones en acciones—por lo que tienen poco interés en pagar efectivo que bien puede usarse para mejorar el precio de la acción.

queñas todavía les fue peor, ya que perdieron el 92% de su valor. Si le parece que eso es la prehistoria, entre enero de 1973 y septiembre de 1974, las grandes acciones perdieron el 43%; y entre fines de 1968 y fines de 1974 las acciones pequeñas perdieron más del 70%. Esos fueron los primeros 6 años de mi carrera, los cuales me convirtieron en una persona prevenida.

Pero el tiempo cura todo. Cuando el New York Stock Exchange celebró su cumpleaños de 200 años en mayo de 1992, pudo reportar que, una persona que hubiera comprado acciones en todas las compañías del intercambio en *cualquier* día de su historia, hubiese hecho una ganancia en *cualquier* período de 15 años, la cual habría superado cualquier bono y cuenta de ahorros, en cualquier período que hubiese excedido los 20 años.

El profesor de finanzas Jeremy Siegel, de Wharton, se las ingenió para agrupar toda la data de los resultados de acciones y bonos desde 1802. Llegó a la conclusión que, un simple dólar invertido en acciones, habría crecido aproximadamente a $955,000 dólares en 1990— sin llegar al 8% de interés acumulado. Descontados los impuestos y la inflación: unos "meros" $43,100 dólares. El mismo dólar invertido de una manera más segura en bonos del Tesoro de largo plazo, se habría transformado en $213 dólares, descontados los impuestos e inflación.

¿Será la economía norteamericana tan dinámica los *próximos* siglos? Inclusive si el próximo año, o los próximos tres años del mercado bursátil son descorazonadores, pienso que sí. Así que los únicos problemas ahora son: (a) asegurarse de dejar ese dólar aparte; (b) mantenerse vivo de alguna manera para poder disfrutarlo.

La última vez que este libro fue revisado, en 1983, las cosas recientemente, habían sido bastante lúgubres. La inflación llegaba casi al 20%, el desempleo llegaba al límite del 10%, y había una creencia general de que todos los autos en nuestras rutas serían fabricados en Japón. Sin embargo, "tal vez estuvimos yendo a través de un proceso de endurecimiento en los últimos años, y nuestras sensacionales hazañas tecnológicas, pavimentaron el camino para dar grandes zancadas hacia adelante."

El mercado bursátil cuadruplicó en los 12 años que siguieron.

¿Y en el futuro? He aquí lo que escribí al revisar el libro para una reimpresión en 1995:

La tecnología está a la cabeza en esta carrera más que nunca, y hay una fuerza tremenda de productividad y prosperidad. Y donde el presupuesto de defensa sifoneó por décadas cerca del 6% bruto de nuestro presupuesto nacional (comparado con el 1% de Japón—una gran desventaja competitiva), hoy ese gran gasto no productivo pasó a ser del 3.5%. Al mismo tiempo, ha habido un movimiento mundial arrasante hacia el libre comercio y el capitalismo. Considerando estas grandes fuerzas, la altura a la que subió el mercado de los Estados Unidos en 1995, aunque temible, no estaba falta de base. No era una "burbuja". Algunas acciones específicas pueden caer (me puedo imaginar algunos candidatos), pero el mercado en general va, a la larga, a irse más alto.

Todo eso sigue siendo verdad (y el Gasto de defensa ahora está por debajo del 3% del grueso de nuestro producto nacional). Las acciones *remontaron vuelo* desde 1995, poniéndome muy nervioso por el futuro inmediato. Pero el futuro es prometedor. La pregunta eterna cuando el tiempo es bueno y la esperanza es larga: ¿cuánto de ese futuro prometedor ya está reflejado en los precios de la bolsa? ¿Y qué pasaría si las cosas van mal? A principios de 1995, el famoso inversor John Templeton, dijo a la revista *Mutual Funds*. "Si usted considera 40 años, pienso que puede sacar un 15% anual. (Los plazos cortos no se ven tan prometedores—dijo él—ya que recién salimos de una gran subida.) Una muy valedera razón es que el progreso está tomando velocidad. Los mejoramientos en las compañías e industrias se producen cada vez más rápido. Es una época maravillosa para estar vivo. Justo ahora, a mis 82 años, el nivel de vida mundial se cuadruplicó, y eso es asombroso. En la historia, tomó 1,000 años doblar el nivel de vida. Las razones por las cuales es más rápido ahora todavía no pararon; en realidad *se aceleraron.* Pongamos como ejemplo el dinero que se pone para investigación científica. Hace 82 años, el mundo gastaba alrededor de mil millones cada tres meses. Hoy el mundo gasta en ella dos mil millones diarios."

Cuando el próximo mercado de baja venga, va a ser asesino, porque muy pocos inversores o administradores de dinero de hoy han experimentado con uno. Pero ¿sabe una cosa? Si usted espera, e invierte más dinero mientras que el pánico cunde y los precios bajan atrozmente mes tras mes, a la larga, le va a salir bien.

2. **Al contrario que los bonos, las acciones ofrecen al menos el potencial de mantenerse al mismo nivel que la inflación,** aunque ese potencial no siempre se haga realidad. Una vez que la tasa de interés de un bono se puso, está puesta. El pan puede subir a $20 dólares cada pan, pero el bono no va a pagar ni un centavo más de interés. Pero la compañía que fabrica el pan puede—*puede*— lograr quedarse con las ganancias y los dividendos, subiendo al paso de la inflación.

3. **Si todo va bien, las acciones pueden servir como resguardo de impuestos.** Las ganancias sobre el capital a largo plazo generalmente se gravan menos pesadamente que el ingreso normal. Y usted *no* deberá impuestos sobre sus ganancias hasta que decida tocarlas. Sólo los dividendos son gravados inmediatamente.

Esto se debe a que muchas compañías pagan muy poco de sus ganancias en dividendos, por lo que usted paga relativamente poco impuesto en su parte de esas ganancias. La compañía en cambio, retiene sus dividendos y los vuelve a invertir para usted. Si hacen un buen trabajo, las ganacias futuras y su parte de ellas, va a ser todavía más grande. Esta es la manera arriesgada de invertir. Usted puede asíganar de dos maneras. Primero: después de un perído de años, puede que la compañía decida pagar una gran parte de sus ganancias (grandes ahora) como dividendos. Segundo: usted puede vender sus acciones: si la compañía invirtió sus ganancias sabiamente, hay una posibilidad razonable que usted sacará por ellas más de lo que pagó—tal vez varias veces más.

Es interesante saber cómo de bien la compañía reinvierte todas esas ganancias que no le pagan como dividendos. Por mala suerte, no hay manera segura de saberlo. Sin embargo, puede saber cómo salieron de bien—o, dado que la contabilidad está abierta a tanta calificación e interpretación, "como de bien pareciera que lo hicieron"—en el pasado. El número que debe buscar se llama "ganancia por valor" (return on equity), y simplemente es las ganacias de la compañía expresadas como porcentaje de todo el dinero que los accionistas pusieron a través de los años, mucho de lo cual es de los dividendos precedentes.

Hay compañías que pudieron reinvertir esos dividendos no pagados con una ganancia del 15% anual. Otras lograron menos de la mitad de eso. Y otras terminaron arruinadas. (¿Le suena el nombre Eastern Airlines? ¿Pan Am? ¿Braniff? ¿People's Express? ¿Ya mencioné Marvel Toys?)

Por supuesto que los inversores van a preferir comprar acciones en compañías que den ganancias, no pérdidas. Pero usted debe pagar más para invertir en compañías que son conocidas y que reinvertirán sus ganancias con un alto porcentaje de ganancia. Hubo un tiempo cuando usted tenía que pagar $60 dólares o más, para obtener una tajada de $1 dólar del pastel de ganancias de Avon, tan animados estaban los inversores

por la abilidad de Avon de dar el 25% por ese dólar.*
En ese mismo tiempo, comprar una tajada de $1 dólar
del pastel de ganancias más lentas de Goodrich, costaba
sólo $8 dólares. Lo que los inversores no notaban, es
que, aunque el 25% era una ganancia exitosa del dólar
de Avon reinvertido, un dólar, no importa cuán bien se
lo invierta, es una mísera ganacia para una inversión de
$60 dólares. Consecuentemente las acciones de Avon
cayeron cerca del 85%, aunque sus ganancias seguían
creciendo. Y después de unos años, las ganancias comenzaron a achicarse. En 1997, las subieron nuevamente, y las acciones finalmente volvieron a trepar a su
pico de 1973. Pero 24 años, es mucho tiempo para
esperar.

Así que es más importante elegir la acción correcta,
que elegir la compañía que dé más " ganancia por valor"
(return on equity).

Pero me estoy adelantando demasiado. No debo
hablar de esta manera, hasta que usted sepa tanto sobre
la esencia de la bolsa—el bosque—como un profesional. Eso va a llevar lo que resta de este capítulo. (Y
saber sobre los árboles, le va a toma el resto de su vida.)

El mercado bursátil no podría ser simple. Una acción
tiene dos opciones: subir, o bajar. A la vez, hay dos emo-
ciones que cinchan en direcciones opuestas: la codicia y el
miedo. Hay dos maneras de hacer dinero con una acción:
con dividendos o con ganancias sobre el capital. Y hay dos
tipos de inversores en el mercado: el "público", como usted
o yo; y las "instituciones", como los fondos mutuos y los
fondos de pensiones. Son los amateurs contra los profesionales, y todavía no está muy claro quién lleva la ventaja.
Repetidamente los dos pierden.

---

* Avon estaba ganando un poco más de $2 dólares por cada una de sus
acciones. Las acciones se vendían por $70 dólares cada una (precio ajustado
para un fraccionamiento subsiguiente).

En una palabra, el atajo a seguir es: la mayoría de la gente debería hacer sus inversiones a través de fondos mutuos indicadores sin pago de comisiones (no-load index mutual funds). Si usted lo hace, seguramente que le va a ir mejor que a los dos tercios de sus amigos y vecinos, inlcuyendo mejor que a esos que trabajaron mucho más duramente que usted. Pero si usted todavía piensa que puede pasar por encima a los ases de la profesión, o simplemente que es divertido, por favor siga leyendo.

¿Cuál es el valor de una acción? Los veteranos del mercado le dirán que el valor de una acción es cualquiera que sea el precio que la gente está dispuesta a pagar. El precio lo da la oferta y la demanda. Si mucha gente quiere esa acción, su valor será alto. Si a nadie le importa esa acción, no vale una escupida.

Es muy fácil decir que una acción vale lo que la gente quiera pagar, porque eso depende a su vez, de lo que ellos piensan que vale. Es una definición encadenada, usada como una racionalización de la locura de las finanzas, en lugar de una forma racional de apreciar el valor.

El valor de una acción no debería ser tan subjetivo como, digamos, un dibujo de Picasso, o una carta manuscrita de Einstein. Una acción apenas le da derecho a su poseedor de compartir las ganacias presentes y futuras (o, en el caso de una bancarrota o posesión por otra compañía, patrimonio). Dos pinturas de igual tamaño pueden muy bien tener distinto valor; dos compañías de iguales ganancias, patrimonio y perspectivas no deberían tenerlo. Sin embargo, es así.

El veterano del mercado rápidamente acordará que esto es irracional, y le preguntará riendo: "¿Quién le dijo que el mercado bursátil es racional?"

Con esto el veterano se lava las manos, y puede eliminar en su mente la necesidad de tener que buscar un valor. Pero hay otros veteranos del mercado, tal vez la mayoría hoy, que creen que ser razonable con el tiempo, paga en el mercado. Más tarde o más temprano, dicen ellos, las burbujas se pinchan, más tarde o más temprano, las gangas se reconocen. Una compañía no puede crecer para siempre si nunca da beneficios a sus accionistas.

Si el mercado está manejado por la codicia, y un miedo irracional a la sobrevaloración y a la subestimación, como en realidad sucede; entonces es el hombre racional—quien ve estos excesos por lo que en realidad son—quien comprará las acciones excesivamente subestimadas—sobre todo cuando el mercado total está en la baja; y quien venderá las acciones excesivamente sobrevaloradas, especialmente cuando el mercado está por los cielos. Así saca ganancia de los sube y baja entre ellos.

Todo esto presupone que un hombre racional puede determinar el "verdadero" valor de una acción.

La racionalidad de los hombres difiere. Las perspectivas futuras de una compañía—e inclusive sus ganancias actuales—están expuestas a distintas opiniones. Obviamente, nadie puede decir con precisión cuánto vale una acción. Pero eso no elimina la necesidad de llegar a algún tipo de valuación racional, o de la posibiidad de poder poner reglas razonables para poder hacerlo.

El valor de una acción—en cualquier momento—depende de las inversiones alternativas que haya disponibles. Es una cuestión de valor relativo. Piense en las inversiones como si fueran billeteras. Una cuenta de ahorro con el 5% de interés es una billetera que usted puede comprar por $20 dólares, y que de repente se llena con $1 dolar más (el 5%) a fin de año. Es conveniente y seguro—usted puede "venderla" cuando quiera, y está seguro que va a tener sus $20 dólares de vuelta—pero no es una gran inversión. Al momento de escribir este libro usted puede comprar otras "billeteras" que se van a llenar con el mismo $1 dólar igual de rápido—no por $20 dólares, sino por $15. Por ejemplo, los bonos de primera clase de corporaciones que pagan el 6.7% de interés.

Se puede decir que la primera billetera se vende por "20 veces su ganancia" y la segunda por "15 veces su ganan-

cia". Estos son los famosos "radios de precio / ganancia"*
o "múltiples" de los cuales tanto escuchó hablar, aunque
por lo general se aplica a las acciones, no a los bonos o a
las billeteras.

Ahora, si una inversión casi sin riesgos como los bonos
de primera clase de corporaciones se vende por 15 veces su
ganancia ¿A cuánto debería venderse una acción?
Por un lado, una acción debería venderse *a menos precio,* porque significa más riesgo. No hay ninguna garantía
que su billetera tendrá $1 dólar a fin de año—ni siquiera
que la billetera misma estará en condiciones para venderla
a otra persona, si así lo deseara. Lo que es más, sólo una
porción de su $1 dólar, se le paga en realidad como dividendo en efectivo. Mucho, la mayoría, o todo puede ser
retenido por la compañía. Así que realmente, las acciones
deberían venderse por mucho menos que quince veces su
ganancia.

Por otro lado, una acción puede llegar a vender tal vez
por más, por su gran potencial de ganancia (la ganancia y/
o el precio de la acción pueden subir), y por las ventajas
impositivas comentadas anteriormente. Así que realmente,
las acciones deberían venderse por mucho más que quince
veces su ganancia.

Para decidir si pagar por una acción más o menos que
las 15 veces de ganancia que usted pagaría por un bono de
primera clase—o cualquiera que sea la tasa cuando usted
lea este libo—uno sopesa el riesgo extra en contra del potencial de ganancias.*

---

* Usted encontrará listas de radios precio/ganancia—p/g—("p/e ratios" =
price/earning ratios) junto con los dividendos y precios, en la sección financiera de la mayoría de los diarios.

* Hasta 1958, las acciones consistentemente dieron más en dividendos que
lo que dieron los bonos en intereses. "Y por una razón muy simple"—escribe
Morgan Stanley's Bayron Wien—"se sabe que las acciones son más riesgosas
que los bonos, por lo tanto, deben ofrecer mejor ganancia." Para que eso
fuera cierto en la actualidad, el promedio industrial Dow Jones debería bajar
de $9,000 dólares a alrededor de los $2,100. (Punto en el que la gente verá
las acciones como riesgosas, y pedirá una recompensa más alta por tenerlos.)

Usted puede calcular pagar 15 veces las ganancias de una acción de una compañía oscura, cuyas ganancias a largo plazo podrían tanto subir como bajar, ya que el riesgo y el beneficio se anulan mutuamente. Así que si encuentra esa acción vendiendo por 8 o 10 veces su ganancia, es una buena perspectiva.

Por una acción de una compañía cuyas ganancias parecieran poder mantenerse al paso de la inflación— sin crecimiento "real", pero crecimiento en las ganacias igual—usted puede calcular pagar más que las 15 veces las ganancias que pagaría por un bono de alto grado, cuyas ganancias no suben con la inflación. De hecho, algunas de estas compañías vendieron a 5 o 6 veces las ganancias en 1974 y 1982. ¿Una ganga? Ya lo creo.

Por último, por una acción de una compañía cuya perspectiva es realmente brillante, que tiene la posibilidad de crecer realmente al 5% o 10%, e inclusive al 20% anual, en un futuro próximo, espere pagar mucho más que 15 veces las ganancias.

Si todas las demás cosas fueran iguales—es decir, si todas las acciones vendieran a 15 veces la ganancia—debería elegir las compañías de las que se espera que crecerán más rápido. La cuestión no es si una compañía de rápido crecimiento es mejor que una de crecimiento lento. Cualquier tonto sabe eso. Se trata de si usted debería pagar 35 veces la ganancia por una, o 12 veces la ganancia por la otra. ¿Qué acción, en determinado momento, es un mejor valor relativo? El truco—y la recompensa—es encontrar una compañía que está vendiendo por 12 veces su ganancia, y que usted piense que crecerá tan rápido como otra que está vendiendo por 35 veces la ganancia. Entonces usted ya sabe con seguridad cuál comprar.

Ya sé. No es nada simple. Usted debe fijarse no sólo lo que la compañía puede ganar, sino también lo que la compañía posee. Una compañía cuyo negocio no es nada brillante, pero que se desarrolla en un terreno propio de 50,000 acres entre Dallas y Fort Worth, puede tener un valor de liquidación de $25 dólares la acción, si se cierra el negocio y se le paga a los acreedores. Si ese terreno fue adquirido a principios de siglo, es posible que la compañía lo tenga valuado en sus libros por casi nada, por lo cual podría ni siquiera figurar en los rápidos cálculos del "libro de valores" de la compañía. Eso es lo que se llama "patrimonio oculto", y puede que haga valedero comprar sus acciones, más allá de las ganancias desastrosas de la compañía.

Quiero remarcar también que, el valor de 15 veces la ganancia que use como referencia, de ninguna manera es eterno. Todo depende de qué billeteras estemos hablando y en qué momento. Si usted puede sacar el 15% de un bono de alto grado, como se podía lograr en 1982, entonces usted tiene una billetera de bajo riesgo que produce $1 dólar por cada $6.67 dólares que usted pone en ella—es decir 6.7 veces de ganancia. Cuanto más alta sea la tasa de interés de largo plazo, más bajo debe usted querer pagar las acciones. Y vice versa. El viejo sube y baja, nuevamente.

Ahora, sucedió que cuando yo recién empezaba a empaparme de todo esto, los administradores profesionales de dinero de fines de los años sesenta y principios de los setenta, concentraban su atención y sus megadólares en un puñado de compañías de rápido crecimiento—sin mirar mucho a sus patrimonios o valores relativos—y subían así los precios a alturas sorprendentes. Se llama a estas acciones "the nifty-fifty", y también "acciones glamorosas", "acciones decisivas" (solamente se debía decidir a comprarlas; y no venderlas nunca, sin importar el precio que pudiera sacar). Ese grupo estaba compuesto por compañías de calidad indiscutible, como Polaroid, Disney, Avon, Merrill Lynch, Xerox y Coca Cola.

La primera revista *Barron's* en 1973 llevaba este titular: "Ni una baja entre ellos. Nuestro panel está en el alza de Wall Street." Oh oh. Cuando todos piensan que el mercado subirá—cuidado: ellos ya compraron, y ahora están esperando que los otros compren para que las acciones suban todavía más alto. Pero "los otros", también ya hicieron *su* compra. ¡No queda nadie que compre! Vagamente es como ese dibujo animado en donde la libre corre fuera del precipicio, mira hacia atrás, ve donde está el resto de la gente, y recién después se cae. Salvo que aquí, no se trata de liebres.

He aquí cómo resultaron algunas de las más conocidas acciones de esa época, desde los altos 1972, hasta los bajos 1974:

Cómo se ve realmente un Mercado a la baja

	1972	1974	Cambio
Avon	$140.00	$ 18.62	−87%
Coca-Cola	149.75	44.63	−70
IBM	341.38	150.50	−56
Intel	56.00	10.25	−82
Johnson & Johnson	133.00	73.13	−45
Kodak	151.75	57.63	−62
McDonald's	77.38	21.25	−73
Merrill Lynch	46.00	6.25	−86
Polaroid	149.50	14.13	−91
Procter & Gamble	112.75	67.00	−41
Walt Disney	211.63	30.75	−86
Xerox	171.88	49.00	−71

Los precios no están ajustados para subsiguientes fraccionamientos de acciones

La mayoría de las acciones eran ignoradas del todo por los profesionales. No porque les faltase mérito, ya que algunas lo tenían, sino porque es mucho más fácil poner $100 millones de dólares en Johnson & Johnson que quedarse hasta tarde en la oficina, tratando de buscar 50 compañías menos visibles—aunque tal vez de mejores valores— para invertir $2 millones de dólares en cada una. La primera regla de burocracia fiduciaria era (y todavía es): Usted no puede ser criticado por haber perdido dinero en IBM. Corolario: El que hace lo que todos los demás hacen, no va a ser notoriamente peor. En otras palabras, era *una desgracia* perder dinero en IBM, Avon, Polaroid, o Xerox; pero hubiese sido *imprudente* perder dinero (aunque menos) en acciones de compañías que nadie conocía.

Al hablar con gente que administraba miles de millones de dólares de fondos de pensión, en algunos de los bancos más grandes de la nación durante esa época, tuve la impresión de que hubiera sido *indigno* para instituciones financieras de alta calidad como las de ellos, invertir en otra cosa que empresas norteamericanas que no fueran tan grandes y de tan alta calidad como esas.

Esa posición tiene una círculo fiduciario alrededor: Piense cuánto dinero extra ellos estaban pagando para poder invertir en dichas firmas, y cuánto hicieron perder a sus clientes al hacerlo.

Uno de los más importantes administradores me contó que la política de su banco, era invertir solamente en compañías de las cuales se esperanban ganancias por encima de lo normal. ¿Qué pasaba entonces con las compañías que esperaban crecer a una tasa promedio, o por debajo del promedio? No se compraban acciones en esas compañías. ¿Sin importar el precio? Sin importar el precio. ¿Acaso había un precio por el que el banco compraría acciones en una compañía promedio?

La pregunta hizo sentir incómodo al administrador. Se veía que él quería contestar que no, porque claramente, él tenía que estar loco para comprar acciones en dicha compañía. Pero no podía decir eso, porque él sabía que, teóricamente, *existe un precio* por el cual él debería elegir comprar acciones de una compañía mediocre antes que las de una compañía "nifty fifty".

Este tipo de conducta irracional, pasa en Wall Street todo el tiempo. Y es posible sacar ganancia de ella, si usted tiene buen ojo para los valores, nervios de acero y una mente calma. Sólo en retrospectiva es fácil.

He aquí la manera más razonable—para la mayoría de la gente—para invertir en acciones, siempre sujeto a las advertencias y sugerencias de los próximos capítulos:

1. **Sólo invierta dinero que no necesitará tocar por varios años.** Si no tiene ese tipo de dinero, no compre acciones. La gente que compra acciones cuando obtienen bonificaciones, y las vende cuando el techo comienza a gotear, está confiando las decisiones de su inversión a los techos.

2. **Compre bajo y venda alto.** Ríase. La mayoría de la gente, sobre todo los pequeños inversores, se escapan del mercado cuando empieza a bajar, y sólo se arriesgan nuevamente cuando parece recobrarse y estar "saludable" nuevamente. Justemente, cuando el mercado se ve peor es cuando se dan las mejores oportunidades; cuando todo parece mejorarse las oportunidades se angostan y los riesgos son mayores.

Advertencia: En diciembre de 1974, el momento que parecía probablemente el más oportuno para comprar acciones desde la Gran Depresión—con el promedio industrial Dow Jones luchando por sobresalir entre las 600 e infinitas acciones menores que se vendían por la mitad, un tercio, e inclusive un cuarto del valor de sus libros—el columnista financiero Eliot Janeway, advertía a los inversores pequeños que se mantuvieran lejos. "Ningún mercado de inversión será seguro para los civiles el ano entrante" decía con su acostumbrada confianza en sí mismo. De hecho, Dow subió 40% en 1975, y muchas de las acciones a las que les había ido peor que a "las de primera calidad" de Dow, duplicaron y triplicaron.

Advertencia: Un club de inversiones de Washington D.C., compró 200 acciones a 18. Ellos reportaban a la revista *Black Enterprise:* "el club vendió todo lo que tenía 12½ *debido a la caída de precios:* e intenta volver a invertir *cuando el precio comience a subir."* ¿Qué tipo de estrategia es *esa?*

Divididos como ya estamos entre la codicia y el miedo, tendemos a hacer lo incorrecto. Cuando la economía se está hundiendo rápidamente y las acciones aún más rápido, nos asustamos más y más. Finalmente nos retiramos disgustados. Nos decimos a nosotros mismos:

mejor retirarnos con gran pérdida, que ver nuestro dinero desaparecer del todo. Por supuesto, este es el momento de entrar en el mercado, no de salir.

De la misma manera, evite volverse loco de alegría: 1) cuando el mercado está juzgado como "saludable"; 2) cuando usted se está alegrando por las ganancias que dan algunas de las acciones que usted ya tiene, 3) cuando se juzgan las perspectivas económicas de brillantes, o 4) cuando la gente comienza a rumorear sobre la posibilidad real de que el promedio industrial Dow Jones alcance nuevos horizontes. En este tipo de clima la gente espera buenas noticias. Si esto sucede, el mercado no se moverá mucho, porque ya estaba anticipado. En cambio, si todo saliera mal, eso *sí moverá el mercado*, hacia abajo.

Ya sea que esté considerando una acción individual, o el mercado como un todo, siempre pregúntese qué sorpresa será mayor: las buenas noticias, o las malas noticias. Las noticias que se esperan nunca tienen gran impacto—si tienen alguno en general—más lo tienen las noticias inesperadas.

"La verdad es", escribió el analista de mercado Dr. Martin Zweig, "que la bolsa está mejor cuando las ganancias y los dividendos están siendo apaleados, y está peor cuando suben. Por ejemplo: en el cuarto cuatrimestre de 1972 y el primer cuatrimestre de 1973 . . . las ganancias de Dow Industrials subieron un 35% más que en otros períodos del año anterior. El mercado respondió derrumbándose estrepitosamente, más que en cualquier otro momento desde los años treinta. Luego, entre las profundidades del pesimismo, el primer y segundo cuarto de 1975, las ganancias de Dow bajaron a un promedio del 31%; sin embargo el mercado saltó simultáneamente 43%, uno de los mejores levantes en seis meses en la historia".

Otro levante impresionante en seis meses fue la explosión que empezó en Agosto de 1982. El desempleo era mayor que lo que era en el tiempo antes de la Depresión, los líderes de negocios habían perdido la confianza, había una creencia general de que los bancos internacionales estaban todos en bancarrota, el déficit federal estallaba—y el mercado subía. Sucede igualmente, salvo que al revés, cuando el mercado llega a su pico más alto.

"Una de las razones es que muchos inversores se llenan de acciones cuando el mercado hace picos", continúa diciendo Zweig,

porque se basan en una razonamiento equivocado: "Los negocios se ven bien." Siempre se ven bien en los picos. Con perspectivas de continuas ganancias y dividendos, los inversores muy optimistas se relamen anticipando más revalorizaciones del mercado. Pero algo se descarría. Los negocios comienzan a recalentar; el revuelo por dinero prestado para mantener el equilibrio se vuelve intenso, presionando a las tasas de interés a subir. La Reserva Federal, viendo crecer la inflación, comienza a ajustar el crecimiento monetario, exacerbando así la suba de las tasas de interés. Entonces, como los instrumentos de dinero a corto plazo—como las Letras del Tesoro—comienzan a mostrar rendimientos más atractivos, el mercado de acciones comienza a gemir cuando la gente comienza aceleradamente a cambiar sus acciones, ayudado en gran parte por la iliquidez de los portafolios demasiado optimistas de los inversores (es decir, inversores que gastaron ya todo su dinero en acciones, y ahora no tienen más dinero para poder comprar más acciones). Sin embargo, la mayoría de la gente mantiene sus acciones—o lo que es peor, compran más— simplemente porque "Los negocios se ven bien." Finalmente, varios meses después, puede verse que los negocios están más lentos . . . pero ya es tarde para la mayoría de los inversores. Ya están atrapados en un mercado bursátil que se desmorona. "El optimismo" pasa a ser "desesperanza" de que la mengua de negocios no lleve a la recesión. Pero la caída de los precios de las acciones derrumba la confianza de los consumidores, los negocios se hunden un poco más, y la recesión se vuelve realidad. El hundimiento del mercado bursátil se vuelve una derrota y "las esperanzas" de los inversores quedan aplastadas. Al ver venir la recesión, los inversores "saben" que las ganancias bajarán, "aterrorizados" venden sus acciones, absorbiendo grandes pérdidas. Finalmente, todas esas ventas en medio del pesimismo, mejoran la liquidez del mercado de acciones. La gente otra vez tiene algo de dinero, y se vuelve a crear una base para un nuevo estallido del mercado . . . el que *siempre* sucede cuando los negocios comienzan a remontar.*

Muy bien, ese es el ciclo, pero es mucho más fácil identificarlo cuando ya pasó, que este martes al mediodía. Si al principio de los años sesenta usted no invertía esperando a que venga la siguiente recesión, usted hubiese tenido que esperar seis u ocho años. "Los negocios se ven bien"—y fueron buenos—por casi una década.

Similarmente, si usted hubiese entrado en el mercado después de la caída de 508 puntos el 19 de octubre de 1987, hubiese hecho bien . . . pero si usted hubiese salido cuando las ganancias subieron pocos años después y el mercado dejaba sus viejas alturas por los suelos, usted hubiese perdido una ganancia espectacular.

Así que, para la mayoría de la gente, la alternativa más práctica y prudente para evitar comprar en los mercados tope y vender en los mercados bajos es:

3. **Diversifíquese en el tiempo, y no invierta todo de una sola vez.** Reparta sus inversiones para aminorar los picos y valles del mercado. Una vida de inversiones periódicas—agregando a su fondo de inversión $100 dólares mensuales o $750, o lo que fuera que usted pueda pagar—es *el* boleto a la seguridad financiera.

Las inversiones constantes y periódicas también le dan los beneficios de *un costo del dólar promedio*. Parte de esta teoría es que si usted está en un gran apuro por comprar 300 acciones, porque está convencido que su-

---

* The Zweig Forecast, Box 360, Bellmore, NY 11710

birán, y no hay un minuto que perder, lo que realmente está sucediendo es que usted está reaccionando a una noticia candente. Y créame, a menos que usted esté negociando (ilegalmente) con información interna, es posible que usted sea uno de los últimos en escuchar estas noticias calientes. Nueve de cada diez veces usted estará comprando acciones de alguien que escuchó las noticias primero. Si ese es el caso, cuando pase la polvareda, usted se felicitará por haber comprado 100 acciones en vez de 300. Si en cambio, usted no está reaccionando a ninguna noticia en particular cuando decide comprar las acciones, es bastante difícil que la acción se vaya directamente para arriba sin primero bajar, desde el día en que usted la compró. Todas las caídas le permiten bajar el promedio de su costo.

Una vez, atraído por ese margen del 9% y desdichadamente ignorante de sus problemas, yo compré 50 acciones de Con Edison, la compañía de electricidad de la ciudad de New York—Rock of Gibraltar—a 20. Poco después, Con Ed omitió sus dividendos cuatrimestrales por primera vez en 12,000 años, y para mi desilusión, me encontré comprando 100 acciones más a 12. Después 100 más a 8½. Y después todavía, 100 más a 6. Yo seguía comprando porque, simplemente, no podía creer que el Estado de New York—que sólo necesitaba conceder la tasa que Con Ed pedía para resolver todos sus problemas—preferiría que la compañía quebrase, y tener que acarrear con el peso de generar electricidad ellos mismos. (Especialmente si se consideraba la posición financiera de New York en ese tiempo.) Por suspuesto el Estado comenzó a cooperar, se restauró el dividendo gradualmente (hasta subió un poco), y las acciones volvieron a valer 20. (Más tarde subirían doblemente y se fraccionarían.) Mentiría si dijera que fui lo suficientemente listo como para quedarme las 350 acciones—ni siquiera la mayoría de ellas—hasta que subieran a 20 y más. Pero al menos me quedé algunas. Me aseguré de vender primero las

50 que había comprado a 20, para que me dieran una linda pérdida para ayudarme con los impuestos. Las últimas acciones que vendí, las guardé el tiempo suficiente como para que califiquen como ganancia sobre el capital a largo plazo.

Para hablar con exactitud, la política para asegurar riesgos sobre el cambio del dólar, o sea el promediar al costo del dólar (dollar cost averaging) es un poco más complicada que lo que expliqué aquí. La idea exacta es, invertir en acciones, o en el mercado, en cantidades iguales de dólares, regularmente—por ejemplo $3,000 dólares enviados por correo a un fondo mutuo cada fin de año. Al hacerlo, comprará más acciones cuando el fondo está bajo, y menos cuando esté alto. Y mire lo que pasa. Supongamos que el precio de las acciones de la Sakoff Illustration Fund (y por consiguiente la cantidad que puede comprar) fluctúa de la manera siguiente: $25 dólares (o sea sus primeros $3,000 dólares compran 120 acciones, 45$ (o sea sus próximos $3,000 dólares sólo compran 67 acciones), $25 (120 acciones otra vez), $5 (600 acciones), $25 (120). Las acciones subieron $20, volvieron, bajaron $20, y otra vez volvieron al precio inicial. (Recuerde, hablamos del Sakoff Illustration Fund.) Pero, aunque las acciones no están más altas que cuando las compró al principio a $25 dólares—y aunque bajaron tanto como subieron y promediaron $25 ¿piensa usted que terminará sólo con los $15,000 dólares que puso en total? No, usted terminará con— *¡Ta-da!*: $25,675 dólares. Eso es promediar al costo del dólar (dollar cost averaging). Lo fuerza a usted a comprar más acciones cuando están bajas, y menos cuando están altas.

El problema de lo que hice con Con Ed y lo que usted recién hizo con Sakoff Illustration Fund, es que *algunas acciones no se recuperan.* Con Ed lo hizo, pero muchas no lo hacen. Usted puede perder una fortuna comprando más y más, cuando una acción se vuelve más y más barata. Créame, lo sé. El *mercado bursátil* "siempre"* se recupera. Y así también lo hará la mayoría de los fondos mutuos de la amplia base del mercado bursátil.

A decir verdad, su más profundo deseo debería ser que venga un mercado de baja largo y devastador, que comienze justo después de que usted comienze sus inversiones periódicas. Si usted es un inversor sistemático, debería recibir las bajas con los brazos y su chequera abiertos. Al final, cuando el mercado se recupere, a usted le habrá ido muy bien.

Poner una parte de su sueldo cada mes en el mercado, es una disciplina que hace más fácil atajar las declinaciones del mercado, porque así usted se puede enfocar en las gangas que se ofrecen si usted invierte nuevo dinero, en vez de ver cómo se encoje su dinero. Pero hasta no haber estado en un verdadero mercado bursátil de baja, usted no sabrá si tiene la estabilidad emocional de quedarse con sus inversiones, cuando las mismas sufren una baja sustancial y prolongada de precio, tal como sucederá algún día.

4. **Y luego—por la mayoría del tiempo—quédese con ellas.** Según vayan creciendo sus inversiones periódicas, quédese con ellas.

Si, podría tener sentido vender algunas de ellas, si usted piensa que el mercado está sobrevaluado, y también piensa al mismo tiempo en respaldar con $20,000 dólares, el proyecto de programas para computadoras de un amigo suyo (déle un beso de despedida a *ese* dinero), o quiere $50,000 para construir un nuevo ambiente en su casa.

Seguramente también tendría sentido (por los impuestos) mantener su dinero *común* totalmente invertido, pero cambiar alguna parte del dinero *resguardado*

---

* Impidiendo una revolución estilo Revolución Rusa de 1917, o algo parecido.

de impuestos de la cuenta de jubilación, sacarlo de las acciones y ponerlo en fondos del mercado de dinero por uno o dos años, hasta que los valores parezcan más razonables.

Y también tendría sentido sacar dinero de sus acciones y ponerlo en algo que haya ido por sí mismo en un terrible mercado de baja—como lo hicieron las estancias a mediados de los ochenta, mientras que las acciones subían; o como pasó con los bonos basura, cuando el gobierno ordenó a los bancos que tenían que venderlos.

Pero a la larga, para su dinero a largo plazo "comprar y mantener" es lo que corresponde.

Si usted hubiese comprado todas las acciones en la tabla de la página 145, y se hubiese quedado con ellas mientras que bajaban y bajaban de sus grandes alturas de 1972 y 1973, su inversión original de $12,000 dólares—$1,000 por cada acción—valdría ahora cerca de los $300,000 dólares. (Una vez más. Si usted hubiese tenido la brillante intuición de invertir esos $12,000 en lo más bajo, no en lo más alto, ahora valdrían tres veces más.) Inclusive si hubiese comprado las acciones que peor salieron de la lista: Avon, IBM, Polaroid, y Xerox—hoy tendría el doble del dinero, que si hubiese puesto esa misma inversión en una cuenta de ahorros. Pero si usted hubiese necesitado su dinero en 20 años, en vez de en 25, hubiese tenido una pérdida enorme.

Parte del problema es poder saber cuándo el mercado está sobrevaluado. Mirando hacia el pasado, era obvio en 1929 y 1987—y en Japón en 1990 (cuando el índice Nikkei estaba a 40,000; y ocho años más tarde a 16,000). ¿Pero ahora? Bueno, si usted lee *Forbes* y *Barron's* tendrá una pista. Y hay un riesgo en eso. ¡A usted le interesará! ¡Comenzará a jugar en el mercado! Se olvidará de que sólo está tratando de buscar esas burbujas que se dan tres veces en la vida, y en vez, va a empezar a buscar sobrevaluaciones y subestimaciones.

Hay otro problema: no es que Nikkei—salvajemente sobrevaluada a $40,000 yens, no estuviera también sal vajemente sobrevaluada a $25,000. ¡Lo estaba! Sin embargo, imagínese que usted es un joven japonés, con su dinero en el mercado retirándose a los $25,000 yens, y viera cómo sus amigos siguen cosechando mes a mes, según el mercado sigue subiendo, y subiendo, y subiendo . . . en algún momento usted hubiese entrado de un salto nuevamente, y hubiera perdido mucha de la ganancia, y estaría totalmente expuesto a la próxima pérdida.

Peor aún. Imagínese que usted se hubiese mantenido hasta que subió a $40,000, y se *hubiese* quedado. Usted seguramente habría leído la versión japonesa del consejo de "comprar y mantener". Y por unos años—que es un muy largo y deprimente tiempo, cuando usted está perdiendo dinero todos los días—usted ve caer su portafolio. Luego por tres años, usted lo ve asentarse al 40% de su gloria anterior. Y *todavía*, las acciones japonesas están en cierta medida, mal valuadas, ¡con la posibilidad de que los precios se vuelvan a dividir en la mitad nuevamente! Entonces ¿va a vender? ¿O *todavía* se las va a quedar? Este "comprar y mantener" está muy bien si usted es Rip Van Winkle, pero no es muy fácil si usted es humano.

O sea que esta, como cualquier otra regla, hay que aplicarla con sentido común. El mercado bursátil norteamericano, que llega a nuevas alturas todos los días, no es Japón en 1990. Si yo de repente recibiera un montón de dólares, no correría a invertirlos todos en el mercado. *Sabemos* que habrá otros mercados de baja. *Siempre* se han dado mercados de baja. No se hace ningún daño manteniendo dinero fuera del mercado. Cuanto más suba el mercado que estaba en baja, más dinero debe usted guardar.

Excepto por los fondos que ya están bajo el paraguas de una cuenta con impuestos diferidos, cualquier habilidad que usted tenga para "tomarle el tiempo al mercado"—para saber cuando entrar y cuando salir— va a ser arrasada por el costo de pagar impuestos sobre las ganancias sobre el capital, en el camino. Warren Buffett es el segundo hombre más rico de los Estados Unidos, posee 30 mil millones de dólares, y tal vez sea el líder de los evasores de impuestos a las ganancias sobre el capital. El mantuvo sus acciones de GEICO desde 1950, y las del Washington Post desde 1960. Piense esto: si él hubiera rotado su portafolio una vez por año, mientras recibía las mismas asombrosas ganancias-antes-de-impuestos de sus inversiones, hoy apenas tendría 3 mil millones de dólares.

¿Imposible? Bueno, véalo de esta manera: Buffett se las arregló para doblar su dinero a un mero 26% anual por cuatro décadas. A esa tasa, $1 dólar aumenta a $10,000 dólares. Pero saque los impuestos de esa ganancia del 26% anual (usando la tasa impositiva del 28%, la cual corta las ganancias a un "mero" 18.7%), y el mismo $1 dólar aumenta a $950 dólares.

5. **Diversifíquese en varias acciones de distintas industrias.** Si usted pone todo su dinero en dos o tres acciones, está expuesto a más riesgo que si se hubiese diversificado en 12 o 15 (lo cual sería suficiente). Y porque las acciones de las compañías de una misma industria tienden a moverse juntamente, sólamente estará bien diversificado, si usted elije desde los distintos sectores de la economía. La manera más fácil de diversificarse—y también la más prudente, es entrar en un programa de inversiones periódicas en un fondo mutuo sin pago de comisiones (no-load mutual fund).

Pero si usted tira los dardos usted mismo . . .

6. **Ignore el ruido.** Si hay algo que dificulta el tener éxito en el campo de las acciones, es la posibilidad de los inversores de poder ver cómo les fue, en el día. Las acciones suben y bajan todo el tiempo, pero eso no significa que cada movimiento sea significante. John

Maynard Keynes, quien no sólo era un economista sino también un inversor del mercado, sugirió que: "uno no debería permitir que la cotización diaria de las acciones, le cambie o disturbe su actitud hacia ellas. Algunos "bolseros" compran sin temblar inversiones inmobiliarias invendibles y no cotizadas, las cuales, si tuvieran una cotización de venta (disponible regularmente) le sacarían canas." Que sea fácil comprar y vender acciones en cualquier momento, y que sea fácil obtener una cotización al minuto, no necesariamente quiere decir que usted debería hacerlo. Su tiempo estaría mucho mejor invertido, tratando de saber qué demonios significa "bolsero".

7. **Cuidado con las acciones "cometa" y las "favoritas",***** aunque sean las acciones de compañías sobresalientes. Sus múltiples fuertes descuentos de ganancias (radios precio/ganancia) crecen hasta el futuro. Lo que significa que aunque crezca a término, puede que las acciones no suban. Porque ya están altas. Si las ganancias no continuaran creciendo como lo esperaba, esas acciones pueden caer, aunque la compañía permanezca saludable. Es más, no puede argüirse que estas acciones fueron ignoradas, y que por eso representan un valor oculto que Wall Street no descubrió aún.

Hace veinte años atrás fui a una conferencia que se llamaba *El Inversor Institucional* donde había 1,000 administradores de dinero representando miles de millones de dólares. Los hombres y mujeres que realmente mueven el mercado. Una de las sesiones de panel se dedicaba exclusivamente a ITT. El organizador del seminario no había podido encontrar a nadie con acciones a la baja, así que tres de los panelistas estaban intransigentes y el cuarto voluntariamente se ofreció como abogado del diablo.

***** Nota de la traductora: acciones cometa son las que crecen en precio muy rápidamente, y las favoritas son las que le gustan a todo el mundo.

Bien, cuando yo escuché sus argumentos, y ví todas las cabezas asintiendo en la audiencia—a $1,000 dólares por asentimiento, me imaginé—sentí repentinamente una ola culposa de adrenalina. ¿Qué pasaría si yo me fuera corriendo de la habitación, me fuera rápidamente a un teléfono público y comprara ITT? ¿Sería uso ilegítimo de información interna? Llegué a la conclusión que no, y eso fue exactamente lo que hice. Compré a $44 dólares la acción. Cualquier tonto podía darse cuenta, que varios de la audiencia harían exactamente lo mismo ni bien terminara la conferencia, o cuando volviesen a sus oficinas. Porque, si no estaban interesados en ITT ¿qué hacían sentados en este seminario? Y como no había ningún grupo de oposición—que yo supiera—tratando de persuadir a la gente de correr a un teléfono y vender, me imaginé que habría presión en las compras de las acciones. ¿Cómo podía perdérmelo?

Las acciones bajaron a 12.

Aparentemente, todos habían puesto ITT en sus portafolios, y ahora esperaban a que subieran. Pero no había nadie que compre.

¿Por qué invertir en compañías totalmente desconocidas, cuando usted bien podría invertir en General Motors, IBM, Coca Cola, o Exxon? ¿Por qué no invertir en las mejores compañías? Primero, porque usted paga un sobreprecio por esa tranquilidad. Segundo, esa tranquilidad es en parte una ilusión. Todas estas compañías son financieramente fuertes. Pero sus acciones pueden caer tanto como las de cualquier otra compañía. Las acciones de General Motors estaban a $113 dólares cada una en 1965, y a $29 nueve años después.

Uno de los inversores que sobresale sobre los demás es John Marks Templeton, un ex alumno de Rhodes, profundamente religioso, que se las arregló para ganarle a Dow en un promedio del 8% anual, desde los años 30. Un dólar invertido en Templeton Growth Fund a fines de 1954 valía alrededor de $80 dólares, cuando él se retiró de la administración activa del fondo en 1987. "Porque John sentía que Dios estaba con él"—dice uno de los asociados—"invertía con arrojo inusual. Los resultados me hacen pensar que tenía razón—tal vez Dios estaba con él". Aunque mucho más conducente que El Señor, sin embargo, fue su incansable insistencia en el valor, donde fuera que tuviera que ir para encontrarlo. El compró acciones europeas después de la Segunda Guerra Mundial, convencido de que el Plan Marshall lograría que los negocios del exterior florecieran. En un momento dado, las tres cuartas partes de su fondo estaban invertidas en acciones japonesas, porque las acciones estaban vendiendo a más bajos radios precio/ganancias, que en los Estados Unidos. Cuando esos p/g comenzaron a subir drásticamente, Templeton cambió sus igualmente drásticas ganancias a países que ofrecían mejores valores. Hay que tener mucha iniciativa y coraje para hacer lo que nadie hace. Pero puede salir ganando.

8. **Cuidado con los p/g engañosos.** Los radios precio/ganancia son la guía que usa la mayoría de los inversores para tener una rápida visión de una acción. Aparecen en los diarios todos los días. El p/g (p/e en inglés) le dice cuánto *p* (precio) tiene que pagar usted por $1 dólar de *g* (ganancia) en esa billetera.

Sin embargo, lo más que el diario puede hacer es calcular el p/g basándose en el precio del día anterior y las ganancias del año anterior. Lo que usted está comprando es el derecho a compartir las ganancias del próximo(s) año(s). No le hubiese servido de mucho saber en 1977, que Chrysler, a 16½ estaba vendiendo a tres veces la ganancia de los años más recientes, cuando las ganancias de los años siguientes terminaron siendo pérdidas masivas. El bajo p/g era engañoso. Tampoco le hubiese servido de mucho, poco después, cuando Chrysler estaba a 3, notar su astronómico p/g. (Una acción de $3 dólares que gana 1 centavo por acción, se vende a

300 veces su ganancia.) Una vez que la empresa se recobra, uno se da cuenta que su precio de $3 dólares era menos que *una* vez las futuras ganancias anuales.

Por eso es necesario mantener los números p/g en perspectiva, y sacar un promedio de los últimos *varios* años, pensando más en términos futuros, que en el pasado. Esto es especialmente verdad con compañías cuyas ganancias suben y bajan en ciclos (como los autos, cemento, construcción, papel y tantas otras).

9. **No tire su dinero suscribiéndose a cartas de inversión o servicios caros.** Las cartas informativas y servicios por computadora bien caros, sólo tienen sentido para inversores con mucho dinero—y ni siquiera. Además de su costo, está el problema de que son responsables de tentarlo para que compre, y atemorizarlo de que venda, muy seguido, incurriendo así en tarifas más altas de agencia, y más impuestos a las ganancias sobre el capital de los que debería tener. También se agrega el problema de que, la mitad de los expertos, en cualquier momento pueden equivocarse. En realidad, hay una carta informativa que solamente analiza lo que dicen las otras, y le recomienda que haga exactamente lo opuesto, basándose en la teoría—no poco razonable—que cuando la mayoría de los servicios están en alza, es momento de vender, y vice versa.

¿Quiere que le diga cuál es mi idea de el verdadero brillo del mercado? Un rico ex editor asociado de la revista *Forbes,* que ahora volvió a los negocios, vendió todas sus acciones el día anterior a que el mercado se fuera por un tobogán del 10%. Era pura genialidad. Yo estaba verde de envidia y admiración.

"Peter, ¿cómo sabías?" le pregunté, pensando para mis adentros que de ahora en más, prestaría más atención a sus opiniones en el futuro.

"Necesitaba dinero para comprar mi departamento", me dijo.

Usted puede saber mucho de las más publicitadas compañías que se comercian, simplemente obteniendo un ejemplar mensual del *Stock Guide* de Standard & Poor. Muchos agentes se la dan gratis a sus clientes. Este pequeño folleto, le provee datos claves para casi cualquier compañía en la que quiera invertir: su símbolo en el teletipo, dónde se comercializa; cuántas instituciones tienen una parte; cuánto poseen, en qué tipo de negocios está la compañía; cómo resultaron sus acciones durante los últimos 12, 36, y 60 meses; el radio precio/ganancia; cuánto dan los dividendos; durante cuánto tiempo se pagaron dividendos; y algunas hojas de balances y números de ganancias. Inclusive tiene una columna en la cual se califica con una letra la calidad del crecimiento de la compañía, y la estabilidad de sus ganancias y dividendos.

Usted puede pasarse varias horas escribiendo los reportes del año pasado, leyendo llamadas al pié, consultando a su contador, inclusive visitando la compañía y probando sus productos, pero la mayoría de lo que usted se entere sobre la compañía, lo sabrá en 60 segundos con el *Stock Guide*. En tres minutos o más, usted puede leer la página (una) que Standar & Poor hace sobre cualquier compañía pública. Los agentes de bolsa amablemente se la pasan por fax, si usted se lo pide. O vaya a una biblioteca pública. Eso sin mencionar la gran información que puede conseguir ahora con su computadora (ordenador). A través del Internet usted puede obtener los archivos de la SEC* (**www.sec.gov/edgarhp.html**), cotizaciones gratuitas de las acciones (tiempo-real); toneladas de información sobre fondos mutuos (**www.morningstar.net**) (**www.thompsonrtq.com**), acciones y mucho, mucho más (vea **www.investorama. com**).

¿Pero sabe una cosa? Se va a ahogar en tanta información. Mi recomendación: quédese con las revistas

---

* Nota de la traductora: *Securities & Exchange Commision*—Comisión de Valores y Cambios.

Barron's y *Forbes*. Los editores de estas revistas siempre resaltaron la importancia de una aproximación de nivel, orientada hacia el valor de las inversiones. Frecuentemente escriben artículos sobre compañías, o listas de compañías, que parecen estar subestimadas (o sobrevaluadas). Cualquiera de estas revistas le dará tantas buenas ideas de inversiones que sobrepasarán cualquier tiempo o dinero que usted pueda tener, o invertir. Por pocos dólares al año, usted puede tener el servicio de varias docenas de editores financieros sofisticados, escritores y columnistas. De hecho, si usted compró los primeros tres o cuatro primeros ejemplares anuales de *Barron's*—para ver su "mesa de expertos" anual— gastó $10 dólares más o menos para más que suficientes ideas.

10. **Invierta, no especule.** Una cosa es arriesgar en acciones de bajo precio que usted espera que solucionen sus problemas y quintupliquen su valor—con el tiempo. Ese es el tipo de especulación por la que tengo debilidad. Si usted puede pagar eso, tal vez sea recompensado en grande. Pero otra cosa es ir saltando de acción en acción (u opciones o futuros) esperando ser ganador del juego del mercado. Cada vez que usted salta, su agente le saca un pedazo de su apuesta. Inclusive si usted usa un agente de gran descuento (deep discount broker), con el cual la comisión que usted paga es trivial, existen los márgenes(spreads) contra los que luchar—lo que cuesta 12⅛ si está comprando muchas veces sólo le da 12 cuando vende. Y en cuanto a las ganancias: siempre están los carniceros impuestos.

Compre valor y manténgalo. No entre y salga todo el tiempo. No trate de ser "más listo" que el mercado.

11. **Venda sólo cuando una acción haya subido tanto que le parezca que ya no representa su valor.** No venda porque piensa que el negocio, o el mercado están yendo mal, porque:

❖ Si usted así lo piensa, es muy posible que mucha otra gente también lo piense, y que el mercado haya ya descontado esta probabilidad (es decir, el precio de la acción ya lo estará reflejando)

❖ Usted bien podría equivocarse

❖ Inclusive si el negocio va mal, algún día le irá mejor—y mientras tanto usted está juntando dividendos, en vez de estar pagando comisiones a su agente e impuestos a las ganancias sobre el capital.

12. **Si usted tiene portafolios gravados y otros resguardados de impuestos, mantenga sus posesiones más arriesgadas fuera de las cuentas resguardadas de impuestos.** Las acciones arriesgadas—y los fondos mutuos arriesgados— pueden producir pérdidas, que reducirán sus impuestos, hasta $3,000 dólares anuales. Esas pérdidas están *derrochadas* dentro de una cuenta IRA, o cualquier otro tipo de cuenta resguardada de impuestos. Por lo contrario, cualquier gran ganancia que ocasionalmente pueda sacar de su posesión más arriesgada, se favorecerá con el tratamiento de ganancias sobre el capital a largo plazo, si las posee directamente usted y por más de un año. Dentro de una cuenta resguardada de impuestos, no tiene dicho tratamiento. Será gravada como ingresos comunes cuando lo retire. Lo que debe tener en sus cuentas resguardadas de impuestos, en gran parte, son los valores menos especulativos, que pagan dividendos e interés.

Elija (Ignorar) a su Agente de Bolsa

Siempre me impresiona ver, cuánto mejor le salen las cosas a los dueños más distendidos, de portafolios a largo plazo, que a los comerciantes que se la pasan cambiando su inventario. El inversor más relajado normalmente está más informado y comprende mejor los valores esenciales; es más paciente y menos impresionable: él paga menos impuestos a las ganancias sobre el capital; no paga comisiones innecesarias a los agentes de bolsa, e evita actuar como Cassius por "pensar demasiado".

—LUCIEN O. HOOPER
Forbes

Momentito (dice usted). Usted me dice todo esto, pero todavía no me dijo la parte sobre cómo elegir ese agente de bolsa de nivel, con mucha experiencia e indiscutible ética. ¿Dónde está esa parte? Si yo pudiera encontrar el tipo que pueda hacer dinero con la bolsa, y que se pase todo el día en ello ¿para qué necesitaría saber sobre jubilación?

Hay una parte en una película de Woody Allen, en la cual Woody está en una fila, y el hombre detrás de él está muy pretenciosamente, y en voz muy alta, enseñando a su chica sobre Marshall McLuhan. Finalmente, Woody se da vuelta y le dice:— "Yo no sé porque usted tiene que hablar en voz tan alta, pero ya que lo está haciendo, quiero decirle que yo pienso que todo lo que está diciendo de McLuhan está equivocado."—"¿Ah, sí?"—contestaba el otro hombre.—"Mire qué casualidad que *yo enseño un curso* sobre McLuhan en la Universidad de Columbia."

"Eso es gracioso,"—decía Allen sin inmutarse,—"porque justo yo tengo a McLuhan aquí",—y de entre unos decorados lo sacaba a Marshall McLuhan. McLuhan miraba al hombre y le decía secamente:—"Usted no sabe nada de mi trabajo. Es increíble que usted pueda enseñar un curso en general."

Woody Allen mirando a la cámara—a nosotros—decía: "Chico, ¡ojalá la vida fuera así!"

Yo tengo muy malas noticias para usted sobre los agentes de bolsa y los administradores de dinero—noticias que yo espero que usted ya se las haya imaginado por sí mismo, aunque son difíciles de aceptar. *No hay* agentes que puedan ganarle al mercado consistentemente, y con suficiente margen como para cubrir lo que debe usted pagarle a él por comisiones y cargos. Pero si hay alguno, no va a trabajar para usted por chauchas y palitos—y para ellos cualquier cuenta por debajo de los $100,000 dólares son chauchas y palitos. Y si lo hicieran—porque tal vez recién comienzan su carrera y tienen todavía un corazón blandito para usted— *usted no sabrá de ninguna manera quiénes son.* Inclusive si pudieran demostrarle a usted lo bien que hicieron todo en el pasado (no sólo decirlo, sino probarlo), eso no significa que lo harán en el futuro.

Si usted tiene 256 personas en una habitación, y les da una moneda a cada una para que la tiren a cara o ceca, las probabilidades son que la mitad de ellos—128—van a sacar cara. Ese es el objetivo, les dice usted: sacar cara. De esos 128 ganadores, 64 van a sacar cara de nuevo en la próxima tirada. Dos aciertos. No está mal. Treinta y dos personas van a sacar cara por tercera vez, 16 la sacarán cuatro veces seguidas, 8 cinco veces seguidas, 4 tendrán éxito seis veces, 2 increíblemente la sacarán por séptima vez, y uno—uno entre los 256—podrá acertar por octava vez. ¡Qué talento! ¡Qué genio!

Qué tontería. Ese hombre no tiene ni más ni menos posibilidades de volver a sacar cara por novena vez, que cualquier otra persona en la sala. Tiene el cincuenta por ciento de posibilidades. No es un genio, es un número estadístico en un cálculo de probabilidades. La misma posibilidad que tiene cualquier hombre dentro de esa sala (quien tal vez *sea* un genio) de errar ocho veces seguidas.

En un año cualquiera, la mitad de los jugadores de bolsa van a pasar los promedios y a la mitad les va a ir mal.* Pasados 8 años, un jugador de entre los 256 jugadores— sea un agente de bolsa o un fondo mutuo, un inversor privado o un departamento fiduciario—puede que salga mejor que el promedio cada año. (Salvo que, como todos queremos mostrar nuestras grandes hazañas, es muy posible que más de uno diga que lo hizo.)

Por supuesto que ese jugador va a tener muchos seguidores. ¡Qué talento! ¡Qué genio!

Qué tontería.

No estoy diciendo que el mercado bursátil sea todo cuestión de suerte. Sin embargo, es una apuesta en la que la suerte tiene mucho más que ver, que lo que tiene que ver un hombre profesional que se dedica a ello. Y tiene mucho más que ver con la suerte de lo que él vaya a admitir.

En lo posible usted debería administrar *su propio* dinero (via fondos mutuos sin pago de comisiones [no-load mutual funds]). Porque a nadie le va a importar su dinero tanto como a usted. Y nadie, más que usted, se lo va a administrar gratis.

Esto está en contra de todo lo correcto y aceptado. Lo correcto, es que su dinero es demasiado importante para usted como para que usted lo administre en su tiempo libre: debería dejar que un profesional se dedique a él a tiempo completo, aunque le tenga que pagar por hacerlo.

¿Quiénes son estos profesionales, cuánto saben y cuánto cobran? ¿Cómo encontrar uno que haya acertado las ocho veces? ¿Cuáles son las posibilidades de que él vuelva a acertar por novena vez?

---

* En verdad, a más de la mitad les va a ir peor, porque los jugadores pagan comisiones a los agentes mientras que los promedios de las acciones no.

Un colega alumno me lleva en auto desde una estación de televisión de Boston a la Harvard Business School. El es un consejero de inversiones en una firma sobresaliente. No le pagan para administrar dinero o hacer negocios, sino para aconsejar a la gente cómo debe invertir.

"Mi mayor prédica—dice él—es muy simple. Los clientes no deberían poner todos los huevos en una sola canasta. Sé que esto suena a lógica aprendida en tercer grado. Es muy sencillo, pero a mí me pagan para aconsejar esto." Sí, le pagan varias decenas de miles de dólares por año; las cuentas de sus servicios a los clientes son dos y tres veces más altas. El aconseja dinero en Grande. El aconseja, por la televisión, a invertir en servicios públicos *después* que doblaron su precio (porque tal vez lo doblen nuevamente). ¡Bienvenido al mundo profesional de la administración de dinero!

Advertencia: El 30 de junio de 1967, el editor, editor en jefe y el director de la revista *Forbes,* pusieron en la pared las páginas de bolsa del *New York Times.* Luego, tiraron diez dardos cada uno, y volvieron a tirar los dardos que se habían caído al piso. Invirtieron $1,000 dólares hipotéticos en la acción en la que había caído cada dardo. Quince años después, en 1982, el portafolio se había revalorizado 239%. Durante ese mismo período de tiempo, el Standard & Poor 500 subió sólo 35%, y muchos administradores de dinero, ni siquiera llegaron a eso.

Advertencia: Computer Directions Advisors, Inc., una compañía de consulta financiera en el estado de Maryland, programó una computadora para que elija 100 portafolios distintos de 15 acciones cada uno—*al azar*—de entre las 2,700 posibilidades de acciones entre New York Stock Exchange y American Stock Exchange.* *Ochenta y dos* de los portafolios elegidos al azar, salieron mejor que

---

* Nota de la traductora: la primera y la segunda bolsa en tamaño de los Estados Unidos.

S&P500, en el período de 10 años entre 1967 y 1976. Noventa y nueve de ellos sobrepasaron S&P500 en 1976. La revista *Money* concluyó: "Los resultados sugieren que, vale la pena mirar —así como lo hizo la computadora— más allá de las grandes compañías intensamente analizadas en S&P500." Obviamente, era el momento en que las acciones de las compañías más pequeñas daban mejores resultados que las de las grandes compañías —como sucede muchísimas veces— y los dardos daban tanto en pequeñas compañías, como daban en las grandes listadas en S&P500.

Advertencia: El 28 de febrero de 1977, el *Wall Street Journal* reportó lo siguiente: "A juzgar por los resultados conjuntos de los bancos de fondos de inversión y de las compañías de seguros, más de tres cuartos de los administradores profesionales, no lograron sacar los buenos resultados que dio el mercado promedio durante los dos últimos años. De hecho, menos que un cuarto de ellos lograron resultados tan buenos o mejores que los promedios, ya sea el año pasado, hace dos años, cuatro años u ocho años."

Esa historia se repite año tras año. No es que los administradores profesionales de dinero sean más tontos o vagos que la generalidad —simplemente los promedios del mercado no tienen que pagar comisiones a los agentes o gastos por asesoramiento, y por eso, por lo general, sobrepasan los resultados logrados por la gente o las instituciones, que sí los pagan.

Es significante que entre los administradores de dinero haya muy, pero muy, pocos que consistentemente hagan las cosas sustancialmente mejor que sus colegas (o sustancialmente peor). Los ganadores de este año pueden ser los perdedores del año que viene.

Cuando uno está en la escuela, bien puede calcular que el alumno que se sacó "A" este año, será buen alumno el año que viene. Pero no es así cuando se trata de administradores de dinero. Van a sacar cara algunos años seguidos . . . pero muy bien pueden sacar seca el siguiente. En Wall Street no es suficiente ser inteligente y trabajador. Hay mucha gente inteligente y trabajadora. Se supone que uno es inteligente. Suerte es lo que uno tiene que tener para hacerse rico. (La otra forma es volverse un agente de bolsa.) Tener información interna, no hace nada mal tampoco.

Ahora, la existencia de un número increíble de gente tonta en Wall Street, es innegable. (E incluyo en "Wall Street" toda la red de tributarias electrónicas que surgen desde todo el mundo y van al gran delta de Manhattan.) Lo que lleva a la inevitable pregunta: Si son tan tontos ¿Cómo hacen para seguir trabajando? Pero esto sólo prueba mi teoría: Las inversiones tienen tanto que ver con suerte, paciencia, equilibrio psicológico (codicia asumida, por ejemplo, contra una culpa implacable y masoquismo) e información interna (usted no tiene que ser un genio para estar bien conectado), como tienen que ver con la inteligencia.

Si los profesionales no son mejores que tirar dardos—y la mayoría de ellos no lo son—entonces ¿cuánto vale que administren su dinero?

La respuesta es que, usted haría mucho mejor minimizando sus "gastos generales"—invirtiendo en fondos indicadores (index funds) (vea el capítulo 10), o si elije invertir en acciones individuales, pagando lo menos posible en agentes y asesoramiento. Pero antes de que lleguemos a los agentes de descuento, vale la pena tomar unos minutos para discutir la teoría que causó tanta ansiedad en Wall Street. Se llama *caminar al azar*, y dado que es válida, ayuda a explicar porqué los profesionales pueden errar tanto como usted o yo. Después de todo, saber esto, sabe muy mal.

La teoría de caminar al azar, sostiene que usted no puede predecir el precio de una acción, mirando tablas que muestran hacia atrás dónde estaba la acción antes ("análisis técnico") o por estudiar los prospectos del negocio que hace la compañía ("análisis fundamental"). Cualquier día, cualquier acción—o el mercado como un todo—puede tanto subir como bajar.

La razón, de acuerdo con esta teoría, es que el mercado bursátil es "eficiente". Ni bien se obtiene un poco más de información sobre una compañía (o el mundo), se refleja

inmediatamente en el precio de las acciones (o el mercado).
Cuando esa información le llega a usted o a mí, o al resto
de las personas, ya está reflejada en el precio de la acción.
Ya fue "descontada".

Claro que, si usted es la hija del juez que preside sobre
el juicio de $900 millones de dólares, de una compañía
chiquita de computadoras contra el monopolio de Microsoft, y si nadie en Wall Street se toma ese juicio en serio; y
su papito recién le dijo a usted que va a dejar a esos bastar-
dos de Microsoft aplastados por una aplanadora, y le va a
conceder todos los $900 millones a la empresita chiquitita
. . . tal vez usted podría sacar provecho, digo Mucho
Provecho—comprando acciones de esa empresita de computadoras tan simpática. (También podría pasar que usted
y su papito se fueran directamente al infierno.) Usted tiene
información interna.

Pero al margen de la información interna (y créame, si
lo está escuchando de su agente, o el cuñado del jefe de
ventas de la compañía, ya no es información interna: todo
el mundo ya lo sabe) el mercado, de acuerdo con la teoría
de *caminar al azar,* eficientemente digiere toda la información que tiene disponible.

Así que, cuando una compañía anuncia ganancias más
altas, las acciones pueden subir—o pueden quedar iguales
e inclusive bajar. Todo depende cómo se comparan esas
grandes ganancias con lo que espera el mercado. No es
suficiente comprar Bethlehem Steel pensando que, con una
subida de la economía, las ganancias del acero van a ser
buenas. Si usted *piensa* eso, es probable que un montón de
gente también lo piense, y la posibilidad ya está entonces
reflejada en el precio.

Así que no sólo debe saber cuáles serán las ganancias—
también tiene que tratar de imaginarse cómo se compara
eso con lo que otra gente está esperando que pase. Lo que
le da dos posibilidades de equivocarse. Entre 1967 y 1982,
las ganancias de IBM sextuplicaron y sus dividendos octu-
plicaron. Sin embargo, una acción de IBM costaba menos
en 1982 que en diciembre de 1967. Subió a nuevas alturas

en 1982 cuando vino el mercado de alza, pero 15 años es muy largo tiempo para esperar.

Para elegir un caballo, simplemente debe adivinar cuál va a correr más rápido. Con las acciones usted debe adivinar cómo le va a ir a la compañía, y si en caso de irle bien, eso hará que sus acciones suban o bajen, y hacia qué dirección se mueve la pista (el mercado). (La ventaja de poseer acciones es que la carrera no termina. No tiene que vender sus acciones hasta que usted lo quiera . . . usted *posee* algo. Si eligió un buen valor, recibirá dividendos, parte del crecimiento futuro, y con suerte, saldrá revindicado.)

La teoría de *caminar al azar* es naturalmente una maldición para los hombres y mujeres cuyas vidas y orgullo propio dependen de convencer a sus clientes de que ellos saben a dónde irá el precio de las acciones. Se hicieron muchos estudios para refutarlo. En conexión con estos estudios es que se hicieron programas de computadoras (ordenadores) que simulan monos tirando dardos. La evidencia es que, es excepcionalmente raro que alguien regularmente gane a los promedios en un grado considerable.

Burton Malkiel, un profesor de Princeton, arrebatado por el Presidente Ford para ser uno de los tres hombres del Consejo de Asesores Económicos, escribió una excelente guía para el mercado bursátil llamada *Una caminata al azar por Wall Street (A Random Walk Down Wall Street)*. En ella él hizo una síntesis de lo que es *caminar al azar,* citando numerosos ejemplos y estudios rigurosamente diseñados sobre el tema. Sin embargo, él mismo era "un caminante al azar con muletas". El argüía que la teoría de *caminar al azar* no tenía que ser necesariamente cierta o errada. Está *en gran parte* acertada. Pero también es *en gran parte cierto* que usted no puede adivinar qué pasará en el mercado. Y lo particularmente difícil que es adivinar qué pasará en el mercado justifica los costos de las transacciones que va a tener que pagar—usted—por estar saltando de una acción a otra.

David Dreman, autor de *La nueva estrategia de inversión contraria (The New Contrarian Investment Strategy),* en una nota en *Barron's*, hizo un buen argumento contra el *caminar al azar.* El señalaba que el mercado bursátil siempre fue irracional, y concluía con que el hombre racional podía sobresalir de la masa. "La historia no reconforta a los Caminantes al Azar." —escribió— "Los inversores 'racionales' en Francia, en 1719, valoraron la compañía Mississippi a 80 veces todo el oro y la plata del país—y pocos meses más tarde a una miseria."

Es cierto, pienso, que, conservando su cabeza y quedándose con el valor, le puede salir mejor que a la mayoría. Pero no es fácil. Porque la cuestión verdadera aquí, no es si el mercado es racional, sino que, siendo racional puede ganar. Si Dreaman hubiese estado vivo en 1719, bien podría muy razonablemente concluír que la compañía Mississippi estaba absurdamente sobrevaluada ya a—digamos— tres veces todo el oro y la plata de Francia. Y seguramente hubiese comprado acciones "en corto". A 6 veces el valor de todo el oro y la plata de Francia, hubiese comprado "en corto" un poco más. A 20 veces el valor de todo el oro y plata de Francia podría haber sido muy racional—y estar muy profundamente arruinado. No hubiera sido gran alivio escuchar, a través de las barras de la prisión de los deudores que, meses después, la racionalidad había prevalecido. Un imbécil baboso, por otro lado, atrapado en la locura de la multitud, podría haber llevado la acción desde sus 3 veces, a sus 80 veces todo el oro y plata de Francia y, muy irracionalmente, ser riquísimo.

Son muy raros los individuos que le ganan al mercado. Peter Lynch. Warren Buffet. Y eso hace grandes agujeros en la teoría de *caminar al azar,* aunque sea válida para la mayoría de los inversores que compran y venden acciones siguiendo a la manada. Usted puede leer libros sobre Lynch, quien creó Fidelity's Magellan Fund con muy gran éxito; o sobre Buffet, quien se volvió el segundo hombre más rico de América con astutas inversiones a través de su corporación Berkshire Hathaway. Pero saber cómo lo hicieron es muy distinto que hacerlo uno mismo. Tampoco lo ayudará mucho encontrar al próximo *Peter Lynch,* o al próximo

Warren Buffet.* Por desgracia, elegir un asesor de inversiones ganador, inclusive si usted puede pagar sus servicios, no es más fácil que comprar acciones ganadoras.

Elegir un *agente* ganador va a ser todavía más difícil. A diferencia de un asesor de inversiones, un agente se pasa la mayoría de su tiempo en el teléfono vendiendo a nuevos clientes, vendiendo a viejos clientes, dando cotizaciones y valuaciones del mercado de último momento, hablando de deportes, de política, excusándose por recomendaciones que salieron para el diablo—o llenando papeles, asegurándose que las transacciones se hagan, y tratando de enderezar desastres de los entretelones de la oficina. Tiene muy poco tiempo como para estar buscando valores excepcionales, o para formular amplios puntos de vista económicos y financieros, como se supone teóricamente que hacen los asesores y administradores de dinero.

Y a diferencia de un asesor de inversiones, que cobra una tarifa anual por sus servicios, un agente sólo gana dinero cuando usted salta dentro y fuera, o de una a otra de las acciones. Aunque su agente esté interesado en ver su

---

* Al momento de escribir este libro, el verdadero Warren Buffet está "vivito y coleando", y usted puede comprar acciones en su compañía—símbolo de stock BRK—simplemente llamando por teléfono a cualquier agente. Pero ya se perdió la mayor parte de la carrera. La *primera* vez que pensé que la acción estaba un poco sobrevaluada, 20 años atrás, costaba $300 dólares la acción, la cual había subido de los $19 dólares en 1965. Hoy, todavía está un poquito sobrevaluada: $70,000 dólares cada acción.

Muchas veces lamenté mi locura por no comprarlas—y rumié todas las explicaciones posibles de su éxito. ¿Cómo explicarlo? Según lo veo, Warren Buffett es más astuto y sabio que nadie . . . con una mente única para lo que hace . . . ayudado por su extraordinariamente visionario socio Charlie Munger . . . impulsado por la palanca financiera de sus sagaces negocios de seguros (él invierte las primas hasta que usted choca su auto o viene un terremoto) . . . y beneficiario, ahora, de tres ventajas especiales: toda la gente recibe sus llamadas; sus posibles "adquiridos" disfrutan de cierta distinción y podrían aceptar un precio más bajo entre las acciones Berkshire del que aceptarían de ser las acciones de otras compañías; cuando Buffett invierte /unta, el mundo lo sigue. Así que Buffett es real—pero es una excepción. Y podemos aprender de su ejemplo. Buffett nunca saltó de una acción a la otra, y nunca hizo un centavo—que yo sepa—comprando opciones de compraventa (puts and calls) . . . todo fue inversión, buena, pensada y paciente, con una buena medida de calidad de administración.

cuenta prosperar, ese no es su interés principal. Salvo raras excepciones (y todos los agentes van a decir que ellos son esa excepción), su interés principal es ganar dinero él mismo. Su primer interés es ganar comisiones para mantener a su familia. Su primer interés es llegar al nivel de las bonificaciones por ventas, que pagarán el viaje de su familia a Disneylandia. El está ansioso—como cualquier otro vendedor—para que su cliente esté satisfecho con su compra, porque cuanto más dinero haga usted con esa compra, más dinero tendrá para futuras inversiones. Pero su interés principal es la venta. Nunca le dirá esto, pero usted nunca debe olvidarlo.

Lo cual me hace acordar:

13. **Nunca compre de un agente que lo llama porque tiene su nombre en un listado.** Esto es básico, y no necesita elaboración alguna.

Si la mayoría de los agentes aciertan tantas veces como erran, si el mercado es *en gran parte* un *caminar al azar,* y si *Forbes* y *Barron's* van a ser tan buenos para usted como lo sería un equipo de asesores personales (por una muy pequeña fracción del precio), entonces ¿para qué necesita usted un agente en general?

Usted necesita un agente, para hacer sus transacciones en general, para que le dé cotizaciones, para permitirle que compre acciones "al margen", para que le mantenga sus certificados, para que le envíe por correo sus dividendos mensualmente, y los resúmenes de cuenta, y los reportes anuales—*y todos esos servicios están disponibles a través de agentes de descuento, con desuentos que alcanzan hasta el 75%.* Y también están disponibles a través de agentes de "grandes descuentos", que hacen las transacciones casi gratis. No le sostendrán la mano, no le darán mal consejo (ni bueno tampoco), ni tratarán de venderle nada.

Un agente de descuento no lo llamará en la mitad del día—o en la mitad de un tratamiento de conducto si usted es un dentista—para darle malas noticias sobre sus acciones, que recién llegaron por teletipo.

Pero eso es bueno.

Si lo hubiera llamado, usted aterrorizado hubiese querido vender. En muchos casos, tales malas noticias, suelen ser las noticias que todos esperaban. O noticias sobre una subsidiaria brasilera que llegó al 3% de las ventas de la compañía, o noticas que empalidecen comparadas con las que serán anunciadas la semana que viene. Si la noticia es verdaderamente importante, y nadie se la esperaba, trabarán las ventas de las acciones antes de que usted pueda vender, de todas maneras; y cuando se abran a la venta nuevamente, notoriamente más bajas, el nuevo precio reflejará la opinión de los inversores sobre las noticias.

Con un agente de descuento, no se apurará a hacer negociaciones innecesarias. Termine el tratamiento de conducto con tranquilidad.

Hay un viejo chiste en Wall Street. "Bien."—dice el chiste—"El agente ganó dinero, y la firma ganó dinero—y dos de tres no está nada mal." Este era el chiste gastado, muy frecuentemente, por un agente de bolsa con una gran vista panorámica de la Estatua de la Libertad, y con una gran cantidad de cuentas institucionales. Una de esas cuentas confió a su firma $175,000 dólares para apostar en distintas opciones. La institución había sido astuta para considerar el momento. Los precios del mercado se revitalizaron. Nunca hubo mejor oportunidad para invertir en opciones que esa. Sin embargo, a través de una muy elaborada serie de elecciones de entrar y salir, y de esperar, asistida por computadora, el agente se las arregló para que las opciones de la firma pasaran de ser $175,000 dólares a $10,000 dólares, generando $87,000 dólares en comisiones en el camino.

De todas maneras, si usted ya está en el mercado, haciendo negociaciones cada tanto, mi primera sugerencia— si aguanta hacerlo—es que revise los recibos de confirmación del año pasado y se fije cuánto pagó de comisiones. Puede que se sorprenda. Yo no sabía que mi agente me había "rapiñado". Además de mi alquiler, las comisiones de mi agente eran el gasto más grande en mi vida.

Raramente uno revisa el cálculo de las comisiones que paga. Los resúmenes de cuenta mensuales computarizados que le envía su agente, no los muestran. Si usted se da cuenta que no gastó mucho en comisiones el año pasado, mejor. Pero si tiene una amarga sorpresa, como la tuve yo, he aquí mi sugerencia. "No deje que lo rapiñen", es la más tonta que se me ocurre, pero la que le voy a dar, es práctica, y le va a permitir disfrutar de su vicio por menos dinero. Cambie a un agente de gran descuento. Dependiendo de su relación personal con su agente, esto puede llegar a ser más fácil decirlo que hacerlo. Mi propio agente de bolsa, es probablemente el mejor de su oficina del corazón de Manhattan. El más brillante, el más agradable, el más ocupado. Una conversación típica con él, es así:

voz: Oficina del señor ———— *(Esto ya era ridículo, porque él no tenía ni oficina ni secretaria. Esto sólo quería decir que él tenia ya teléfonos en sus dos manos, y no podía atender el tercero)*
yo: *(siguiendo su juego)* ¿Está el señor ————?
el: ¿Hola?
yo: ¿Quién atendió el teléf . . . ?
el: Momentito, por favor.
(Lo único que quiero saber es la cotización de unas acciones, pero tanto quiero saberlo, que espero.)
el: Hola.
yo: Hola. ¿Cómo me va?
el: Muy bien, gracias. ¿Cómo está *usted*?
yo: Bien. ¿Cómo están mis acciones?
el: No muy . . . momentito por favor . . .
(*Silencio*)
el: ¡No se puede creer este tipo! Compró en corto 500 Xerox y . . .

Eventualmente consigo mi cotización, aunque me lleva cierto tiempo. Para una lista completa de cotizaciones tengo que afeitarme cuatro veces. Para que no me vaya del teléfono, una vez cada tanto me tira una cotización.

El problema es que nos hicimos amigos. Dado que somos amigos, me molesta que él esté ocupado cuando yo llamo. Y dado que yo trabajo para poder vivir, me molesta que *él* me llame cuando yo estoy ocupado. Pero lo que es ridículo es que, dado que somos amigos, a él le molesta si *yo* estoy ocupado.

En pocas palabras: no voy a dejar a mi agente de la misma manera que no voy a dejar a ninguno de mis amigos. Y, a través de los años, eso me cuesta una pequeña fortuna. Con tres amigos así, terminaría en la calle.

Yo le pago para que escuche mis problemas, y le pago para escuchar los problemas de él. De hecho, pienso que mis problemas son mucho más interesantes que los de él, y que mis consejos sobre inversiones son tan buenos como los de él, así que ¿por qué no me paga él a mi? Muchas veces discutimos este punto, y aunque siempre estuvo de acuerdo conmigo, sigo pagándole (aunque ahora también tengo un agente de descuento, un agente de gran descuento, y no tengo que mendigar por cotizaciones—tengo una computadora).

14. **Minimice el costo de sus transacciones.** A menos que las suyas hayan superado el mercado repetidamente, en cuyo caso usted no creerá nada de todo esto de todas maneras, consulte los precios de distintos agentes y quédese con el más barato. (Vea la página 247.) Va a ahorrar cientos o miles de dólares en comisiones, y perderá poco o nada. Repito: la mayoría de los agentes de descuento dan los mismos servicios que un agente común, restando sus consejos y su personalidad. Los agentes comunes dirán que ellos proveen mejores negocios— que le consiguen mejores precios que los que consiguen los agentes de descuento. Pero no hay ninguna prueba de esto, especialmente cuando se trata de unos cientos o pocos miles de acciones.

Usted puede usar un agente de descuento inclusive para comprar fondos mutuos sin pago de comisión (no-

load mutual funds). No ahorrará ningún dinero, porque los fondos sin pago de comisión no tienen cargos desde el vamos. En realidad, puede que tengan un pequeño cargo por procesamiento (aunque bastantes fondos arreglaron con los más grandes agentes de descuento para que no cobren comisión). Pero tiene sus ventajas. Usted puede comprar y vender fondos con una simple llamada telefónica (sin llenar papeles y tener que enviarlos por correo), puede cambiar fácilmente de un fondo al otro, inclusive si son fondos de "familias" de fondos distintas, no tendrá mínimo de compra, y tendrá un solo resumen consolidado para fines de impuestos. A través de un agente de descuento, usted también puede pedir prestado dinero contra el valor de sus fondos o "comprarlos al margen" (¡Cuidado!). Y también, algunos agentes de descuento ofrecen acceso a cuentas de administración de fondos, que le dan chequera.

¿ Por qué mejor no comprarse un mono?

¿Acaso todo esto significa que un mono podría manejar la planificación de sus finanzas? No. Se necesita inteligencia para hacer coincidir su estrategia financiera con su circunstancia personal: ¿cuánto riesgo puede tomar? ¿a cuánto tiempo debe invertir? ¿cuál es su categoría impositiva? Se necesita inteligencia para poder percibir el valor. Un mono puede comprar bonos municipales para un plan Keogh— pero eso es tirar el dinero por la ventana.* Un mono puede comprar acciones con perspectivas de mejorar en precio (growth stocks) para una viuda de 80 años que necesita un

---

* ¿Por qué aceptar un rendimiento más bajo por un bono libre de impuestos, para una cuenta que igual no está gravada, y que de esa manera se convertirá en un bono imponible, ya que la ganancia que produzca *sí* estará gravada cuando usted la retire?

ingreso asegurado. Un mono puede comprar Avon a 60 veces su ganancia, tal como hizo la Morgan Guaranty Trust Company y tantas otras.

Un mono no tiene lo que la inversión necesita: sentido común.

Buenos consejos, información interna— y otras buenas cosas

Si usted le apuesta a un caballo, eso es jugar. Si usted apuesta a que puede sacar tres espadas, eso es entretenimiento. Si usted apuesta a que el algodón subirá tres puntos, eso es trabajar. ¿Se da cuenta de la diferencia?

—BLACKIE SHERRODE
como la menciona James Dines en *Technical Analysis*

Buenos consejos

He aquí lo que hacer con los buenos consejos. Si le pasan un buen dato, anótelo y haga como que está muy interesado. Pero no compre. Si la cosa realmente sucede y sale bien, la próxima vez que esa persona le pase un dato, escuche más atentamente. Si la cosa no sale, o sale mal, muéstrese amargado la próxima vez que vea a esa persona. El o ella, pensará que usted compró esa acción; se sentirá culpable; y lo invitará a almorzar.

Reportes anuales

Los reportes anuales están organizados muy simplemente. Las buenas noticias están presentadas en el frente, con un mensaje del presidente y texto subsiguiente; las malas noticias están en las notas de pie de página del informe financiero.

Sepa que cualquier cosa de importancia de cualquier compañía conocida y que tiene muchos seguidores, que usted encuentra en su reporte anual, era conocida por los inversores sofisticados muchos meses antes.

Información interna

Es mucho más fácil—aunque ilegal—ganar dinero en la bolsa teniendo información interna, que leyendo los reportes anuales.

Un republicano que yo conozco, que está en la mesa ejecutiva de una gran compañía de seguros, llamó a un buen amigo suyo (un demócrata) que estaba en una ciudad lejana, y le dijo que comprase todo lo que pudiese de una compañía que en ese momento estaba vendiendo a $6 dólares la acción. Varios días después, el gigante de seguros ofreció por la compañía $10 dólares la acción. El republicano y el demócrata repartieron las ganancias. Mucho dinero se hace de esa manera en Wall Street, aunque la SEC (Securities & Exchange Commision—Comisión de valores y cambios) trate arduamente de prevenirlo.

Supongamos que usted es un comerciante de una firma importante, y recibe una llamada de un gran banco diciéndole que compre 500,000 acciones de Guess?, Inc., los fabricantes de pantalones vaqueros. Eso es un montón de acciones. Sin duda que moverá el precio de Guess? un punto o dos para arriba, al menos temporalmente. Usted tiene en algún lado un amigo a quien le debe un favor, y cuando se encuentra con él, le comenta que Guess? es un dato seguro para hacer buen dinero. El compra opciones sobre esas acciones y dobla su dinero en 2 días. Ahora él le debe a usted un favor.

Desgraciadamente, hay muy pocos inversores cerca del centro del poder financiero como para que puedan ser tentados por verdadera información interna.*

---

* Tal vez debería decir: Por suerte. Un montón de gente que jamás pensó que los iban a agarrar, fue agarrada—y muchos fueron presos.

Tablas

Las tablas parecen que sirvieran, pero no sirven. Igual todos las usan, de la misma manera que todos consultan el horóscopo en el diario. Alguna gente hasta se lo toma en serio. Los varios preceptos, estrategias, sistemas, reglas, y folklore en general que tantos lectores siguen rigurosamente, fueron sometidos a rigurosas pruebas. Y decía Malkiel: "Los resultados revelan en conclusión que, los movimientos bursátiles pasados, no pueden ser usados para predecir los movimientos futuros [tanto como que las pasadas tiradas de monedas no pueden predecir si en el futuro saldrá cara o ceca]. El mercado de acciones no tiene memoria. La propuesta central de hacer tablas o cuadros, es absolutamente falsa, y los inversores que siguen esos preceptos, no van a lograr nada, salvo incrementar sustancialmente las comisiones que deben pagar a su agente de bolsa. "Sí"—dice Malkiel—"la historia tiende a repetirse en el mercado de acciones, pero en una infinidad sorprendente de variantes, lo cual vuelve confuso cualquier intento de hacer ganancias basándose en el conocimiento de los movimientos de los precios en el pasado."

Si embargo, los que hacen las tablas, tienen tantas posibilidades de acertar como de errar, y así constantemente encuentran nuevas razones para creer en su arte. Y las estanterías se llenan.

No pierda su tiempo.

Fraccionamientos (Splits)

Los fraccionamientos causan gran revuelo en Wall Street. Antes del fraccionamiento usted tenía 200 acciones a $40 dólares cada una (es decir $8,000 dólares). Y ahora ¡magia! tiene *400* acciones a $20 cada una (todavía son $8,000 dólares). Nada sucedió; su porción de pastel sigue siendo la misma que antes. Sólo cambiaron sus dólares ya sea por el doble de medios dólares, o por el cuádruple de cuartos de dólar, o por 10 veces sus décimos.

Las ventajas que esperan sacar las corporaciones haciendo fraccionamientos son: bajar el precio de las acciones para que más gente pueda comprarlas en lotes redondeados; hacerlas ver "más baratas"; incrementar el número de acciones que quedan, y de esa manera el volumen de comercialización y liquidez de la acción.

Aunque los fraccionamientos pueden afectar el precio de las acciones, siquiera temporariamente, de ninguna manera cambian el valor subyacente de la misma (o la falta de valor tampoco).

Dividendos en acciones

La única diferencia entre los dividendos en acciones y los fraccionamientos, es que, un *pequeño* fraccionamiento supone que los posibles compradores ni siquiera notarán que sucedió.

No hay que confundir los dividendos en acciones con los verdaderos dividendos. Su (dudoso) valor, es completamente psicológico—y es increíble que merite el costo de ajustar las anotaciones de todos, y contestar las preguntas de accionistas confundidos.

Antes del dividendo, el 100% de la compañía estada dividida entre los accionistas. Luego, en un intento de poner a los accionistas contentos sin tener que pagarles nada, se le da a cada uno un 3% más. Ahora tienen exactamente lo mismo que antes—el 100% de la compañía. Sólo que la dividieron en partes un poco más pequeñas.

Usted no paga impuestos por los dividendos en acciones, porque no le agrega valor a sus posesiones. Sin embargo usted espera que Wall Street no se entere que su compañía hizo ese pequeño "fraccionamiento", y espera que siga pagando lo que pagaba antes, por sus ahora levemente-menos-valiosas-acciones.

Algunas veces pasa.

Planes de reinversión de dividendos

Estos dividendos no son los mismos que los dividendos en acciones. Muchas compañías grandes, le dan a sus accionistas la opción de recibir su (verdadero) dividendo ya sea en dinero o en acciones. De cualquier forma que sea, usted tendrá que declarar esa suma como ingreso. Pero si usted elije acciones en vez de dinero, la compañía toma su dividendo, junto con los dividendos de otras tantas personas y: 1) va al mercado y compra de sus propias acciones para usted, con su dinero o 2) se los vende directamente a usted desde el tesoro de la corporación.

La ventaja para usted es que estará forzado a ahorrar dinero, que de otra manera gastaría—si usted considera eso una ventaja—y no paga comisiones a un agente para comprar las acciones. Frecuentemente inclusive, obtiene un 5% de descuento.

La ventaja para la compañía es que ayuda a mantener las acciones altas (si son compradas en el mercado abierto), o junta más capital sin tener que pagar suscripción o tener que pasar por largos procedimientos de la SEC (en el caso de que se vendieran del tesoro de la corporación).

Aunque no hace ningún mal tomar dividendos en acciones—en realidad para los pequeños inversores es un buen negocio—tiene más sentido para mayores inversores agarrar el dinero y decidir cuál es el mejor lugar para ponerlo.

Vender en Corto

Cuando usted vende una acción que no posee, usted está vendiendo "en corto", o sea al descubierto. Usted lo hace cuando usted piensa que una acción va a bajar, y quiere sacar provecho de esa desventura. Para "vender en corto", o al descubierto, usted le pide a su agente: a) que tome las acciones "prestadas" de alguien que las posee b) que las venda y eventualmente c) que las vuelva a comprar—esperando que sea a un precio menor del que usted vendió—así usted puede d) devolverlas. Comprar para devolver se llama "cubrir" su posición "en corto", o al descubierto. Vender en corto no es anti-americano, como alguna gente dice, pero acarrea tres problemas. Uno, relativamente pequeño, es que en vez de *recibir* dividendos mientras espera en su posición, tal vez tenga que *pagarlos*. (Usted compra acciones de una persona sin nombre, sin cara, que ni siquiera sabe que se las prestó; depués usted vende la acción; ahora la compañía paga dividendos de 40 centavos por acción, los cuales su desconocido prestamista espera recibir. Su agente saca esa cantidad de su cuenta y la deposita en la del prestamista. Y un regalo en bandeja de plata: cualquier dividendo que usted pague baja su ingreso imponible.)

Segundo, al vender "en corto", o al descubierto, usted está en efecto apostando contra la administración de una compañía, que sin duda está haciendo sus mayores esfuerzos para que las cosas salgan bien. Y podrían tener éxito. (En realidad, usted está apostando a que *otros* inversores no se hayan dado cuenta de qué poco competente es la administración, o en qué lío está la empresa, o qué poco valor hay realmente en esa acción inflada, y que entonces quieran pagarle más de lo que deberían por sus acciones, cuando usted las vende.)

El tercero y más serio de todos los problemas, es que "vender en corto" (algo que realmente no posee) hace que el inversor amateur se ponga más nervioso que comprándolas. No es atípico para nada, que un pequeño inversor divise una acción en la que valga la pena "hacer un corto", hacerlo, ponerse loco cuando la acción sube otros 20 puntos, perder la resolución, salir cuando está al tope—justo días antes de que caiga hasta el fondo.

Esto puede suceder hasta a los grandes inversores. Un conocido mío, que observaba el salvaje crecimiento en acciones de juegos ocasionado por el desarrollo de Atlantic City, vendió "en corto" Resorts International, el más salvaje de todo el grupo. Vendió en corto un montón. Y subieron un montón. Pero como este hombre tiene mucha confianza en sí mismo, se fue de viaje de placer alrededor del mundo por seis meses, y compró en corto varios miles de Resorts International, consultando a su agente cada tanto por teléfono. Cada vez que lo llamaba de país en país, Resorts se iba más alto. La burbuja, contra toda lógica, se resistía a explotar. Es fácil decir, en retrospectiva que, si hubiese esperado hasta algunos países más, la burbuja hubiese explotado (todas las burbujas lo hacen) y todas las pérdidas en sus papeles pronto serían borradas. Pero en las llanuras de Australia (o donde sea), a mi amigo comenzó a parecerle que perdería todo. Siendo la discreción la mejor parte de la valentía, él decidió cortar sus pérdidas—a $19 millones—y cubrir su posición en corto. Por supuesto, ese era el tope.

Fue un raro error de este inversor remarcablemente sobresaliente, pero una buena moraleja para el resto de nosotros.

Con "los cortos" usted está remando contra la corriente de las comisiones que tiene que pagarle a su agente, los dividendos que podría tener que pagar, la tendencia del mercado a subir en el largo plazo, los esfuerzos de administración, sus propias debilidades psicológicas (como asustarse), sus propios límites financieros (como quedarse sin dinero para cubrir sus descubiertos cuando la acción sube, así que usted *debe* hacerse cargo de su pérdida, aunque le hubiese gustado esperar) y—si en realidad hiciera ganancias—la falta de cualquier ganancia sobre el capital a largo plazo pasa a ser ganancias a corto plazo, no importa durante cuánto tiempo usted estuvo "en corto" o al descubierto.

Ultima precaución: si quiere hacer "un corto" con una acción, nunca venda en corto "al mejor precio posible". Cuando usted compra o vende "al mejor precio posible" ("at the market"), le está dando instrucciones a su agente para que él pague lo que sea, o que acepte lo que sea, para hacer el negocio. La alternativa de "el mejor precio posible" ("market orders") es "precio limitado" ("limit orders"). "Cómprame 100 acciones a 38¼ o mejor"—dígale a su agente, lo que significa que 38¼ es el precio tope que usted piensa pagar. (Usted puede poner "precio limitado" sólo por el día, lo que significa que si al fin del día su agente no pudo hacer la transacción, debe parar de intentarlo; o "bueno hasta su anulación" ["good-till-canceled"], lo que significa que va a ser mejor que se acuerde de informarle a su agente que debe anular la transacción, si cambia de idea.)

Es peligroso comprar o vender "en corto" "al mejor precio posible" ("at the market") porque hay un regla para las ventas en corto: sólo puede "comerciar en corto" una acción "que se va para arriba" ("uptick")—lo que significa que el precio es más alto que "el último precio diferente al que se comerció". Si la acción va bajando, puede pasar un tiempo hasta que la acción se vaya para arriba. Si usted vende "en corto" a 29½, pero pone "al mejor precio posible"; comercia por 29¼, 29¼, 29, 28⅞, después un tramo a 28½, más a 28⅛, otro gran tramo a 27⅜, más 27¼, 27, 26⅞, 100,000 acciones a 26, y finalmente alguien la levanta un octavo ("se va para arriba"—"uptick"), y entonces es cuando su agente lo llama para informarle que usted "vendió en corto" (si usted simplemente las hubiera vendido en vez de "venderlas en corto", hubiese hecho la venta alrededor de los 29¼).

Ponga un límite en todas sus operaciones "en corto". Déle instrucciones a su agente de vender a determinada cifra—por ejemplo 29 "o mejor"—para no terminar haciendo una operación de la que se arrepienta.

Ofertas especiales

De tanto en tanto su agente lo llamará para beneficiarlo con "ofertas especiales", también conocidas como "operaciones secundarias al contado" ("spot secondary"). Las ofertas especiales son unas de las pocas veces en las que usted debería considerar vender en corto. Puesto de manera simple, las ofertas especiales son una forma de descargar en el público, acciones que ninguno de los grandes administradores profesionales de dinero quiere tocar. Esto no se hace dándole al público ventaja en el precio de la acción, siguiendo la tradición de la venta de elefantes blancos; sino dándole grandes incentivos a los agentes minoristas, para que presionen y empujen a sus clientes a comprar, siguiendo la tradición de la gran promoción.

Cuando su agente llama para venderle National Hypothetical—bien podría ser una buena compañía—no compre, *venda*. El va a remarcarle que no le va a cobrar nada por su agencia en la compra—el cliente muy generosamente ya se hizo cargo de ese pago—no importa, *venda en corto*. Si la acción no cayó en una o dos semanas, cubra el descubierto y dé por terminado su día. Pero, la mayoría de las veces, la acción baja. Cubra el descubierto y guárdese su rápida ganancia.

He aquí un ejemplo de un caso verdadero: 67,000 acciones de Witco Chemical. Witco, una renombrada y sólida compañía, había estado vendiendo a 32 hasta pocos días antes de la oferta: ofrecían la acción a 30 (de los cuales el vendedor sólo recibiría 28¼, y el resto para el agente y su empresa).

Las ofertas especiales no vienen con un prospecto, o con una advertencia para que los inversores estudien la situación cuidadosamente por adelantado—es jugar a la mancha, de la noche a la mañana y de un día para otro. La acción continúa vendiéndose en el New York Stock Exchange, mientras que los agentes tratan de sacar este bloque del Intercambio.

Witco había estado vendiendo alrededor de los 29½ en el mercado abierto, algunos cientos de acciones por vez, mientras tanto los agentes presionaban la compra de 67,000 acciones a sus clientes, por 30. Yo logré hacer una transacción en corto de 300 acciones. En un día o dos, estaban a 28½. Después anunciaron las ganancias cuatrimestrales: $1.09, contra $1.22 del cuatrimestre del año anterior. (¿Es posible que los vendedores de 67,000 acciones hayan tenido una sospecha?) Dos días más tarde estaban a 26¼.

Una de las razones por las cuales las acciones bajan después de las ofertas especiales, es que la gente que tiene mucha urgencia por vender, muchas veces tiene una buena razón. Otra razón es que tan gran venta crea una ola de demanda por esas acciones, dejando preponderancia de posibles vendedores y escasez de compradores.

No describo las ofertas especiales porque sucedan muy seguido—casi están extinguidas—sino como ejemplo de lo que hacen agentes de gran reputación, si es necesario, para ganarse una comisión. Todas las 67,000 acciones de Witco, vendieron a 30.

El mercado paralelo—OPA = Oferta pública de adquisición de acciones (Over The Counter—O.T.C)

Si existe un mercado paralelo o secundario en algún lado, nunca lo ví. "El mercado paralelo" es la arena en que las acciones muy pequeñas (o no interesadas en serlo) se comercian en la bolsa de valores. En lugar de existir un mercado de "remate" para estas acciones, hay comerciantes que las mantienen en inventario. Quiere algunas, tenga algunas.

El problema con las acciones OTC, especialmente si no está planeando comprarlas y mantenerlas por largo tiempo, es que además de pagar comisión a su agente, tiene también que lidiar con "el margen del comerciante". El margen del comerciante, en términos de porcentajes, puede ser enorme. Una acción puede cotizarse a 4½ precio de compra ofertado, 5½ precio de venta. Eso significa que usted tiene que pagarle al que las comercia $550 por 100 acciones, más la comisión a su agente: y después puede darse la vuelta y venderle las mismas 100 acciones por $450, *menos* la comisión del agente. Aunque ese es el máximo al que llega ese margen, y aunque su agente puede llegar a conseguirle un precio un poco mejor que el precio cotizado, es descorazonante. En este ejemplo la acción tiene que subir de 4½ precio de compra ofertado, a 6 precio de compra ofertado— una ganancia del 33%—simplemente para que usted salga hecho.

Ahora, con el crecimiento de NASDAQ—que no existía cuando este libro se publicó por primera vez—como anfitrión, muchas compañías importantes se comercian de esta manera, desde Apple, a Microsoft, a Intel, y con ellos "el margen del comerciante" es insignificante. Es más, la SEC hizo un excelente trabajo en los últimos años para achicar esos márgenes. Pero con acciones poco líquidas y pequeñas, hay enormes márgenes de comerciante a pagar para poder invertir.

Portafolio o cartera

¿Alguna vez escuchó los términos: una "manada" de leones, una "bandada" de pájaros, una "piara" de cerdos? Bueno, también existe un "portafolio" o "cartera" de acciones o valores de bolsa.

Beta

Beta es la medida de volatilidad de una acción. Cuando el mercado sube, X acción ¿tiende a subir aún más rápido? ¿O no tan rápido? Cuando el mercado baja, X acción ¿cae en picada? ¿O simplemente va resbalando hacia abajo de a poquito? Cuanto más especulativa sea la acción o el portafolio, más alto es su beta. Si se mueve el doble de drásticamente que el mercado—un 10% de baja en el mercado, produce un 20% de baja en la acción—su beta es 2. Si se mueve a la mitad del impulso—un 10% de alza en el mercado, produce un 5% de ganancia en la acción—su beta es 0.5. La mayoría de las acciones se mueven a la par del mercado, con poca diferencia hacia arriba o abajo, por lo que la mayoría de las acciones tienen betas de alrededor de 1.

No hace falta calcular demasiado para saber que los servicios públicos son realtivamente pesados y lentos, y que la alta tecnología es más especulativa. Pero beta lo mide. "¿Cuál es el beta de tu portafolio?"—puede preguntarle a sus amigos fanfarrones para ponerlos en su lugar. En la remota posibilidad que lo supieran, usted puede contestar:

❖ Si beta es bajo 1: ¡Ah! Apostando a seguro este año ¿no? (Especialmente venenoso si el mercado recientemente voló hacia arriba.)

❖ Si beta es sobre 1: ¿Preparándote para un largo baile en el mercado, eh?

Promedio Industrial Dow Jones

Contra toda razón, este altamente nada-científico promedio de 30 acciones es el "barómetro financiero" más seguido en el mundo, probablemente—y también probablemente siempre lo vaya a ser, que es por lo que, aunque reluctante, me referí a él a lo largo de todo este libro. (Para ver a grandes pinceladas en dónde estuvo últimamente, vea el gráfico de la página 193. También, muestra, cómo salió Dow *ajustándose a la inflación*. Note que el gráfico comienza en 1966, alto punto en el mercado.)

La ventaja (Leverage)*

Escribir sobre la ventaja es muy aburrido, porque no importa desde dónde lo enfoque, va a terminar diciendo lo que todo el mundo dice, como una etiqueta de advertencia de peligro: ¡cuidado, la ventaja va para los dos lados!

La ventaja es comprar una casa por $100,000 dólares— un adelanto de $20,000 y una hipoteca (o préstamo) de $80,000—y venderla, años después a $140,000. Eso no es una ganancia del 40% ($40,000 sobre $100,000 dólares); es una ganancia del 200% ($40,000 sobre $20,000 dólares). La diferencia es *la ventaja*. Usted saca ganancia no sólo de su dinero, sino también del dinero que pidió prestado.

La ventaja obviamente puede mejorar las ganancias de sus inversiones. Pero cuidado—la ventaja trabaja para los

---

* Nota de la traductora: Muchos llaman a este tipo de transacción "compra apalancada" o "apalancamiento".

dos lados. Si usted hubiese tenido que vender la casa en $80,000—20% menos de lo que usted pagó—tendrá el dinero justo para poder devolverle al banco su hipoteca, pero ni un centavo más. Usted no perdió el 20% en la transacción, sino el 100%.

Margen (Margin)

Margen es la facilidad que le dan los agentes de bolsa y sus empresas para que usted extienda su *ventaja*. Hacen esto prestándole dinero para comprar más acciones de las que usted podría comprar. Se parece a las tarjetas de crédito que le dan los grandes negocios, salvo que dan más ganancia a quien las emite. En sumas pequeñas, típicamente la comisión de la empresa de su agente será del 2% más de lo que los bancos le cobran a ellos. Como ellos guardan sus acciones (las de usted) como resguardo en su computadora, en realidad no están arriesgando nada. Si sus acciones bajan en valor al punto de poner en peligro el préstamo, o pone usted más resguardo, o le venden su postura, le guste o no, antes de que se siga deteriorando. (Claro que si son los otros los que están teniendo sus posturas vendidas, usted debería estar ahí, con una carretilla, comprando.)

Demanda de cobertura suplementaria (Margin Call)

Una demanda de cobertura suplementaria le advierte que su vida se fue al infierno, y que usted nunca debería haber entrado en el mercado cuando lo hizo, y mucho menos en el margen.

Opciones (Options)

Una manera de conseguir increíbles *ventajas* (leverage) es con opciones.

Si el mercado bursátil todavía no se pareciera suficientemente a un Palacio del César, alguien decidió que la verda-

El único otro gráfico de este libro

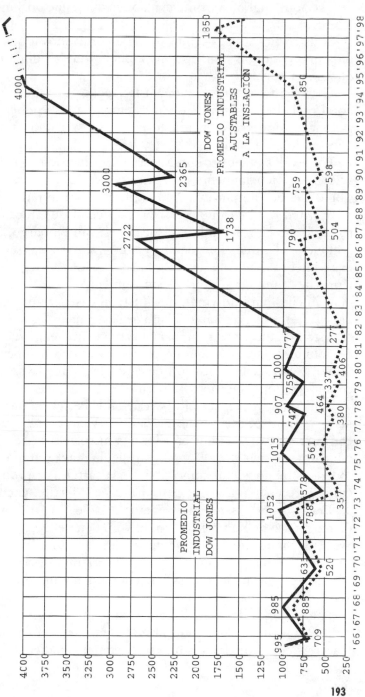

Origen: Adaptado desde Forbes Magaz:

193

dera acción se daría, no comerciando acciones, sino opciones. Y tenía razón.

Si usted tiene una acción, puede esperar años a que se duplique. Compre una opción, y puede que se duplique durante la noche.

Si usted tiene una acción, usted posee una pequeña porción de las posesiones de una compañía y su poder de ganancia. Compre o venda una opción, y usted estará apostando, nada más.

Por eso las opciones son mucho más divertidas que las acciones, potencialmente más lucrativas, y tienen más posibilidades de "limpiarlo". A los agentes les encantan.

Si usted sabe en qué dirección está yendo una acción, puede hacer una fortuna con opciones. Sin embargo, las acciones en las que se negocian opciones, son las más seguidas e intensamente analizadas . . . las que más entran en la teoría de "caminar al azar" del movimiento de precios. Las más difíciles para adivinar. Y si fuera el caso, las posibilidades en este juego están del lado de su agente.

Esto no quiere decir que yo personalmente tenga fuerza de voluntad para abstenerme del mercado de opciones, y no voy a perder esta ocasión de contarle sobre la vez que compré opciones de Merrill Lynch a ⅜.

Ahí estaba yo, en el viejo Beverly Hills Hotel, en una de las suites más pequeñas (un pieza de servicio redecorada), con la responsabilidad de escribir una historia sobre el litigio para re-filmar *King Kong* ("la película más excitante de todos los tiempos" tal como decían sus carteles de promoción). Pero yo lo único que pensaba era en Merrill Lynch.

Era la primera semana de enero de 1976, y el mercado de repente se había vuelto loco. El volumen del New York Stock Exchange que usualmente era de15 a 18 millones de acciones por día, había pasado a ser de 30 millones. Socios de cada negociación, yo sabía, eran un comprador, un vendedor—y un agente.

Las acciones de Merrill Lynch estaban vendiendo por 16½. Por alguna razón todavía no había habido una gran reacción. A mi me parecía que si se seguían vendiendo, las acciones de Merrill Lynch iban a subir. Así que compré 10 de sus acciones el 20 de abril. Lo que quiere decir que yo compré 10 opciones. Cada opción de 100 acciones, me posibilitaban comprar acciones Merrill Lynch a $20 dólares la acción (el "precio de ejercicio"*), en cualquier momento entre entonces y abril.

El precio para comprar acciones a 20 cuando están vendiendo a 16½, no es tremendamente valioso. Así que me costó ⅜ de dólar por acción—$37.50 por 100 opciones de acciones—$375 dólares en total. Más $76.88 en comisiones.

El volumen del mercado bursátil continuó aumentando.

Las acciones Merrill Lynch comenzaron a moverse.

Mis opciones comenzaron a moverse con ellas.

¡Guau! ¡Eso sí que era excitante!

Cuando las acciones pasaron los 20, precio de ejercicio, la opción se comerciaba a 1½. Este era el "premium" que la gente pagaba apostando a que Merill Lynch todavía subiría más alto antes de abril (posiblemente mucho más alto) entonces la opción posiblemente *valiera* algo. (Su valor intrínseco de 20 todavía era cero. El derecho de comprar a 20, algo que todos los demás pueden comprar a 20, no vale nada.)

El precio que yo había pagado por esa opción era ⅜. Ahora había cuadruplicado, era 1½.

Vendí dos de mis opciones por $300 dólares—casi tanto como había pagado por 10. Hice esto porque soy un cobarde.

La bolsa seguía batiendo records. No tengo idea por qué estaba pasando todo esto.

Vendí dos opciones más a 1¾.

Otra a 2¹⁄₁₆.

Dos más a 3⅛.

Otra a 3⅜. (Ahora las acciones de Merrill Lynch se vendían por 22½)

---

* Nota de la traductora: Precio de ejercicio = strike price precio predetermi nado de ejecución de una opción.

Otra por 5½—$550 dólares por una acción que me había costado $37.50.

Y vendí la última por 6.

Mi inversión total: $375 dólares. Tiempo pasado: un mes. Ganancia sacada ya la comisión (sin haber descontado los impuestos): $2,397.67.

Las opciones tienen cierto atractivo.

Si yo hubiera mantenido las 10 hasta el día de vencimiento en abril, en vez de haber vendido mientra iban subiendo, podría haber convertido mis $375 dólares en $15,000.

Sin embargo, tenga esto en mente: en algún lugar debe haber una persona que me vendió a mí 10 acciones Merrill Lynch el 20 de abril a ⅜.

Yo gané. La persona perdió. Entre los dos, le dimos al agente de bolsa $500 dólares en comisión.

(Me gustaría tener un ejemplo más reciente de algún triunfo con mis opciones, pero no tengo ninguno. Lo que generalmente pasa es que las opciones expiran sin valer nada. Y de *eso* le puedo dar un montón de ejemplos.)

Se conoce a las opciones por el nombre de "Juego de suma cero" (Zero-Sum Game). Por cada ganador, hay un perdedor del lado opuesto. En verdad es un poco peor que eso, por las comisiones que hay que pagar al agente.

Las opciones Merrill Lynch sobre las que comenté se llaman "opciones de compra" (option calls). Le dan a un comprador una llamada (*call*) dándoles la "opción" de "comprar" las acciones de otra persona. Si usted piensa que esas acciones van a subir, usted "compra la opción". Si usted piensa que van a bajar, usted puede *comprar* "la opción de vender" (buy a put).

Si usted compra una opción para vender, está comprando el derecho de poder vender a determinado precio. Ese derecho cobra valor si las acciones bajan. Por ejemplo: usted compra una opción de vender a 70 en abril, de General Motors. Usted tiene el derecho de venderme a mí 100 acciones de GM a 70, en cualquier momento hasta abril.

Digamos que usted me pagó $50 dólares por ese derecho, y GM está vendiendo a 73. Luego, el árbol de leva de los autos comienza a corroerse en todo el país, y GM tiene que pedir la devolución de esos autos. Cunde el pánico en el mercado, las acciones caen a 51. Usted compra la opción a 51 y me la vende a mí a 70. Hizo 19 puntos por acción, o $1,900 dólares—menos comisiones y menos los $50 que me pagó a mí por la "opción de vender" (the put).

Lo único que puede perder con una "opción de vender" es el costo de la opción. Si usted hubiese, en cambio, comprado en corto GM, y se hubiera ido a 80, podría haber perdido mucho más.

Puede hacer muchas más cosas en esta dirección . . . todavía no le hablé de "vender opciones de venta" (selling puts), sólo le hablé de comprarlas. Existen también los "*straddles*" (comprar simultáneamente una opción de venta y una de compra de la misma acción, esperando que la acción tenga un dramático movimiento sea hacia arriba o hacia abajo, sin saber cuál le gustaría más que pase), los "*spreads*" (cuando se compra una opción a precio de ejercicio [strike price] y se vende otra opción a un precio de ejercicio más alto o más bajo), y por lo menos otra docena de ejercicios y estrategias arcanas que uno puede emplear. Un amigo mío contador, utilizando estas estrategias, se las arregló para perder, en un día, 19 de Octubre de 1987, todo lo que había logrado juntar en diez años de inversiones pacientes e inteligentes.

Si usted juega el juego de las opciones como comprador de "opciones de compra" u "opciones de venta", tendrá magníficas ganancias, muchas o pocas pérdidas, y un montón de comisiones a pagar a su agente. Su agente va a remarcarle que usted "controlará" $16.500 dólares en acciones (como era el caso de mis 10 acciones Merrill Lynch) por una pequeña comisión de $76.88—chauchas y palitos. Pero el hecho es que de los $375 dólares que usted en realidad invirtió—o apostó—más del 20% va para su agencia. Y si usted deseara canjear en verdadero dinero sus "fichas", ahí va otro 20%. La comisión disminuye con el tamaño de la transacción, y con mi agente de gran descuento hoy hubiera pagado $42.50. Nunca es insignificante.

Recuerde esto: es un de "Juego de suma cero" (Zero-Sum Game), y las probabilidades están en su contra. Todo lo que gane es imponible como una ganancia sobre el capital a corto plazo. No hay dividendos, pero muchas comisiones. Y puede ser adictivo.

Venta cubierta (Covered Call)

Supongamos que usted tiene 100 acciones de IBM, que se está comerciando a 90. Usted piensa que a 90 la acción está altísima; pero piensa también, que es una gran compañía. Usted no quiere venderlas y tener que pagar impuestos a las ganancias sobre el capital en su enorme ganancia (ya que usted compró esas acciones no hace mucho a 40). Así que hace lo opuesto a comprar una "opción de compra" de IBM—usted *vende* una opción de compra. Usted le da a un comprador sin nombre y sin cara, el derecho a comprar sus 100 acciones, digamos a 95, desde ahora hasta el tercer viernes de Octubre. A cambio usted recibe $287.50, menos la comisión de su agente. Esto es lo que se llama una "escritura de venta cubierta" (writting covered call). Si IBM sube por encima de los 95 y la venta que usted hizo se ejecuta, usted está cubierto—usted tiene las acciones en su cuenta, listas para ser enviadas a su nuevo dueño.*

Usted calcula: Hey. Voy a quedarme con cualquier valorización de la acción hasta los $95 dólares. Me puedo quedar con el dividendo. Y ahora, para hacer aún brillar más mi tasa de ganancia, ¡encima tengo estos $287.50! Tal vez, inclusive, la voy a tener cuatro veces por año, escribiendo opciones a 90 días cada vez—¡$1,000 dólares ex-

---

* Los verdaderos kamikazes escriben "opciones de compra vendidas al descubierto" (*naked calls*). Con este tipo de opciones, su ganancia está limitada al premium que usted recibe; su potencial de pérdida es ilimitado.

tras al año (descontadas las comisiones) en mis $9,000 dólares de acciones IBM! Lo que agrega el 11% anual a mis ganancias.

Escribir ventas cubiertas es percibido como la manera conservadora de jugar al juego de las opciones, con el atractivo que sabe que si los compradores de opciones pierden dinero, debe ser que los que venden las opciones están ganando. Pero esa noción es errada. Los *agentes* de opciones son los que ganan dinero. El problema al escribir ventas cubiertas, es que usted carga virtualmente con todo el riesgo, eliminando toda la posibilidad de una ganancia realmente excitante. ¿Qué pasaría si IBM se cae por un precipicio y usted todavía sigue teniendo sus acciones? ¿Qué tienen de bueno sus ratosos $287.50 si el valor de sus acciones cae de $9,000 a $5,750? ¿Y si IBM se fuera de $90 la acción, a $135 dólares en un mes? Usted ganaría los primeros cinco puntos de ganancia, pero dejaría todo el resto de $95 dólares a $135—$4,000 dólares en 100 acciones—para que le devuelvan sus ratosos $287.50 (menos comisiones e impuestos).

Como en la gran mayoría de los sistemas de apuestas de bajo riesgo, escribir ventas cubiertas, funciona bien bajo circunstancias normales. Pero en momentos extremos, lo mata. Claro que no es tan tonto como comprar opciones de compra y de venta, esperando sacar una gran ganancia. Pero ninguno es tan genial como la gente piensa.

Productos básicos (Commodities)

¿*Otra vez*? Pensé que ya habíamos visto esto en el primer capítulo.

Si, pero no hay un límite para la persistencia del vendedor de productos básicos de la nación. Un vez, escribí un artículo muy negativo sobre las acciones de materias primas, para la revista *Esquire*. En las siguientes semanas, seis distintos vendedores de este tipo de acciones, desde lugares tan lejanos como Arkansas (éste vendiendo café) me llamaban—no para protestar, sino para tratar de venderme futuros de productos básicos. (¿Qué saben ellos del café en Arkansas?) Para reforzarle a usted su resolución, voy a reproducir lo que dijo el veterano de inversiones John Train en la revista "*Money Masters*":

Stanley Kroll se pasó 13 años siendo un agente de acciones de productos básicos. El tenía 1,000 clientes insensatos [Clientes que toman sus propias decisiones con o sin su asesoramiento]. . . . El inclusive escribió un libro sobre la comercialización de acciones de productos básicos. Stanley Kroll dice que ninguno de sus 1,000 clientes originales, hizo dinero. Ni uno . . . Kroll y otros especialistas de estas acciones con los que hablé, acuerdan que el especulador minorista de acciones siempre, o casi siempre, más tarde o más temprano, va a perder su dinero, tan infaliblemente como si jugase día y noche en una máquina tragamonedas de los casinos.

Sin embargo, un montón de gente juega en esas máquinas.

Futuros financieros (Financial Futures)

Ya no está más limitado a especular con productos básicos o monedas como algodón, soja, cobre, o francos suizos. Ahora puede comprar Bonos del Tesoro futuros, para poder invertir en la dirección de las tasas de interés, índices de acciones futuras, y apostar en la dirección hacia la que va el mercado. Y eso es sólo raspar la superficie. Esto es muy divertido y rentable si usted *sabe* hacia qué dirección van a ir las tasas y los promedios del mercado. Por desgracia, usted no lo sabe, y yo tampoco.

Opciones de futuros (Options on Futures)

Con los futuros, usted pone un adelanto pequeño para controlar vastamente algo que jamás podría comprar o pagar. La ventaja es enorme. Una pequeña variante en el precio del azúcar, o el oro, puede volverlo rico (¿cuál es el problema?) o limpiarlo totalmente. Es por eso que, para evitar el detalle de la posibilidad de "limpiados", que Wall Street— o mejor dicho Chicago, realmente—inventó las *opciones* de futuros. Con ellos, seguramente usted perderá todas sus inversiones, pero al menos no podrá perder más que eso. ¿No es maravilloso? Su pérdida está limitada al tamaño de su apuesta. Inclusive hay opciones en Bonos del Tesoro e índices de acciones futuras. *¡Vamos Willow viejo nomás!*

Acciones de precio muy bajo (Penny Stocks)

Definidas como acciones que se venden por debajo de los $3 dólares cada una, estas acciones caen dentro de dos grandes categorías: las que fueron emitidas por centavos cada una—una maniobra del mercado—y las que se vuelven acciones de precio muy bajo contra su voluntad.

Las primeras son típicamente acciones de minas de oro canadienses y otras empresas, cuyo mérito principal es que inclusive un hombre pobre puede comprar 1,000 acciones y un sueño. Son salvajemente especulativas y están cargadas de comisiones por todos lados. Seguramente va a perder plata con ellas.

Las segundas son acciones en compañías reales, que cayeron, o están cerca de la bancarrota, sus una vez gordas acciones se venden por centavos, o pocos dólares cuanto más. Estas son inversiones altamente especulativas, pero no siempre estúpidas. Con Chrysler a 2⅝ (antes de la ecisión), todo lo que podía perder eran 2⅝. En la vaga posibilidad de que se recuperase, usted podía mutiplicar su dinero 30 veces. La ventaja de estas acciones, es que, a diferencia de otras, no hay nadie que las promueva. Todo lo contrario—todo el mundo las tira. Si Wall Street sobrerreacciona en ambas direcciones— y bien que lo hace—estas involuntariamente baratas acciones, son muchas veces el objeto de esa sobrerreacción.

Igual usted puede perder mucho dinero con ellas, apostando al próximo Chrysler. La aproximación más conservadora es invertir en fondos sin pago de comisiones como Tweedy, Browne Global Value, con buen olfato para los valores de las acciones de ángeles caídos.

(Nótese que una compañía que vale $100 millones de dólares, bien podría dividirse en 1 millón de acciones de $100 dólares, o 500 millones de 20 centavos. El bajo precio de una acción no significa nada por sí mismo. Muchas acciones de primera clase británicas se comercian por uno o dos dólares la acción. En los Estados Unidos, sin embargo, por convención, pocas compañías saludables y bien vistas venden por menos de $20 dólares, o $10 dólares la acción. Muy pocas pequeñas empresas especulativas, venden por más de $10 dólares la acción.)

Metales estratégicos

Estos metales son: cromo, germanio, y columbio. Ningún complejo industrial militar rebozante puede vivir sin ellos. A usted no se le va a ocurrir especular con ellos—y coincidentemente, no es muy fácil—ya que nadie habla o se preocupa por ellos. Solamente cuando el mundo está convulsionado y el precio de estos metales se va por los techos, como a veces sucede, es que usted comienza a escuchar de ellos. Y por supuesto, ese es un momento peor que cualquier momento normal para invertir en ellos.

Efectivo (Cash)

Efectivo muchas veces quiere decir, dinero, como los billetes, o "equivalentes a efectivo"—cosas como fondos de inversión del mercado de dinero o letras del Tesoro, que los puede cambiar inmediatamente por dinero, pero que le pagan intereses hasta que lo haga. Guardar dinero (de cualquier clase) es quedarse al margen. Y aunque es la cosa más sabia para hacer, a veces, no siempre es la más fácil.

Tiempo de impuestos

Es un consejo corriente que le digan que no debe dejar que sus consideraciones sobre impuestos interfieran con sus decisiones de inversión. No se quede con una acción para evitar pagar impuestos sobre las ganancias si, de esa forma, su ganancia desaparecerá poco a poco. Ni espere largo tiempo con una ganancia, porque así desaparecerá. Así y todo, hay cosas a considerar:

❖ Todas sus ganancias y pérdidas de determinado año, son un sólo grumo. Las pérdidas arrasan las ganancias. Si al cerrar el año, usted tiene ganancias netas, usted querrá tener suficientes pérdidas como para borrarlas y así no pagar impuestos. Es más, es posible que usted quiera tomar pérdidas extras, porque se pueden deducir hasta $3,000 dólares de pérdidas en impuestos de los ingresos normales. (Cualquier suma por encima de los $3,000 dólares, se arrastra a años subsiguientes.) Si usted está en la categoría impositiva del 33% (entre los impuestos federales y estatales), una deducción de $3,000 dólares, le ahorra $1,000.

❖ Si usted está en una categoría alta, las ganancias de largo plazo son más valuables que las de corto plazo. Actualmente la tasa tiene un techo del 20% a la que pueden gravarse, si se mantienen por más de un año.* Siendo todas las otras cosas iguales, es mejor usar las pérdidas para cancelar ganancias de corto plazo (y así ahorrarse un impuesto pesado) que para cancelar ganancias a largo plazo (y así obtener un beneficio impositivo menos impresionante).

❖ Si usted compró una acción a 20, y ahora está a 15, usted puede ahorrarse impuestos al venderla con pérdida ... pero, si era un buen valor a los 20 ¿no será todavía mejor a los 15? No se habitúe a comprar alto y vender bajo. Hay tres maneras de hacer esto (si usted considera que sus ahor-

---

* *Para activos comprados luego de haber sido pasada la ley de 1997, y que se hayan mantenido por cinco años, la tasa cae a 18%. (Para los contribuyentes de impuestos de categoría baja, las tasas del 20% y 18% bajan a 10% y 8% respectivamente). El Congreso jueguetea con esto de tanto en tanto, por supuesto, e inclusive ahora, hay excepciones. Una alta tasa del 28% aplica sin importar durante cuánto tiempo usted conservó cosas como cobros. Y con las ganancias inmobiliarias, la porción que representa la recuperación de la depreciación se grava con el 25%. Todo ello, parte del compromiso del Congreso de simplificar el código impositivo.

ros en impuestos justifican las comisiones que le pagará a su agente): venda la acción para establecer su pérdida, después cómprela nuevamente 31 días más tarde ("operación ficticia" aceptada por el IRS). Si usted tiene un miedo irracional a que la acción suba en esos 31 días, que bien podría suceder, puede hacerlo al revés. Compre unas *segundas* 100 acciones, espere 31 días, y después venda las *primeras* 100 con pérdida. Y rece para que no suban al doble en los meses que usted las duplicó. O, si esos 31 días lo ponen histérico, venda sus acciones con pérdida ya mismo, pero al mismo tiempo compre algo que usted considere similar—por ejemplo, cambie GM por Ford, o cualquier bono AA, por otro.

❖ Acuérdese que si usted hace grandes regalos o da a obras de beneficencia, la mejor manera de hacerlo, en general, es por medio de acciones en las que usted tiene ganacias a largo plazo. Así usted no paga *ningún* impuesto sobre las ganancias, pero obtiene una deducción por el valor total de las acciones el día que la beneficencia las recibe. (Enfáticamente: esto no funciona con ganancias a corto plazo. Porque sólo puede deducir el *costo* del regalo, no su valor revalorizado.)

❖ Nada de esto importa dentro de una cuenta de jubilación resguardada de impuestos.

VSP

Aunque suena como una marca de brandy, VSP en realidad es lo que usted tiene que recordar decirle a su agente para que identifique *cuáles* 50 acciones de Intel usted está vendiendo. Usted tiene 200 acciones, pero las compró de a poco, en distintos momentos. Puede que tenga ganancias a largo plazo en algunas y ganancias a corto plazo en el resto—o inclusive ganancia en algunas y pérdida en otras. Si usted sólo está vendiendo 50 acciones, es importante que sepa *cuáles* 50. Usted dice que son las que le dan pérdida a corto plazo, pero ¿por qué impositiva le va a creer? Ellos van a decir que las acciones que usted vendió son las que usted tuvo por más tiempo. Pero ¿qué pasa si esa no es su intención? La manera de solucionar esto, es decirle a su agente que venda 50 acciones Intel "contra la compra diez uno, noventa y dos"—lo cual se traduce en: contra = versus: 10 = Octubre; uno = el primer día; noventa y dos = el año 1992. Por supuesto que a su agente le importa un rábano qué acciones usted vende, y raramente irá a sus archivos a buscar el certificado correcto de la acción. En parte porque pareciera que ya nadie da certificados de acciones. Simplemente usan archivos electrónicos. Pero en los papeles de su confirmación estará escrito: "VSP 10/1/92", y usted estará en regla con todo lo que piden los Estados Unidos de Norte América.

Re-org

No creo que nunca le pase esto. Con suerte, espero que a mí tampoco. En los intestinos de la mayoría de las agencias accionistas, existe un departamento que se llama "re-org". La idea de "re-org", es que está formado por hombres con ropa común, cuyas conexiones con la empresas, no están listadas.

Sé de las "re-org", porque una vez compré acciones que se convirtieron a través de algún intercambio en bonos. No les presté demasiada atención (esta es la razón por la que uno tiene un agente, y el agente una computadora), pero a partir de entonces, cada mes, había una línea en mi resumen de cuenta, que decía que yo tenía bonos GEICO. Dos meses después me deshice de dos de ellos. Siete meses después de otros dos. Ningún problema. Varios meses más pasaron. Y de repente, por paracaídas, un día recibí una llamada de mi agente general. El me decía que "re-org" estaba cargando a mi cuenta $1,719 dólares. *Ellos* decían que yo había vendido cuatro acciones GEICO, cuando en realidad yo sólo había tenido dos.

"Re-org"—pregunté. No entendía de qué me estaba hablando.

"Re-org" dijo él.

"Y qué demonios es "re-org"?—pregunté.
"Los de 're-org' creo que están en el sótano. Me parece. No sé."

"Bueno. ¿Y cómo es que ellos pueden sacar dinero de mi cuenta? ¿No deberían antes pelearse conmigo?"—pregunté.

"Yo me peleé ya en tu lugar: Perdiste"—me dijo. Como ya expliqué antes, mi agente es mi amigo, y estaba sinceramente molestado por las tácticas de "re-org", pero no podía hacer nada.

"¡Pero esas acciones estuvieron en mi cuenta por más de un año!"—dije yo.

"Ya sé"—dijo él—"aparentemente sólo hubiera debido haber dos." Y comenzó a recitar una letanía de radios y transferencias y entradas diarias, que le había dado "re-org" para apoyar su caso. Y estaba claro (de una manera oscura) que "re-org" tenía razón. Pero ¿recién un año después?

"Es decir"—dije yo—"ellos pueden cometer un error durante 14 meses, y confirmarlo en los papeles, y después, de la nada, pueden venir a saquear mi cuenta?"

"Sí"—dijo mi agente—"y también te van a cobrar por los intereses que te pagaron por los dos bonos de sobra, más los intereses procedentes de la segunda venta. Te querían cobrar también la pérdida que van a tener ellos, porque tienen que comprar de nuevo esos bonos, ya que están en falta desde que los vendiste. Pero me hice valer, y no lo van a hacer."

Por varias semanas después de eso, yo llamé hecho un demonio furioso, hablé en mi tono más directo, y me acordé de los ancestros de "re-org".

"Esto es re-org"—dije en una voz ronca—"Aquí vemos un cheque por dividendos que no fue acreditado correctamente en la cuenta de Tobias en el cuarto cuatrimestre de 1953. Acredite esta cuenta inmediatamente—*ya mismo* ¿me oye?—con intereses de 27 años *und* todas las penalidades."

Hasta hoy, "re-org" nunca llamó para corregir un error de hace un año, accidentalmente hecho, *a su* favor.

Invirtiendo a través del Internet

Invertir via Internet ya ganó su lugar en la plaza. Con esto alguna gente cortó sus costos de negociación dramáticamente—negociaciones que recientemente hubiesen costado entre $125 a $250 dólares de comisión, ahora pueden costar menos de $10. *Lo que es nada,* prácticamente. Lo que es más, el Internet permite que mucha de esa misma gente achique la desventaja entre la información que ellos podrían recibir—y cuándo la reciben—versus "los profesionales".

Así que, para el tipo de persona justa—el inversor disciplinado que hace sus deberes—invertir a través del Internet, es una ventaja. ¿Por qué pagar a un fondo el 1.5% anual de gastos de administración cuando lo puede hacer usted mismo? *Además* de poder controlar, consecuentemente, los impuestos de su portafolio.*

Pero, sería justo reconocer que, por cada persona disciplinada que usted conoce, sabia financieramente y que hace

---

* Este tema de impuestos vale la pena considerarlo inclusive con un fondo indicador de bajo gasto (low-expense index fund). Comprar un fondo indicador es muy bueno. Pero ¿y si usted tuviera la paciencia y los $90,000 dólares, para invertirlos en 30 acciones Dow usted mismo, a $3,000 dólares cada una? Tal vez Dow no sea el mejor fondo indicador a elegir, pero es el que todo el mundo mira, y como ejemplo en este caso, tiene la virtud de tener solamente 30 acciones. Sus gastos totales, si usted usa uno de esos agentes de Internet de $8 dólares por negociación, serían $240 dólares. Sin la tarifa de administración de dos décimos por ciento, se ahorra $180 dólares anuales. Por sí mismos, no valen la pena. (¿Quién quiere recibir 30 reportes quincenales cada 90 días por correo, o 30 resúmenes de la agencia cada año?) Aquí está la gran ventaja: Supongamos que pasaron dos años y Dow subió el 10%. No demasiado. Pero entre las 30 acciones, una subió el 80%, y otra bajó el 50%. Usted podría vender la perdedora y sacar beneficios en impuestos . . . comprándola nuevamente 31 días después, para poder reestablecer su posición. (El IRS no permitiría la pérdida por "venta ficticia" [wash sale] si usted comprase las mismas acciones dentro de los 30 días antes o después de la venta) . . . luego podría usar la acción ganadora para hacer las donaciones de caridad que había planeado hacer en efectivo, *comprándola nuevamente* momentos después. Puede que la vida sea corta para hacer todo este esfuerzo. Sin embargo, la opción de poder administrar las consecuencias impositivas de su portafolio, es una ventaja que no le dan los fondos mutuos—y ni siquiera un fondo indicador.

sus deberes; usted conoce 20 que no lo son. Para un buen porcentaje de ellos, invertir a través del Internet, se ha convertido en una manera más de jugar . . . una adicción. Seguramente eso va a arruinar varios matrimonios y varias vidas. Sin duda ya lo hizo.

"Me llamo Alan"—dice un comercial de televisión que seguramente usted vio, y le está hablando a un grupo de camaradas. "Yo no use . . . (gran pausa, en la cual usted espera que él diga: alcohol o cocaína) . . . E*Trade . . . desde ayer."

"Hola Alan"—contesta la multitud (o tal vez yo sólo me imaginé esa parte), y la publicidad continúa, diciendo que Alan está construyendo su rincón seguro, a través de este popular agente de bolsa del Internet. Y es muy posible que el pueda lograrlo más rápidamente a través de un agente del Internet, que a la manera antigua, la manera de las grandes comisiones. Absolutamente. Yo corté el 90% de las comisiones de negociaciones que aún hago (por lealtad), de lo que me hubiera costado mi agente tradicional. Pero a la vez pienso que, el Internet, llevará muchas ovejas al matadero. Es muy fácil hacer clic varias diciendo OK, y hacer una apuesta de $10,000 dólares. Piense simplemente en las máquinas tragamonedas. Invertir a través del Internet sin ninguna duda *lo tienta* a jugar. Lo hace sentir poderoso: ¡clic, clic, clic, clic! y mueve miles de dólares. ¡Un juego de computadora!

Pero haga los cliques suficientes—inclusive una o dos veces por semana—y cuatro cosas lo van a matar: las comisiones (son bajas, pero imagínese una máquina tragamonedas que costase $5 o $10 dólares la tirada de palanca); los márgenes (spreads) (otros $25 dólares, típicos de transacciones de 200 acciones); los impuestos (gran mordisco de sus ganancias, contra una porción pequeña diferida, si usted compra y mantiene); y la naturaleza humana. Hay muy pocas situaciones en las que las tendencias auto-destructivas de uno, pueden llegar a mostrarse más claramente que en la adicción al juego. Por eso, para muchos inversores, pese a lo atractivo de este juego, los fondos indicadores realmente siguen siendo la manera lista de jugar.

Las únicas otras guías de inversiones que usted tal vez quiera leer

Tal como lo dije en el primer capítulo, aunque ésta sea la única guía de inversiones que usted realmente necesita leer, difícilmente sea la única buena. Para tener una idea de qué difícil es ganarle al mercado, lea: *A Random Walk Down Wall Street* de Burton Malkiel. Para tener un punto de vista diferente: *One Up on Wall Street* de Peter Lynch y John Rothchild; o *Buffet: The Making of an American Capitalist* de Roger Lowenstein.

Pero recuerde, cuanto más tiempo pase leyendo sobre el mercado bursátil, más va a querer probar. ¿Está seguro que quiere dedicar una gran parte de su vida despertándose, en la mitad de la noche, y preocupándose terriblemente por este hobby? ¿Tiene usted el temperamento para salir triunfador en esto? ¿Puede darse el lujo de perder dinero? ¿Realmente puede superar a los ases de la bolsa, en su tiempo libre? ¿Le fue bien en sus últimas aventuras en el mercado?*

Si no, entonces compre—y mantenga—unos pocos fondos mutuos sin pago de comisiones (no-load mutual fund).

Otra idea ampliamente calculada, es la que una persona normal podría muy fácilmente ganarle a los promedios del mercado, simplemente comprando las diez acciones de más alto rendimiento de Dow, cada año. Inclusive se hicieron refinamientos para que las ganancias fueran aún más grande. Pero resultó que, el método sólo funcionaba bien

---

* El único club de inversión para damas en Beardstown, Illinois, mencionado anteriormente, recibió gran promoción por haber ganado ganancias promedio del 23.4% anual, en la primer década de existencia del club. Resultó que la tasa de ganancia sólo había sido del 9.1% anual. En un momento en que el mercado estaba dando el 15.3%. A estas señoras podría haberle ido mucho mejor poniendo su dinero en un fondo indicador, aunque sus libros no hubiesen sido tan divertidos.

en el período de tiempo *anterior* al que el libro salió por primera vez recomendándolo, y su mismo autor, dejó de usar el método en 1993. Pero el libro se siguió vendiendo por años después de eso.

Seguramente también yo hubiera hecho bien poniendo mi dinero en fondos indicadores por los últimos 30 años.

Pero considero que es mi deber probar todo tipo de inversiones locas, para analizarlas *para usted*.

Qué hacer si usted hereda millones de dólares; y qué hacer si no los hereda

Si yo hubiera puesto dos millones de dólares en ese negocio, ¡hoy sería rico!

—UN AGENTE INMOBILIARIO QUE CONOCEMOS
(EN EL TIEMPO QUE $2 MILLONES DE DÓLARES
ERA MUCHO DINERO)

Como sabemos los que mirábamos televisión en los años cincuenta, recibir un millón de dólares, inclusive si son libres de impuestos, no es todo fiesta y champán.

Escuche a Gail Sheehy, autora del libro mejor vendido *Passages*. ¿Le causó problemas hacerse rica?

¡Síiiiiiiiiii! gritó lamentándose. "Transpiro mucho más, me hace sentir vergüenza y culpa, realmente, es terrible."

"Es mucho más divertido ser un aspirante a rico, porque una vez que es rico, aunque sea temporariamente (como siempre debe recordar que es), uno comienza a tomar una actitud defensiva, en vez de constructiva."

"Es terriblemente incómodo. Y *nadie* que tenga cinco centavos menos que usted, va a entenderlo. ¿Cierto? Así que no tiene nadie con quién hablar."

Cuando *Passages* era un éxito, Jason Epstein, editor de Random House, dijo a Sheehy: "Bueno, sí, dinero. Ahora te darás cuenta que de aquí en más va a ser un profundo dolor de cabeza, *para siempre*."

"Era ominoso" —dice Gail—"y era exactamente como yo me sentía."

Sheehy fue rica, y Sheehy fue—aunque no pobre—bastante pobre. "No puedo decir que era más feliz cuando vivía en el cuarto piso de East Seventh Street, y ni bien volvía de trabajar, tenía que ir con la ropa para lavar en una cadera, mientras que llevaba a mi nena de un año en la otra cadera." Pero ahora, tampoco va riendo durante todo el camino hacia el banco.

Es obvio decir que muchos de nosotros, nos las arreglaríamos mucho mejor que Gail, tratando de "aceptar" ser uno o dos millones más ricos. O al menos pensamos que así sería. O por lo menos, nos gustaría tener la oportunidad de probar.

De todas maneras, parece ser que el problema al volverse rico espontáneamente, es lograr que su vida no se destruya, y no tanto qué hacer para invertir ese dinero. En las películas y en los libros en los que el héroe termina super rico, ya sea robando, ganando una fortuna, o descubriendo un tesoro, la acción siempre termina allí. Es decir, si en realidad fueron felices después, no lo sabemos. El que escribió la historia, en cambio, bien sabe que no es así, y por eso no continúa la historia. Para no crear desilusiones.

Sheehy, con muy buen sentido común, se esforzó en evitar lo que ella llama "la trampa clásica americana: de repente usted recibe una herencia inesperada, y entonces, en vez de llevar la vida que siempre llevó, sólo que un poco mejor y con más seguridad—y con dinero para hacer cosas maravillosas cada tanto, en el momento justo—se la pasa, corriendo a lo loco para poder vivir como lo requiere *ese* nuevo nivel de ingresos, y vivir en armonía con los nuevos cánones que usted mismo se impuso." Es el equivalente financiero del Principio de Peter*—entrar, sin importar

---

* El Principio de Peter formó parte del lenguaje americano, a partir de un libro del mismo nombre, de hace más de 20 años atrás. En él, un tipo de apellido Peter, formulaba este principio: "En una organización dada, la gente es promovida hasta que llega a un puesto para el cual no es competente. Luego, la mayoría de los más altos administradores es incompetente."

cuánto usted tenga, pero difícilmente usted nade en sus aguas.

¿Qué hacer entonces, si usted tiene la mala suerte de heredar un millón de dólares? ¿O peor, muchos?*

1. Vaya a cenar a un lugar muuuuuy lindo.

2. En un lugar aparte, como un banco o un fondo de inversión del mercado de dinero (money market fund), ponga dinero líquido para los gastos diarios de un año normal.

3. Ponga sumas bastante parecidas en valores del Tesoro de los Estados Unidos, para que maduren a uno, dos, tres, y cuatro años.

4. Ponga la mayoría de lo que le queda en fondos indicadores de acciones (stock-index funds), y divídalos entre inversiones nacionales e internacionales.

5. Cómprese una casa de campo, o un lugar aún más grande, si así lo desea, pero que no sea tan grande que mantenerla requiera algún tipo de esfuerzo de parte suya.

5a. Si tiene ganas, compre una propiedad—que sea un buen negocio—y alquílela. Le dará cierta protección contra la inflación y un pequeño resguardo impositivo.

5b. *No compre un barco.*

6. Ponga al menos 5% de su dinero en plata—bolsas de monedas de 10 centavos de plata, acuñados en los días cuando eran de plata de verdad—ponga la mayoría de ellos en un caja fuerte del banco, y una bolsa en un buen escondite en su casa. Llame a: (Rarezas para inversión)

---

* Un millón ya no es lo que era antes en 1978. El equivalente hoy sería $2.5 millones—o $5 millones, si quiere compararse con *El millonario,* (película en blanco y negro) en la que John Beresford Tipton, regalaba un millón cada semana, y se sentaba a ver cómo le arruinaba la vida a la gente. El término *millonario,* no va a tener larga vida, porque aunque ahora signifique "5 millonario" o "25 millonario" verá que un millón no le alcanza para nada. Pero haga lo mejor que pueda.

Investment Rarities (800-328-1860). Esta es su protección de persona rica contra los desastres, una especie de seguro. No lo piense como una buena inversión. Pero si la inflación sube vengativamente, la plata podría resultar mucho mejor que el oro. Históricamente, la plata subió el 11% por cada 1% de inflación. El oro sólo 6%. Y en el caso de un gran desastre, será mucho más fácil comprar un pan con diez centavos de plata, que con una moneda de oro de $6,000 dólares.

7. Haga un testamento y asegúrese que todo está en orden.

8. Ahora, relájese y olvídese de todo. Haga una revisión una vez por año, especialmente para rotar sus valores del Tesoro cuando venzan. No gaste nada del capital principal invertido. Disfrute en cambio de los ingresos extras que le da.

Si esto ya le parece difícil, simplemente elija un fondo mutuo sin pago de comisiones (no-load mutual fund) y divida su nueva fortuna en un tercio, un tercio y un tercio, entre los ampliamente diversos fondos de acciones de los Estados Unidos, los ampliamente diversos fondos internacionales y los fondos del mercado de dinero. Saque dinero del fondo de dinero cuando quiera, y revise el saldo de sus tres cuentas una vez por año. (Ahora, si sus acciones internacionales representan al momento el 40% de su pastel, porque crecieron rápidamente, saque algunas de las ganancias y póngalas en los otros dos pedazos de su pastel, para que queden: un tercio, un tercio y un tercio.) Probablemente usted podrá sacar un 4% anual, y todavía conservar el resto creciendo lo suficiente como para mantenerse al ritmo de la inflación. Y si usted gasta de más de tanto en tanto ¿qué importa?

Esta no es la manera de sacar todo el provecho que le puede dar su nueva fortuna—pero esa es una de las ventajas de ser rico. No tiene que preocuparse tanto.

Salvo que usted quiera cambiar lo que fuera que fue su ocupación hasta ahora, y pasar a ser un financista. Salvo que quiera pasarse la vida preocupándose por su dinero, arriesgándolo, pagando impuestos sobre las ganancias, y odiando tener pérdidas. Salvo que le intriguen las maquinaciones del Comité federal del mercado abierto (Federal Open Market Committee) y los efectos de las últimas novedades fiduciarias en los mercados financieros. Si no es así entonces simplemente estructure sus posesiones, ya que tiene tanta suerte de tenerlas y en tal abundancia, como para que le den resguardo, seguridad, y tranquilidad.

La vida no es un negocio, decía mi papá. Mejor haga las cosas como para vivir confortablemente y sin preocupaciones.

Eso es lo que yo pienso hacer cuando me llamen de ese concurso en el que participé por correo, diciendo: "No, no quiero comprar ninguna de estas revistas, pero igual quiero entrar en el concurso," y me digan que *gané el primer premio*.

Veamos qué hacer mientras tanto.

Fondos mutuos

Mucho más práctico que tratar de aventurarse solo en la bolsa, lo que consume el tiempo y tal vez cosas mucho peores de los suicidas financieros; es invertir en fondos mutuos sin pago de comisiones, y bajos gastos.

Es conocido que para muchos inversores, las ganancias son sólo parte de su objetivo. Mucho de lo que buscan es la diversión, el desafío, la intriga, y el juego mismo. Pero hablando correctamente, eso no es invertir, eso es jugar.

"La manera prudente es la manera fácil"—aconseja Paul Samuelson—economista nacionalmente reconocido—en una columna de *Newsweek*. Que otro haga la investigación, que otro se preocupe, que otro tenga sus certificados y le dé un reporte de sus dividendos y ganancias sobre el capital, a fines impositivos. "Usted pierde la emoción de estar esperando sacarse 'el gordo'. Pero puede dormir tranquilo."

Los fondos mutuos ofrecen gran diversidad. La mayoría le permiten transferir mensualmente pequeñas cantidades de dinero de su cuenta bancaria, así puede hacer inversiones fijas automáticamente. La mayoría también, están diseñados para entrar en un plan Keogh o abrir una cuenta IRA con un mínimo de papelería y gastos. Muchos son parte de "familias de fondos" como Fidelity o Vanguard, lo que le permite cambiar su dinero de uno a otro—de sus fondos de acciones de crecimiento agresivo a sus fondos de bonos libres de impuestos, por ejemplo—tantas veces como quiera. Simplemente levante su teléfono.

Con los fondos mutuos, los riesgos de la bolsa todavía existen. Muchos fondos bajaron un 60% y más aún después de la gran ronda especulativa de los últimos años de los sesenta y/o en 1973/4. Pero al menos, usted no tiene que tomar todas esas locas decisiones. Sólo debe decidir en qué fondos invertir, cuánto y cuándo. En ese sentido, usted todavía está administrando su dinero.

Es verdad, le ofrecen la oportunidad de ganar aún de otra manera, administrando su dinero: Los fondos mutuos le facilitan poder diversificarse *globalmente*. Y aunque mucha gente considera peligroso invertir en el exterior, la diversificación en el extranjero, en realidad puede *reducir* su riesgo. La bolsa de los distintos países sube y baja independientemente una de la otra. Un inversor norteamericano que en 1929 hubiera sido lo suficientemente astuto como para invertir el 50% de su dinero en acciones extranjeras, hubiese necesitado sólo 5 años para recuperarse del peor derrumbe de la historia americana. Lo mismo hubiera pasado con un inversor japonés, que en 1990 hubiese invertido el 50% de su dinero fuera de Japón. Al mismo tiempo que reduce riesgo, la diversificación internacional, puede darle grandes ganancias—especialmente si la bolsa norteamericana alguna vez se cansa de su mercado alcista que está desde 1982. El resto del mundo descubrió en grande el capitalismo, y no hay ninguna razón por la que usted no trate de capitalizar con él, al tiempo que reduce quedar expuesto al mercado de baja aquí.

El primer paso para elegir un fondo mutuo, es el único que es realmemte claro. Hay fondos que cobran una tarifa inicial de hasta el 8.5%, llamada "load" (comisión), y hay otros que no cobran comisión. *Elija un fondo sin pago de comisiones.* O un fondo que no cobre más que el 2% o 3% de comisión. Cualquier otra cosa, es tirar su dinero por la ventana.*

Las estadísticas muestran que los fondos mutuos sin pago de comisiones, funcionan tan bien (o tan mal) como los fondos que sí pagan comisión. Esto es porque la comisión no va a la administración superior del fondo, sino al agente que lo vende. Sin embargo la mayoría de la gente sigue comprando fondos que pagan comisión. No sea uno de ellos.

(Si usted ya tiene acciones en un fondo con comisión, la comisión en sí misma no es una razón para vender, lo que es más, usted ya la pagó. Pero tampoco es una razón en sí misma para no vender. Lo perdido, perdido.)

Es cierto, hubo fondos con comisión de impresionante éxito, tales como el famoso Magellan Fund de Fidelity. Pero también hubo fondos sin comisión de increíble éxito. Un dólar invertido en la Twentieth Century Growth Fund, cuando fue fundada en 1958, hoy tiene un valor de $200 dólares.

Al elegir un fondo sin pago de comisiones, hay varias cosas a considerar. Las primeras dos: las tarifas y los gastos por administración. Estos cargos anuales van de el medio por ciento hasta el 3% o más. Usted tiene que tener una muy buena razón para elegir un fondo que le cobre más del 1% anual por sus tarifas y cargos de administración. (Muchos fondos hacen propaganda de sus bajas tarifas de administración, y no le dicen de los gastos anuales y las tarifas "12b-1" de mercadeo que cobran. Averigüe TODAS las tarifas y gastos antes de invertir.)

---

* El 8.5% de comisión es peor de lo que suena. Cuando usted envía $1,000 dólares a dicho fondo, está dando $85 dólares de comisión, es decir, está dando $85 dólares, para invertir $915 dólares, o sea que está realmente pagando el 9.3% de comisión. El 5.75% de comisión en realidad es 6.1%.

No es realmente importante lo que un fondo le vaya a cobrar, sino cuánto *va a ganar* el fondo para usted. Y de eso usted no va a estar tan seguro.

Siguiendo varios ciclos de altas y bajas de la bolsa, se categorizan a los fondos según les haya ido en esas altas y bajas, y se los califica de A a F, siendo A lo mejor, y F lo peor. Muchos fondos tienen A o B en mercados de alza, pero D o F en baja. Esto no sucede porque los administradores son brillantes una temporada, y unos idiotas en la otra. Sino porque estos fondos tienen acciones muy volátiles (de alta beta) en sus portafolios. Otros fondos, no tan volátiles, llegan a calificar C o D en mercados de alza, ya que sus fondos suben "lentamente" en relación con otros, y califican B o A en mercados malos, ya que apenas resbalan cuando los otros caen en picada, o se hunden.

Espero que entienda ahora, el peligro de elegir un fondo basándose en su actuación reciente, como muchos lo hacen. Ellos pueden comprar un fondo basados en que se mantiene, inclusive, en el mercado de alza—en el mismo momento en que el mercado de alza está desapareciendo, y el fondo está yendo de A a F.

Si alguna vez usted supiera, en un momento dado, hacia dónde irá el mercado, recuerde que sólo debe comprar los fondos más volátiles en las profundidades del mercado de baja, justo en el punto cuando las cosas están por darse vuelta, y entonces cambiar a los fondos conservadores (o salir del mercado totalmente) en el pico de las cosas.

Sin embargo, si usted no tiene esa capacidad—¿quién la tiene?—entonces tiene que buscar ese raro fondo que está saliendo mejor que el promedio, tanto en el mercado de alza como en el de baja. Y son pocos los que lo logran. Yo le dí una lista de algunos en el apéndice "Fondos mutuos selectos" (página 248), pero sigo remarcando que, *las actuaciones pasadas no garantizan las actuaciones futuras.* ¿Quién le asegura que ese administrador de dinero responsable por el éxito del fondo, después de dos o tres años, todavía está en su puesto? *La gente* administra el dinero—

no lo hacen los fondos—y la gente cambia de empresas, de trabajos, y también se retira.

Si usted tiene parálisis de fondos mutuos, simplemente compre un fondo indicador del Vanguard Fund (800-662-7447). Se caracterizan por mantener los gastos bajos, lo que significa que la mayoría de su dinero, va a trabajar para usted. A la larga, a usted le va a ir igual que al mercado como un todo—que es mucho mejor que lo que sucede con los fondos mutuos, ya que la mayoría de ellos, le cobrará tarifas de administración por su inversión. Este es un concepto simple pero profundo: simplemente invertiendo todo el dinero que iba a destinar a la bolsa, en el Vanguard Index Trust, le va a ir mejor que a cualquier departamento de un banco de ahorros, que a cualquier administrador de fondos mutuos e inversores privados, ¡y con mucho menos esfuerzo!

Una ventaja más de los fondos indicadores (index funds), es que hacen pocas negociaciones. Como resultado tendrá menos ganacias imponibles. Usted tiene que pagar impuestos sobre los dividendos que gana todos los años, pero la mayoría del *crecimiento* está libre de impuestos hasta que usted venda las acciones. Eso significa que la parte de su dinero que va al "gobierno", continúa trabajando para usted, y le da dividendos, hasta que usted venda el fondo. Esto pierde su importancia cuando está bajo el resguardo de un plan de jubilación, pero sí que hace una diferencia en el dinero que no está resguardado.

Fondos limitados (Closed-end Funds)

Una clase de los fondos mutuos sin pago de comisiones que es necesario considerar, es la de los fondos limitados (closed-end funds). Estos fondos, originalmente vendieron una cantidad determinada de acciones al público, juntando así $100 millones, por ejemplo, para invertir. Después cerraron la puerta al nuevo dinero. Los inversores que quieren canjear su dinero, venden sus acciones tal como venderían cualquier otra acción, a través de un agente, a cualquier inversor. Presumiblemente, si los administradores del fondo lograron $120 millones de $100 millones, cada acción del fondo valdrá un 20% más que cuando el fondo comenzó. O por lo menos eso es lo que todo el mundo piensa. Sin embargo, las cosas valen lo que la gente está dispuesta a pagar por ellas, y las acciones de los fondos limitados se hunden en descuentos que van desde unos pocos puntos de porcentaje hasta el 30% o más. (Pocos fondos pueden sobresalir sobre estas primas.) Al momento de escribir esto, usted puede comprar el valor de un dólar en valores del México Fund a 76 centavos, o del Templeton Dragon Fund por 84 centavos. O en el Morgan Stanley Africa Investment Fund por 78 centavos, o en su Asia Pacific Fund por 82 centavos. (Hay muchos fondos limitados que invierten en acciones de los Estados Unidos también.) Si los administradores de esos fondos eligieron una variedad de acciones espantosas que caen todas, a usted no le va a ir muy bien, pero es tan difícil elegir esa variedad espantosa, como elegir una buena, así que, no es muy factible que suceda. Es mucho más posible que usted tenga un dólar trabajando para usted, aunque usted sólo haya pagado de 75 a 85 centavos por él.

El riesgo es que el descuento, irracional desde el vamos, podría ser aún más grande en el momento que usted venda sus acciones. También podría suceder que el descuento encoja—lo que tiene más sentido, aunque no es lo que necesariamente sucede.

Hay una buena razón para que los fondos limitados se vendan con descuento. Ya vienen con una desventaja: el 1% o más de comisión por cargos de administración que muchos de ellos le cobran. Si las acciones del fondo suben, digamos, un 10% anual incluyendo dividendos, el valor neto del fondo habría crecido sólo el 9%, luego de los gastos. (Por supuesto que esto también es cierto para los Fondos variables [Open-End Fund], pero *esos* no se compran con descuento.) Los Fondos limitados se comercializan con un muy-merecido descuento, si sus administradores demuestran tener talento para inversiones espantosas.

Una vez más, los fondos limitados (closed-end funds) ofrecen dos ventajas conceptuales sobre los fondos variables (open-end funds). Primero: dado que comercian con un descuento substancial, un fondo limitado es *un fondo menos-que-sin-comisión (no load fund)*. Usted tiene $1 dólar de valores trabajando para usted por 80 centavos. Segundo: los administradores de fondos limitados, no tienen la preocupación de que, si el mercado baja, tendrán una ola de redenciones, forzándolos a mantener efectivo ocioso para pagarlas, o tener que deshacerse de portafolios en el momento inadecuado. Por eso pueden dedicarse más a administrar el fondo. Si bien, no cuentan con el mismo incentivo que con los fondos variables. (Si los fondos variables dan buenos resultados, eso atraerá nuevos inversores, engordando las tarifas de administración; si salen mal, lloverán las redenciones y las tarifas de administración bajarán.) Pero igual tiene incentivos, porque al incrementar el valor del fondo, aumentan las tarifas de administración. Y también está el factor del "ego"—particularmente ahora que "personalidades" limitadas como los fondos Zweig y Gabelli, aparecieron en el mercado con fondos institucionales sin cara.

Pregúntele a su agente para más información sobre los fondos limitados, que se comercian igual que las acciones. *Barrons* y el *Wall Street Journal* del lunes, tienen cotizaciones de estos fondos "públicamente comercializados", en cuadros separados de la sección financiera, incluyendo el descuento con que se venden.

❖ Nunca compre un fondo limitado en su primera emisión (porque los gastos de venta se incluirán en el precio, y seguramente caerá a un descuento).

❖ Raramente compre fondos limitados con un premium (porque entonces estará pagando $1.05 o $1.30, para obtener $1 dólar que trabaje para usted) salvo que esté totalmente convencido que su administrador es tan bueno que va a batir los promedios con margen suficiente como para cubrir tanto el mordiscón de su tarifa, más el premium de $1.05 o $1.30 que usted paga para tener $1 dólar trabajando.

Spiders, Diamantes y WEBS

Hay fondos limitados (closed-end funds) que operan como los fondos indicadores (index funds), con gastos levemente más bajos. Se compran y se venden como las acciones. Se los apoda Spiders (Standard & Poors Depository Receipts). Los encontrará en los índices S&P500 y se comercian en el American Stock Exchange bajo el símbolo SPY. Los diamantes, con símbolo DIA, también se comercializan en el Amex y le dan el Dow Jones industrial average (Promedio Dow Jones). Ambos están ideados para evitar que vendan con premium o descuento, para embolsar valor de activo neto, así que en verdad son más bien fondos variables indicadores (open end index funds).* Elija el que le sea más conveniente. Spiders y Diamantes son buenos si usted tiene tendencia a comprar acciones a través de un agente de gran descuento (deep discount broker). Los fondos indicadores tienen más sentido si usted es básicamente un inversor de fondos mutuos, y ya tiene su dinero con Vanguard o Fidelity, o alguna de esas compañías con fondos mutuos de bajos gastos.

WEBS quiere decir "world equity benchmark shares" (valores de referencia mundiales) y funcionan de la misma manera, salvo que lo hacen para la bolsa de otros países. Hay WEBS para Japón—símbolo EWJ—para Bélgica—EWK—y más de otra docena, pero un buen negocio menos obvio. Y eso se debe a que—al menos al momento de escribir esto—los cargos por gastos anuales que cobran son mu-

---

* (Un buen detalle: usted puede comprarlos en corto. Pero a la larga, uno puede terminar quebrado comprando en corto acciones de la bolsa americana.)

chas veces casi iguales a los que cobraría una cuenta de fondos extranjeros activamente administrada. Y en el extranjero, la administración activa puede darle más margen que lo que le da en los Estados Unidos, donde los mercados tienden a estar bien regulados, son relativamente eficientes y por lo tanto difícil de ganarles. Recuerde: nadie dijo que la administración activa era, por sí misma, algo malo. Se trata de que, en la carrera de las inversiones, el fondo que tiene un jockey que pesa 20 libras, tiene más posiblidades de ganarle a través del tiempo, al jockey que pesa 150 libras. Bien, si *ambos* jockeys pesaran 150 libras, no estaría mal tener uno que además use su cerebro.

El futuro

Lo que usted debe hacer con su dinero, depende mucho de lo que pase en el futuro.

Si la inflación se acelera, los intereses subirán y los bonos van a caer. La mayoría de las acciones caerán también, seguramente. Si usted anticipa una subida de la inflación, evite los valores de rentas fijas (fixed income securities).

Si usted anticipa una depresión clásica—yo no—entonces compre bonos del Tesoro a largo plazo. En una depresión clásica, las tasas de interés se irán a casi cero, y usted tendrá lo que todo el mundo quiere: algo totalmente seguro que da una renta (al momento de escribir esto) de alrededor del 6.7% anual.

La sabiduría convencional de los escritores de libros mejor vendidos de los años setenta y ochenta, era que tendríamos un poco de las dos. El desempleo y la recesión se pondrían tan mal que las compuertas fiscales y monetarias estarían totalmente abiertas para evitar la depresión, haciendo que la inflación se vuelva todavía peor que antes. Para parar todo esto, el Fed pisaría los frenos—cada vez tienen que pisar más y más fuerte para obtener algún impacto—y hundirían el país todavía más. Vuelta y vuelta, inflación, recesión, inflación, recesión, y cada vez poniéndose peor. Howard Ruff y otros, la llamaron: una "malaria

de economía", que alterna escalofríos con fiebre y finalmente, sucumbe. Ruff escribió *¿Cómo sacar ganancias de
los malos años que se aproximan?* (How to Profit from the
Coming Bad Years) (cuando no vinieron) y *¿Cómo sobrevivir y ganar en los inflacionarios ochenta?* (How to Survive
and Win in the Inflationary Eighties) (que en realidad resultaron des-inflacionarios). Douglas Casey hizo dinero
con *Crisis Investing*. Ravi Batra pasó a ser el Nº 1 con *La
gran depresión de 1990*. James Dale Davison y William
Rees-Mogg se hicieron notar con: *El gran cálculo: protéjase
en la depresión que se viene (The Great Reckoning: Protect
Yourself in the Coming Depression)*. Y después conti-
nuaron con *Sangre en las calles: ganancias con inversiones
en un mundo loco (Blood in the Streets: Investment Profits
in a World Gone Mad)*.

Y así más y más.

"Pero podría darse una situación que usted no debe descartar, aunque esté desacostumbrado a que las cosas pueden mejorar"—escribí en este espacio en 1983—"y es que,
esta década podría ser—lo que Paul Volcker llamó: el re-
flejo de la pasada: precios de la energía que caen, inflación
que baja, tasas de interés que bajan, productividad en suba,
sueldos que suben realmente, más empleo. No es un secreto
de que no estoy tan convencido de esta visión tan optimista.
Al menos creo, que hemos tendido una base tecnológica
que nos pone potencialmente al borde de una prosperidad
sin paralelos."

Y todavía creo en eso.

La trampa es que—con el mercado de valores de los
Estados Unidos 12 veces más alto desde 1983—uno no
debería esperar, ni cercamente, el mismo tipo de ganancias,
por los próximos 15 años.

Sermón

Ya sea que elija fondos mutuos o se meta directamente en
la bolsa, los bonos o cuentas de ahorros; ya sea que esté
resguardando sus inversiones a través de un plan Keogh o

una cuenta IRA; y sea que gaste ahora o ahorre para gastar más tarde—usted encontrará que, bajo la ética norteamericana imperante, nunca tendrá suficiente.

D. H. Lawrence, escribió hace años una historia maravillosa llamada "El caballito-hamaca ganador" ("The Rocking-Horse Winner"). Y en él decía: "Aunque vivían con estilo, siempre podía sentirse ansiedad en la casa. . . . Siempre estaba esa sensación desgastante de que faltaba dinero, aunque su estilo nunca había bajado. . . . Y así la casa quedó impregnada de la hostigante frase nunca dicha: ¡Tiene que haber más dinero! ¡Necesitamos más dinero! Los niños podían escucharla todo el tiempo, aunque nunca nadie la decía en voz alta. La escuchaban en Navidad, cuando regalos espléndidos y caros llenaban la habitación. Detrás del moderno y brillante caballito-hamaca, detrás de la casita de muñecas, una voz susurraba: ¡Tiene que haber más dinero! ¡Necesitamos más dinero!"

Uno de los niños comenzó a jugar a las carreras caballos. Poco tiempo después, en liga con el jardinero, había logrado convertir unos centavos en una pequeña fortuna. El niño arregló todo, para que su madre, anónimamente, recibiera ese dinero. "Entonces algo raro sucedió. Las voces en la casa se volvieron locas, como los coros de ranas en la noche de primavera." Se pagaron las deudas, y se compraron abundantes lujos, "sin embargo las voces . . . simplemente resonaban y gritaban en una especie de éxtasis: '¡Tiene que haber más dinero! ¡Necesitamos más dinero! ¡OOOhhhh, tiene que haber más dinero! ¡Oh, ahora . . . ahora! ¡A-h-o-r-a tiene que haber más dinero! ¡Más! ¡Más! ¡Más que nunca!' "

Más nunca es suficiente. Pero tiene que haber una salida para alguna gente, una manera de poder vivir feliz y contento, sea que usted herede un millón de dólares o no. El siguiente pasaje de *Stone Age Economics* de Marshall Sahlins sugiere:

Según el entendimiento general, una sociedad afluente es una sociedad en la cual los deseos materiales de la gente, pueden satisfacerse fácilmente. . . . (pero) pueden haber dos caminos posibles hacia la abundancia. Los deseos pueden ser "fácilmente satisfechos" ya sea produciendo mucho, o deseando poco. El concepto familiar, a la manera de Galbraith, hacen esta hipótesis particularmente apropiada para la economía de mercado: los deseos de los hombres son grandes, por no decir infinitos; mientras que sus recursos son limitados, aunque mejorables: por lo que el abismo entre los deseos y los recursos puede achicarse mediante la producción industrial. . . . Pero, también hay un camino Zen hacia la abundancia, que parte de premisas algo distintas que las nuestras: los deseos materiales de los hombres son pocos y finitos, lo que técnicamente significa lo mismo, y en un todo, es muy adecuado. Adoptando la estrategia Zen, una persona puede disfrutar una plenitud material sin paralelos, con un bajo estándar de vida.

O como dijo un amigo mío una vez: "Es igual de fácil vivir bien cuando eres pobre que cuando eres rico, pero cuando eres pobre, es mucho más barato."

Esto no es una promoción para el budismo, acetisismo, espartanismo, o la pobreza en general. A mí, por ejemplo, me gusta vivir mejor cada año. De hecho, yo pienso que la felicidad reside más de hacia dónde uno va que en cuánto posee uno. Lo cual es una razón valedera para ahorrar algo cada año, en lugar de ver cómo se le va escurriendo su valor neto; y es una razón valedera para adquirir las cosas finas *de a poco,* no sea que llegue el día en que no pueda pagarlas. Para recordar: cuando se prueba el lujo, se vuelve una necesidad. No está tan mal vivir en un piso bajo, hasta que usted tiene una vista panorámica.

Por último, cómo usted gaste o invierta su dinero, no depende tanto de los radios precio/ganancia o de las tasas de los dividendos; sino en esas grandes preguntas, siempre latentes, pero nunca preguntadas: ¿Quién soy? ¿Qué quiero de mi vida? ¿Es el dinero el medio para ese fin?

Se requiere una buena medida de conocimiento propio para elegir las inversiones correctas. Frecuentemente se dice, que muchos pequeños inversores del mercado, sin saberlo, secretamente, quieren perder. Se meten con gran entusiasmo—pero sintiéndose vagamente culpables. Culpables por "jugar" con el dinero de la familia, culpables por jugar a todo o nada, o culpables por meterse en algo de lo que no saben mucho, no investigaron ni analizaron demasiado. Entonces se castigan a sí mismos por estos u otros pecados, vendiendo, desmoralizados, con pérdida.

De todas maneras, sea que secretamente lo quieren o no, muchos inversores, al no poder ver el valor y mantenerlo pacientemente, pierden. Si este libro le ahorró $1,000 dólares al año en vino (en cajas, en oferta), en seguros de vida y cargos financieros, en comisiones de agentes (saltando menos veces y con un agente de gran descuento), en cartas de inversión (no subscribiéndose a ellas) y en impuestos (especialmente con los planes Keogh o las cuentas IRA), voy a estar muy contento. Pero si lo salvó de quemarse en la bolsa, o en una "inversión de éxito asegurado" que alguien quería venderle, ¡voy a estar deleitado!

(De paso, quiero decirle que, escuché que el peso mexicano está muy fuerte ahora, y que se pueden conseguir unas tasas buenísimas en la frontera sur.)

Apéndices

"No tengo la menor idea de cuál es mi tasa de interés" dice Suzanne Carver, un ama de casa de Chicago, mientras que manotea en su cartera para buscar su tarjeta de crédito. "Aquí no dice nada. Bueno, mientras pueda comprar cosas con ella ¿qué me importa?"

—The Wall Street Journal
19 de marzo de 1987

Ganando el 177% con Bordeaux

Este ejemplo evolucionó en cierta forma. La primera vez que lo usé fue en 1978, en el *Tonight Show*. Supongamos que usted compra una botella de tinto de $10 dólares para cada cena del sábado, pero podría ganar el 10% al comprar el vino por caja. "Ganar" ese 10% le cuesta gastar dinero extra. Y "gana" ese 10% en sólo 12 semanas—un botella por semana por doce semanas = 1 caja de vino—lo que sería "inclusive mejor que un 40% de devolución anual".

No expliqué *cuánto* mejor. Porque me imaginé que el 40% era suficientemente impresionante. ¿Dónde más, acaso, puede usted ganar el 40% libre de impuestos?

Pero según pasaron los años, me dí cuenta que la gente no entendía este pequeño truco, que tanto me caracteriza. ¿Cómo logro el 40% con el 10% de descuento?

Por eso traté de explicarlo con más detalle. Lo que sucede—expliqué—es que en vez de ir al negocio y pagar $10 dólares por una botella, usted paga $108 dólares por 12 botellas—es decir $120 dólares menos el 10% de descuento. Lo que también quiere decir que usted paga $98 dólares más que al comprar sólo una botella. Esos $98 dólares extra son su "inversión". Al inmobilizar ese dinero extra por un año, usted ahorra $1 dólar por semana en vino— o sea $52 dólares anuales. Y "ganar" $52 dólares anuales por inmobilizar $98 dólares, es una ganancia del 53%.

Asi que ahora llegaba a un 53%, y—aún mejor—libre de impuestos. Esto confundió a la gente aún más. Los $98 dólares ya se fueron—me decían—y ahora hay que gastar otros $98 dólares en la próxima caja de vino.

Pero piense, si usted fuese la persona que planea gastar $10 dólares por semana en vino—$520 dólares anuales— y a quien le hubiese *encantado* ahorrar el 10% al comprar por caja, pero no tenía el dinero para hacerlo. ¿Qué financiación hubiese necesitado?

¿Tendría que ir a un banco y pedir un crédito de $400 dólares para poder cambiar sus hábitos de compra? No, tendría que pedir un préstamo de $98 dólares—que sólo serían $98 dólares completos por la primera semana. Después, podría ir pagando ese crédito a $10 dólares por semana (los mismos $10 dólares que hubiese gastado en la botella de vino). Lo que significa que, después de 12 semanas, cuando usted necesitase comprar otra caja de vino, no sólo habría devuelto los $98 dólares, sino que tendría $12 dólares más (los que ahorró comprando por caja). Así que ahora retirando $86 dólares de su línea de crédito de $98 dólares, tendrá otra caja de vino que durará otras 12 semanas.

En otras palabras: para financiar este cambio de hábito en sus compras, necesita un crédito límite de $98 dólares. Pero usted sólo saca esos $98 dólares la primera semana. En diez semanas los re-paga; vuelve a sacar $86 dólares la 13° semana para comprar otra caja de vino, los cuales re-paga en 9 semanas; lo cual hace que sólo necesite $74 dólares para comprar su próxima caja—y así sucesivamente. En promedio, a través de un año, usted está usando mucho menos que $98 dólares para financiar el cambio de hábito en sus compras.

Lo que quiere decir que la ganancia por haber detenido los primeros $98 dólares, y gradualmente menos y menos, es en verdad mucho más que el 40 o el 53%.

Si mi amigo Less Antman entró bien estos datos en su calculadora financiera Hewlett Packard—nunca le conocí un error—termina siendo el 177% anual de devolución. (Trate de explicar *eso* en 40 segundos en el *Tonight Show*.)

Igual son $52 dólares los que usted gana—$1 dólar por semana al obtener el 10% de descuento. Pero aplicado a todas sus compras, puede llegar a ser "la mejor inversión" de su portafolio.

El siguiente paso: encuentre el vino de la cosecha que a usted le guste, pero que cueste $8 dólares la botella.

¿Cuánto seguro de vida necesita?

Si usted es soltero, sin dependientes, no necesita mucho—lo suficiente para pagar su entierro, y pagar sus pocas deudas póstumas—o nada. Venderle seguros de vida a los estudiantes universitarios tiene tan poco sentido como venderle hielo a los esquimales. Con el detalle que se venden más seguros que hielo.

Si usted está casado, con una esposa irremediablemente incompetente, una historia familiar de ataques cardíacos y una horda de niños, usted debería comprar un buen seguro de vida. No tan bueno si su esposa tiene un ingreso confiable. Todavía menos bueno, si tiene menos niños y esos niños tienen abuelos ricos y generosos. Y todavía mucho menos si esos niños ya crecieron.

Si usted es muy rico, no necesita un seguro de vida para nada. Un seguro, únicamente le ayuda a tener liquidez para lograr su patrimonio. Si usted *vive* como un rico porque tiene grandes ingresos, pero no posee más que su mazo de tarjetas de crédito y unos buenos abrigos, va a necesitar un gran seguro, para no exponer a sus dependientes a conocer el peor lado de la vida una vez que usted se haya ido.

Idealmente lo que usted necesita es, suficiente seguro como para que, combinado con cualquier patrimonio que usted tenga, sirva para pagar lo que llamaremos eufemísticamente, "sus últimos gastos"—gastos médicos póstumos que no están cubiertos por otro seguro, gastos de funeral, emergencias postmortem, como la enfermedad del esposo sobreviviente, pago de cuentas—y lo suficiente también para reemplazar el ingreso que usted traía a la casa. Así, al menos financieramente, no lo van a extrañar.

Por supuesto, no se trata de suplir todo su ingreso, sino sólo la porción, que usted traía a su casa, una vez descontados los impuestos. Y ni siquiera tanto, porque una vez que usted se vaya, habrá una boca menos que alimentar, un boleto menos de teatro que comprar. Y eso sin mencionar el ahorro en los pagos de un segundo auto o los gastos de boletos de tren u ómnibus para ir al trabajo, pagos a los médicos o dentistas, pérdidas de juego, regalos, contribuciones de caridad, ropa, tintorería, el servicio de Internet, crema de afeitar—y el gasto de los cigarrillos que finalmente lo mataron. Sus sobrevivientes van a necesitar un 75% u 85% de los que ahora usted trae a casa, para poder sobrevivir tan bien, o casi tan bien como antes. Así que si usted gana $38,000 dólares por año y lleva realmente a su casa $30,000, su familia se va a poder mantener en el mismo nivel de vida con $22,000 o $25,000 dólares por año.

Para calcular sus necesidades de seguro, imagínese qué necesitarían sus herederos si usted se muriese esta tarde. Haga lo mismo para su pareja y sus necesidades. Un cálculo típico sería el siguiente:

1. Imagínese qué y cuánto van a necesitar reemplazar sus herederos si usted se muere. Para la mayoría de las familias este número ronda el 75% del ingreso que lleva a su hogar. Si usted no tiene ningún ingreso, sino que se pasa 80 horas semanales cocinando, limpiando, cuidando a los chicos y haciendo compras, calcule cuánto costará remplazarla(o).

2. Reste los beneficios de Seguridad Social que su familia espera recibir. Los beneficios exactos dependen de cuán grandes fueron sus ingresos mientras que estaba vivo y, también de cuándo usted entró en el sistema. (Irónicamente, una viuda de 23 años va a recibir más beneficios que la viuda de un hombre que le estuvo pagando al sistema por décadas.) Vaya a la página 201 para tener un panorama claro de cómo funciona esto.

3. El resultado de esa resta—si es que da una diferencia— es la "falta de ingreso" que usted quiere que el seguro le cubra. Pero ¿durante cuánto tiempo? Eso depende de la edad de sus hijos y su esposa, y si usted espera que su esposa vuelva a casarse. Elija un período de tiempo en

la siguiente tabla y multiplique la "falta de ingreso" por el número que figura a la derecha. El resultado, es la cantidad de seguro que debería durar la cantidad de años que usted eligió, si se invierte razonablemente, y si se mantiene paralelo al nivel de la inflación. Por ejemplo, para proveer $10,000 adicionales por año durante 25 años, multiplique $10,000 por 18 = $180,000.

	Multiplique por:*
5 años	4.7
10 años	9
15 años	12
20 años	15
25 años	18
30 años	26

4. Deje también cierta suma de reserva para los gastos del funeral, enfermedades familiares producidas por la pena, el pago de deudas que lo preocupan—es decir la mitad de su ingreso anual y nunca menos de $15,000 dólares.

Ahora ya sabe cuánto seguro necesita. Pero ¡momentito!

5. Reste cualquier patrimonio que usted haya amasado, como cuentas de banco, acciones, bonos, inclusive ahorros de jubilación (también cualquier pensión o beneficio que vaya a dar su trabajo). Reste aún más si existe algún abuelo rico que vaya a ayudar, o cuya riqueza pasará eventualmente a su familia. Reste también el valor del seguro de vida que le da su trabajo—pero acuérdese de reemplazarlo si usted cambia de trabajo y, en el caso de una enfermedad terminal que lo fuerce a dejar su trabajo, inmediatamente opte por continuar pagando la póliza usted mismo (lo cual es bien caro).

---

* Esto supone que sus herederos podrían invertir el dinero para ganar un 3% ya descontados los impuestos y la inflación. Si usted piensa que podrían ganar más, usted necesita menos seguro—pero seguramente no está siendo muy realista. Es más, el 3% que yo calculé, es, si lo quiere, optimista.

6. Redondee a los $25,000 o $50,000 más cercanos, y ahí está su respuesta. Si le parece una suma desmedida, acuérdese que usted puede estirar su cobertura comprando un seguro a término (term insurance) en lugar de un seguro con valor de rescate (o universal [whole life]), y comparando precios con mucho cuidado (vea las páginas 27–29). Acuérdese también que es posible que su pareja vuelva a casarse; también podría trabajar, y una vez que sus hijos crezcan, también *ellos* podrán contribuir para la manutención. Es más, es muy posible que su familia sea igual de feliz con un nivel de vida más modesto que el que ahora tiene.

¿Cuánto Seguro Social recibirá?

Una encuesta muy publicitada efectuada en 1994, arrojó como resultado que, la mayoría de la gente joven creía más en los OVNIS que en la posiblidad de poder recibir algo como devolución de sus pagos a la Seguridad Social. Ese punto de vista es extremo, pero muy saludable—dado que significa que no están contando con el Tío Sam para poder retirarse.

Cuando se lanzó la Seguridad Social en los años 30, 40 personas trabajaban por cada persona que recibía beneficios. Pero luego algo raro pasó. La gente empezó a vivir más años. Y a tener menos hijos. Hoy, sólo tres personas trabajan por cada jubilado. Cuando los Baby Boomers (gente que después de la guerra tuvo muchos hijos) comiencen a retirarse, la proporción será de dos a uno. Al mismo tiempo, el Congreso va a seguir subiendo los beneficios.

Con los impuestos sobre los salarios ya por los cielos, algo va a tener que cambiar. Dos cosas van a tener que ceder: (1) la edad para retirarse con todos los beneficios sociales va a tener que subir (ya mismo se inclina a subir de 65 años a 67 años gradualmente, comenzando en el año 2003), y (2) la suma que usted pueda quedarse va a tener que disminuir, a menos que realmente la necesite.

El subir la edad para tener todos los beneficios sociales pasados los 67 años (y tal vez tener 67 años antes del 2027 como estaba planeado) asegura beneficios para la gente que es realmente vieja—los crecientes millones de octagenarios y nonagenarios, o más viejos aún que, si no aportaron adecuadamente para su retiro, simplemente no se pueden mantener. Políticamente, es el cambio más atrayente, porque no afecta a nadie por largo tiempo.

Encojer los beneficios será menos agradable, pero igualmente necesario. La Seguridad Social nunca intentó ser un plan de jubilación total. Se creó para la protección de aquellos que, ya sea por mala suerte, por mal planeamiento—o por la buena suerte de vivir largos años—no ahorraron lo suficiente para automantenerse en sus últimos años. Se creó para salvar a los ancianos de morir de hambre, no para proveer un estilo de vida de clase media de 1990. Y hasta 1966—cuando recién se agregó Medicare al sistema—tampoco proveía beneficios médicos.

El Congreso, con el fin de conseguir votos, fue periódicamente generoso y fortaleció los beneficos. Esto hizo que muchos que aportaron a la Seguridad Social con sus impuestos, pensaran que ahora tendrían una buena jubilación, cortesía del Tío Sam. Pocos jubilados son conscientes de qué buen trato tienen hecho. En realidad, la mayoría de la gente hoy, cree que los jubilados reciben muchísimo menos dinero del que aportaron al sistema. Pero eso nunca fue cierto.

El primer cheque de Seguridad Social, por $22.54 dólares, fue pagado en 1940 a una mujer de Vermont que había pagado $22 dólares en impuestos a la Seguridad Social. Cuando ella murió a los 100 años, en 1974, ella había recibido $20,944.42 dólares. Es un ejemplo extremo, pero la verdad es que la gente promedio que se retira a los 65 años hoy, recibe todo el dinero que pagó a la Seguridad más los intereses, a los 71 o 72 años. "Después de eso"—dijo Paul Hewitt—un experto en presupuestos de la Unión nacional de pagadores de impuestos—a la revista *Times* "usted depende de beneficencia."

De acuerdo con el Servicio de investigaciones del Congreso, la persona promedio que se retiró en 1980 recibió todo lo que él y su empleador pagaron a la Seguridad Social (¡incluyendo un ajuste por intereses!) en menos de tres años.

Así que el trago duro de pasar para los abuelos de hoy es que, tan bajos como parezcan los beneficios de la Seguridad Social, en verdad son un buen negocio.

El concepto hoy es privatizar la Seguridad Social. Que todos ahorren por su cuenta, y así les va a ir mejor. Y sin duda nos moveremos en esa dirección, o hacia ese tipo de esquema—más confianza en las IRA, menos en los cheques de la Seguridad Social. Pero eso presenta dos grandes problemas. Primero: ¿Qué hacer con los que no invierten inteligentemente? ¿O con los que viven más que los demás? (No hay necesidad de que *todos* ahorren tanto como para llegar a los 103 años; pero ¿y si usted *llega* a los 103 años?) ¿Los dejará usted morirse de hambre en la calle? Segundo: ¿Cómo hacemos la transición de una Seguridad Social pública a una privada? Está bien que los trabajadores de hoy digan: "¡Simplemente dejen de descontarme FICA* de mi sueldo y yo voy a proveer para mí mismo!" Pero ¿Quién va a proveer a los millones de ancianos americanos que subsisten gracias a la Seguridad Social?

El hecho es que—como sea que se vaya a llamar cuando usted se retire—es casi seguro, que algún tipo de Seguridad Social va a seguir existiendo. Pero los beneficios que paga, especialmente a ellos que no los necesitan, van a ser más bajos aún que hoy. Sea como fuera, es bueno que esté pensando ahora en su retiro, y que comience a juntar ¡ya mismo! en su cuenta IRA, su Plan Keogh, su plan de ganancias compartidas en el trabajo, y encima de eso, en dos o tres muy bien seleccionados fondos mutuos del mercado de valores, sin pago de comisión (no-load funds) y de bajo mantenimiento.

Habiendo dicho esto, usted puede tener una buena idea de los beneficios que recibirá cuando se retire, muera o quede deshabilitado, viendo lo que serían ahora mismo. En dólares reales, en verdadero poder adquisitivo, es una apuesta segura que los pagos no aumentarán (¿Cómo podríamos pagarlos?) ni tampoco disminuirán demasiado (el Congreso no lo permitiría).

Los beneficios de la Seguridad Social dependen de cuánto haya pagado usted al sistema. Es más, en el caso de beneficios por muerte, el pago al cónyuge sobreviviente de-

---

* Nota de la traductora: FICA (Federal Insurance Contributions Act) impuesto que se descuenta a los sueldos para el Sistema de Seguridad Social en Estados Unidos.

penderá en parte de la edad a la que usted murió y la composición de su familia. Así que los ejemplos que se muestran aquí son una burda guía de lo que usted puede esperar.

Ejemplos de los beneficios anuales de la Seguridad Social de hoy

Beneficiario	Promedio	Alto Pago
Trabajador que se retira a los 65 años sin dependientes	$10,500	$15,000
Trabajador que se retira a lost 65 años, con cónyuge	$16,500	$23,000
Trabajador deshabilitado sin dependientes	$ 8,500	$17,500
Trabajador deshabilitado con dependientes	$14,000	$26,000
Viuda o viudo a los 65 años	$ 8,500	$16,000
Viuda o viudo con 2 o más niños	$17,000	$32,000

El pago promedio es el pago más bajo, y el alto pago, será para alguien que constantemente excedió el máximo imponible de impuesto de la Seguridad Social. En 1965, el tope era $4,800. En 1998 subió a $68,400.

Para calificar para recibir beneficios, nadie necesita crédito de más de 10 años de trabajo cubierto por la Seguridad Social. El largo del crédito requerido (años aportados) comienza desde 1½ años para gente deshabilitada, o que murió a los 20 años.

Si a usted le quedan muchos años hasta que se jubile, no confíe en estos cuadros de pagos. Ecriba o llame a cualquiera de las 1,300 oficinas de Seguridad Social del país y pida el libro y los formularios que le ayudarán a tener un cálculo más preciso.

Unas pocas palabras sobre nuestra deuda nacional

Primero las malas noticias. El día que Washington comenzó a felicitarse a sí mismo para haber equilibrado el presupuesto, todavía teníamos un déficit en exceso de más de $100 mil millones de dólares. Y eso por cómo contabilizamos el Social Security Trust Fund, y otros fondos más chicos. *El excedente de los impuestos por Seguridad Social que deberíamos estar apilando para nuestra vejez, el Tío Sam lo contabiliza como "ingreso".* Estamos gastándolo, no ahorrándolo. Se espera que el excedente de Seguridad en 1998 sea de alrededor de los $100 mil millones de dólares. O sea, que cuando escuche la cifra de un presupuesto federal, réstele $100 mil millones de dólares. Entonces, en cuanto escucha un número del presupuesto, reste $100 mil millones. Si escucha que se equilibró el presupuesto, entonces usted sabrá que tenemos un déficit de $100 mil millones de dólares. ¿50 mil millones de excedente? No, $50 mil millones de *déficit* o descubierto.

Pongamos como ejemplo el presupuesto de su hogar. Usted gasta $1,000 dólares por semana. Usted trae a su casa semanalmente $940 dólares—más $60 dólares que su hija le da para que guarde. Ella está ahorrando para poder pagar la universidad. ¿Diría usted que su presupuesto está equilibrado? Usted recibe $1,000 dólares por semana y gasta $1,000 dólares por semana. Sin embargo, está claro que usted tiene un déficit de $60 dólares semanales, y se está apropiando de $60 dólares semanales de su hija. Unos 3,000 dólares por año.

Luego, llega el día en que su hija le presenta la cuenta de Dartmouth, esperando que usted la pague con todo el dinero que ella juntó cortando el pasto, cuidando bebés, y diseñando Web Sites.

En el caso del Tío Sam no son $3,000 dólares, sino más de $100 mil millones de dólares. (Sin embargo es el 6% más o menos de los ingresos anuales.)

Un poco más de malas noticias es que, cuando logramos un presupuesto equilibrado en 1998—es decir llegamos a $100 mil millones de déficit—lo hicimos en una economía próspera. Imagínese lo que sería el déficit en una recesión.

Así, antes de que se apure a gastar cualquier exceso, tenga presente—y dígaselo a sus amigos también—que no hay realmente ningún exceso.

¿O sí hay?

Ahora las buenas noticias. *Dada la manera en que el Tío Sam contabliza lo que cualquier negocio llamaría "gasto del capital", las cosas tal vez no sean tan malas como se ven.*

Cuando un negocio compra una máquina o un condado construye una calle, el costo se amortiza durante la vida de esa máquina o esa calle. (Esto es una simplificación al extremo, pero es la idea general.) Cuando el Tío Sam compra una máquina o paga casi todo el costo para construir una calle, "gasta" toda la suma ahí mismo, tal como si estuviera pagando la cuenta de teléfonos.

Así que la manera en que contabilizamos el exceso de Seguridad Social es igual al ejemplo en el que estafábamos a nuestros hijos—gastando dinero que deberíamos estar ahorrando. De la misma manera nos estafamos a nosotros mismos a *su* favor, considerando como gasto el costo de proyectos que los beneficiarán a ellos en años futuros.

(Imagínese el presupuesto de su hogar. Si usted "gastó" $195,000 dólares un año—la mayoría de los cuales eran prestados—para comprarse una casa, y usted ese año sólo ganó $60,000 dólares. ¿Diría usted que tiene un gran déficit? El Tío Sam sí.)

Está perdonado por preguntarse porqué no hacemos bien la contabilidad.

¿Por qué no descontar el exceso de Seguridad Social de los números del presupuesto? Y ¿porqué no cobrar en años futuros una buena proporción de las inversiones de capital que estamos haciendo, como otros negocios harían? ¿Hola? ¿Me escucha?

La primera parte—excluír los excedentes del fondo fiduciario de los ingresos del presupuesto—sería fácil. Pero, como ya se lo imagina, la segunda parte sería difícil. Claramente, construir una calle o un puente es una inversión. ¿Y qué tal comprar un tanque o un avión caza? ¿Y los fondos para educación? ¿Y el basketball de medianoche? Todas estas son inversiones para el futuro. (La meta no es el partido de basketball en sí mismo, sino guiar a los niños a ser ciudadanos productivos, que trabajen y paguen impuestos, en vez de que sigan el camino hacia la penitenciaría a través del crimen, lo cual *absorbe* impuestos.) Sin embargo ¿dónde termina todo esto? Uno sólo puede imaginarse al Congreso extremadamente tentado por lo atractivo de esta cuenta. ¿Podrían los gastos de educación pagarse a través de cincuenta años en vez de ser "gastados" todos de golpe? Ya puede usted vislumbrar la riña que sería eso.

Así que, de una extraña manera, nuestra irresponsable cuenta de Seguridad Social se equilibra más o menos por nuestra manera conservadora de gastar el capital.

De alguna manera, se podría argüir, nuestra acumulación de deuda nacional—la suma de todos los déficit de presupuestos anuales que tuvimos, que llega ahora a $5.5 billones de dólares—es como la deuda a largo plazo de una compañía que hizo inversiones para el futuro. Es más grande de lo que nos gustaría—un poco menos del 70% del total bruto de nuestro Producto nacional—pero no es insoportable, de ninguna manera. Ha llegado a estar más alta, y también más baja.

Especialmente en tiempos prósperos, deberíamos remar contra la corriente y tratar de bajar esa proporción del 70%. Reduciéndola gradualmente hasta el 30%—como estaba antes de empezar la guerra del Vietnam—podría beneficiar nuestra salud fiscal. Pero he aquí el punto que muchas personas no ven: es el tamaño relativo de la deuda lo que importa, no la cantidad verdadera de dólares. Una deuda de $100 millones de dólares hundiría a la mayoría de las pequeñas empresas, pero no le haría nada a una compañía como Intel. Nuestra deuda interna de $5.5 billones de dólares ahogaría a Alemania o a Francia, pero no es el fin del mundo para nosotros. Es en la proporción del 70%, no en los $5.5 billones de dólares, donde realmente debemos enfocarnos y tratar de reducir.

Si llegáramos a los $110 mil milones de dólares de déficit este año—con honesta contabilidad de los excedentes del fondo fiduciario—agrandaríamos nuestera deuda nacional un 2%. Pero, si al mismo tiempo la economía crece un 5%—digamos un 2% de inflación y un 3% de crecimiento real—entonces la deuda nacional en realidad se habrá *encogido* en relación al todo de la economía. Si esto se mantuviera por 50 años—el 2% de crecimiento de la deuda, y el 5% de crecimiento de la economía—tendríamos una economía de 90 billones de dólares y una deuda de 15 mil millones de dólares. Punto en el cual la deuda, muy lejos del 70% del total bruto del producto nacional, sólo llegaría al 17%.

Esto no quiere decir que no es importante tener "un presupuesto equilibrado", no importa cuán raramente esté calculado. Pero le da a uno una visión más optimista de los asuntos fiscales.

Mucho más importante que llegar a cero de déficit, o que ir pagando nuestra deuda, es hacer que tenga sentido el dinero que damos para préstamos. Los martillos de $600 dólares no entran. Pagarle servicios sociales a quien no los necesita, sólo crea dependencia y baja el amor propio; y los proyectos innecesarios merecen ser vedados.

En los años de altos ingresos por impuestos y bajo desempleo, deberíamos ir pagando la deuda. Pero la mayoría de los años, es suficiente con que la deuda vaya creciendo más despacio que la economía como un todo.

Bromas financieras para fiestas y cócteles que lo harán sentirse astuto

1. Si usted tiene todas sus inversiones hechas (o quiere pretender que así es), usted puede decir: "Apuesto a que el "Fed" va a aflojar." Eso significa que usted piensa que el Consejo de Reservas Federales va a aflojar las tasas de interés, dejándolas que caigan y, de esa manera, que el mercado bursátil suba. Si este comentario es consenso con la opinión general, usted va a parecer una persona *au courant* (al tanto de todas las cosas); de lo contrario, usted parecerá una persona astuta de pensamiento independiente. No importa qué es lo que el "Fed" esté haciendo en verdad, o cuán poco sepa usted del tema o cuánto le importe, en general, que usted tenga una opinión, es impresionante. Si alguien quiere presionarlo a cambiar de opinión, muéstrese incómodo—lo que no será difícil dada la situación—y agregue de manera misteriosa: "Perdóneme pero prefiero no discutir esto ahora."

2. Si usted sigilosamente trató de evitar el tema bursátil, pero alguien le pregunta en qué está usted ahora, bien puede contestar: "Mira Bill, mi mente no está en las acciones últimamente. Sé que podría estar perdiéndome unas buenísimas oportunidades, pero estoy más contento quedándome con los municipales." Este comentario será tomado como una muestra de falsa modestia—se va a suponer que usted sabe de acciones—y a la vez, va a indicar que usted es una persona rica y que su categoría de pago de impuestos es de las más altas. Todos lo van a envidiar.

3. O también: "En verdad Phil, me la pasaba jugando en el mercado hasta que me dí cuenta cuánto tiempo pasaba en ello, entre las llamadas de mi agente, el revisar todos los precios para poner mi portafolio al día, barajando la compra—venta de acciones para salvar algunos impues-

tos. Después de que Dow llegó a los 9300 a mitades de marzo del 98, saqué mis ganancias y salí de todo eso. Decidí que mejor paso más tiempo con mis hijos." Seguro que este comentario va a hacer que Phil se sienta culpable.

4. Si alguien está perorando filosóficamente sobre el mercado, usted puede decir: "El gran error que comete el público es prestar atención a los precios en lugar de a los valores." Si el comentario produce el alza de todas las cejas presentes, porque esa es la cosa más seria que usted jamás dijo, continúe: "Charlie Dow dijo eso al terminar el siglo (lo cual es cierto), y es tan verdad ahora como lo era entonces (lo cual también es cierto)."

5. Si alguien está jactándose de acciones que están agrandadas, usted bien puede decir: "¡Guau! Eso es maravilloso. Me parece que es el momento de "comprar en corto".

6. Si usted ya está harto, puede decir: "¡Oh! ¡Una Hetty Green!" Es muy posible que su compañero no tenga la menor idea de quién es Hetty Green. ("La bruja de Wall Street" murió en 1916, dejando $100 milllones a niños que la odiaban.) Pero si sus puños se cierran, en señal de que él sí sabe sobre Hetty, muestre una gran sonrisa y diga: "Es una broma, Phil, sólo una broma."

Agentes de bolsa de descuento selectos

Lo que se paga en comisiones varía—busque la que más le convenga para el tipo de negocio que usted hace. También compare el servicio: ¿Hay margen disponible? ¿Con qué tasas? ¿Qué descuentos y opciones hay disponibles? ¿Cuánto tiempo lo dejan esperando en el teléfono en los días de trabajo febril? ¿Tiene una oficina donde usted pueda ver a una "persona de verdad" (si es que usted quiere eso), o todo se hace por teléfono y por correo? ¿Qué tipo de operaciones se pueden hacer con un teléfono con botones? ¿Qué tipo de conexiones con ellos hay disponibles por medio su computadora (ordenador)? ¿Acaso la firma va a guardar sus títulos para usted? ¿Le enviarán páginas S&P?* ¿Toman órdenes y le dan información sobre su cuenta 24-horas-por-día? ¿Le permiten escribir cheques contra el valor de sus títulos?¿Puede telegrafiar dinero de su cuenta a pedido?¿Le dan gratuitamente los valores de las acciones?¿Compran fondos mutuos para su cuenta? ¿Gratis?

Ameritrade   (800) 669-3900
Charles Schwab & Co.   (800) 435-4000
E*Trade   (800) 786-2575
Fidelity Brokerage   (800) 544-8666
Kennedy Cabot   (800) 252-0090
Jack White   (800) 233-3411
Muriel Siebert   (800) 872-0444
National Discount Brokers   (800) 417-7423
Quick & Reilly   (800) 221-5220
Vanguard Discount Brokerage   (800) 992-8327
Waterhouse Securities   (800) 934-4410

---

* Nota de la traductora: S& P significa los índices Standard & Poor's 500 Index y Standard & Poor's Major Regional Banks.

Fondos mutuos selectos

La manera más simple de sobrepasar a la mayoría de los amateurs y profesionales la mayoría de los años—especialmente después de haber considerado los impuestos (vea la página 212)—es comprar un fondo indicador (index fund) con gastos proporcionalmente muy bajos, como uno de los fondos Vanguard descritos abajo. Mejor aún, que sean *dos* fondos indicadores: uno que invierta en acciones en Estados Unidos, y otro que invierta en el extranjero.

Si piensa en ello, simplemente con una llamada gratis—¿no es increíble?—y un hábito constante de inversiones periódicas, usted puede prepararse para sobrepasar a la mayoría de los administradores profesionales de dinero, y la mayoría de la gente que usted conoce, por el resto de su vida.

¿Quién dijo que invertir tiene que ser complicado o debe consumir mucho tiempo?

Dejando eso dicho, aquí van unas ideas. Por favor, sepa que yo no tengo conexión alguna con ninguna de estas firmas. Son una simple sugerencia. Al no mencionar ninguno de otros miles de fondos disponibles, estoy omitiendo, sin duda, algunos que serían estupendos (¡ojalá supiera cuál!). Pero inundarlo de alternativas es contraproducente. Lo que usted necesita es un puñado de buenas alternativas y después, simplemente, *empiece*.

He aquí cuatro familias de fondos con filosofías claras que van a durar más que cualquier administrador específico, con sólida reputación de integridad, y bajos gastos. Son buenas elecciones de inversión por varias décadas. Permiten cambiar fácilmente entre varios de sus fondos (pero no entre las familias mismas de fondos—para eso deberá utilizar los servicios de un agente de descuento en vez de operar directamente con familias de fondos—vea las páginas 177–78).

Vanguard (800-662-7447). John Bogle fundó este grupo en 1974 con la clara intención de ser el proveedor de bajo costo en el campo de los fondos mutuos. Y tuvo un éxito brillante. La proporción promedio de gastos de los fondos Vanguard es menos de la mitad que la de los segundos finalistas. Si tiene un mínimo a invertir de $3,000 dólares, aquí es a dónde debe ir para comprar un fondo indicador (index fund). El Vanguard Total Stock Market Index Fund posee prácticamente todo el mercado bursátil norteamericano. El Vanguard Total International Index Fund hace lo mismo para el resto del planeta. Además de sus muchos fondos nacionales y fondos indicadores internacionales, administran activamente fondos de bajos gastos.

Tweedy, Browne (800-432-4789). Esta organización comenzó como una sociedad asesora de inversiones en 1920, y tuvo como cliente al mismísimo Deán de las inverisones, Benjamín Graham. Los socios aprendieron de Graham los principios de la inversión de valores y los practicaron para sus clientes particulares por décadas, antes de formar un par de fondos mutuos en 1993—*Tweedy, Browne American Value Fund y Tweedy, Browne Global Value Fund*—para brindar su experiencia al público en general. Ellos compran acciones a la manera antigua: buscan las mejores oportunidades que se dan. Sus dos fondos tienen dos caractereisticas que se ven muy poco juntas: resultados por encima del promedio, y volatilidad por debajo del promedio. Injertando los resultados de estos fondos a las ganancias que dan sus cuentas privadas antes de ese punto, muestra una impresionante ganancia promedio del 20% a través de un cuarto de siglo. Mientras que su "beta" (vea el capítulo 9) es alrededor de 0.5. Otro lindo toque, es que la riqueza personal de los socios está virtualmente toda invertida junto con la de sus clientes. La inversión mínima es de $2,500 dólares.

Twentieth Century (800- 345-2021). Estos fondos no podrían ser más distintos de los anteriores. Pero los fondos de este grupo (ahora considerados los "agresivos" de la familia de fondos American Century)* han obtenido extraordinarios resultados, por más de 25 años. Creado por James Stowers Jr. en 1958, y ahora dirigido por James Stowers III, todos los fondos Twentieth Century creados anteriormente a 1993, siguieron la estrategia de esperar por precio y momento, y tuvieron éxito, cabalgando ganadores por largo tiempo. Dado que la estrategia de Stowers es totalmente opuesta a la de Tweedy, Browne, los mejores años de esta familia, son los peores años de Tweedy, Browne, y viceversa. Como la acciones con perspectivas de mejorar el precio (growth stock) pagan muy poco—si algún—dividendo, y las compañías de éxito se mantienen según sigan creciendo, estos fondos generan relativamente pocos ingresos imponibles. Usted podría lograr un buen saldo manteniendo los fondos Tweedy, Browne en una cuenta de jubilación, y los fondos Twentieth Century en una cuenta gravada. Pero cuidado: desde que el joven Stower se hizo cargo, agregó varios fondos de perfiles que su padre nunca siguió. Pareciera también que él tampoco comparte el orgullo de su padre por tener inversores pequeños (históricamente, los fondos no tenían requerimientos de inversión mínima), así que nuevos fondos se agregaron al grupo y los mínimos de inversión fueron subiendo continuamente en años recientes. (El peor de todos comienza con un mínimo de $10,000 dólares para fondos de mercados en desarrollo, el tipo de inversión que necesita inversiones graduales y constantes.) Sin embargo, el joven Stowers, hoy en sus cuarenta años, ha administrado los viejos fondos tan competentemente como el viejo Stowers solía hacer, y el espíritu de grupo aplicado a estos fondos, asegura que la filosofía no va a cambiar al menos hasta que la próxima generación de Stowers se haga cargo. Quédese con los fondos que vir-

---

* Cuando en Twentieth Century (Siglo Veinte) se dieron cuenta que el año 2,000 se aproximaba, y pronto Twentieth Century sería "el siglo pasado", cambiaron el nombre de la corporación a American Century. Pero algunos de sus fondos todavía mantienen el nombre Twentieth Century.

tualmente no pagan dividendos (la mayoría de ellos permiten el costo del dólar, comenzando en un pr tan bajo como $50 dólares por mes) y podría di buenas ganacias. Un dólar invertido en Twentieth Ce Growth Fund en 1958 valía $200 a principios de Simplemente no revise sus valores durante el mercad baja, o se amargará profundamente. Y si el mercado sátil está alto cuando usted lee esto (está alto cuando es escribiendo esto), comience con una pequeña inversió planee el costo-de-dólar promedio por muchos años.

T. Rowe Price (800-638-5660). Si usted es nuevo en esto está nervioso y tiene poco dinero, esta familia de fondos está esperando adoptarlo. Creada en 1939, virtualmente todos sus fondos, incluyendo sus fondos del mercado de dinero, dejan que sus inversores comiencen con tan poco como $50 dólares. (Inclusive tienen un fondo—T. Rowe Price Spectrum Growth Fund—que invierte en otros varios fondos Price, y que sería un buen fondo para comenzar para los novatos en este tipo de inversión.) Sus representantes de servicio al cliente, son extremadamente pacientes, y deben ser los pioneros, o uno de los pioneros, que tiene la conveniencia de atender sábados y domingos, de hacer transferencias mensuales automáticas entre las cuentas de banco y los fondos mutuos (y viceversa), depósitos directos de todo o parte de su sueldo, y depósitos de cheques de la Seguridad Social en cuentas de inversión, y mucho más. Tienen guías de planeamiento y folletos de información para ayudar con todas las decisiones que se discuten en este libro, como el planeamiento para jubilación o para la universidad y dónde poner el patrimonio. Sus reportes de accionistas y sus cartas de novedades son regularmente consideradas como las mejores del mercado por los servicios de evaluación de los fondos mutuos. Y aún con todos estos beneficios, la proporción de sus gastos es una de las más bajas de la industria, y—como Vanguard, Twentieth Century y Tweedy, Browne—ninguno de sus fondos tiene comisiones de venta. Sus fondos están muy competentemente administrados y tienen diversidad. Francamente, cualquiera que piense en ir a un planeador de finanzas, haría bien en llamar al grupo T. Rowe y decir: "No tengo idea de cómo invertir mi dinero: ¿Puede ayudarme?" Usted tendrá que leer y firmar los planes que ellos le envíen, pero los resultados deben ser buenos, y definitivamente no le van a salir tan mal, como le podrían salir con un planificador financiero equivocado.

Diviértase con los intereses compuestos

Si todavía no aprendió cómo jugar con los intereses compuestos con su calculadora de bolsillo, o con su computadora (ordenador), pero quiere sorprender a sus amigos de todas maneras, he aquí cómo $1 dólar (o cualquier múltiplo de $1) va a crecer a distintas tasas de interés, compuesto anualmente. Desafortunadamente, si usted gana una alta tasa de interés por un largo período de tiempo, es muy probable que sea porque la inflación es casi tan alta como esa tasa. La red de inflación e impuestos, no impide que usted pueda ganar del 3% al 4% consecuentemente, o más. Sin embargo, es divertido pensar en eso.

*Cómo crece un dólar**

Año	3%	5%	6%	7%	8%	10%	12%	15%	20%
1	$1.03	$1.05	$1.06	$1.07	$1.08	$1.10	$1.12	$1.15	$1.20
2	1.06	1.10	1.12	1.14	1.17	1.21	1.25	1.32	1.44
3	1.09	1.16	1.19	1.23	1.26	1.33	1.40	1.52	1.73
4	1.13	1.22	1.26	1.31	1.36	1.46	1.57	1.75	2.07
5	1.16	1.28	1.34	1.40	1.47	1.61	1.76	2.01	2.49
6	1.19	1.34	1.42	1.50	1.59	1.77	1.97	2.31	2.99
7	1.23	1.41	1.50	1.61	1.71	1.95	2.21	2.66	3.58
8	1.27	1.48	1.59	1.72	1.85	2.14	2.48	3.06	4.30
9	1.30	1.55	1.69	1.84	2.00	2.36	2.77	3.52	5.16
10	1.34	1.63	1.79	1.97	2.16	2.59	3.11	4.05	6.19
11	1.38	1.71	1.90	2.10	2.33	2.85	3.48	4.65	7.43
12	1.43	1.80	2.01	2.25	2.52	3.14	3.90	5.35	8.91
13	1.47	1.89	2.13	2.41	2.72	3.45	4.36	6.15	10.70
14	1.51	1.98	2.26	2.58	2.94	3.80	4.88	7.08	12.84
15	1.56	2.08	2.40	2.76	3.17	4.18	5.47	8.14	15.41
20	1.80	2.65	3.21	3.87	4.66	6.72	9.65	16.37	38.34
25	2.09	3.39	4.29	5.43	6.85	10.83	17.00	32.92	95.40
30	2.43	4.32	5.74	7.61	10.06	17.45	29.96	66.21	$237
35	2.81	5.52	7.69	10.68	14.79	28.10	52.80	$133	$591
40	3.26	7.04	10.29	14.98	21.72	45.26	93.05	$267	$1,469
50	4.38	11.47	18.42	29.47	46.90	$117	$289	$1,083	$9,100
100	$19	$132	$339	$868	$2,200	$13,780	$83,523	$1.17 millones	$82.8 millones
200	$369	$17,292	$115,125	$753,849	$4.8 millones	$190 millones	$7.0 mil millones	$1.4 billones	$6.9 milbillones

*Para ver cómo crecerán $3 dólares ,$1,000 dólares o cualquier otra cantidad, simplemente multiplique por 3; 1,000 o la otra cantidad.

¿*Todavía* no está seguro sobre qué quiere hacer?

A veas hablo demasiado. Si con todo lo que leyó todavía, no está muy seguro de lo que quiere hacer—y francamente espero que así no sea—déjeme tomarlo de la mano y hacerlo muy simple.

La única manera de hacerse rico—además de heredando o casándose con alguien my rico—es ahorrando por lo menos el 10% de todo lo que usted gana, e invertirlo a largo plazo. Si usted ahorra el 10% de cada pago que recibe y gana el 7% anual con ello, le llevará aproximadamente 30 años hacer que esos ahorros igualen 10 años de ingresos. Entonces puede dejar su trabajo, y vivir al mismo nivel de vida (ganando lo suficiente para reemplazar 70% de su ingreso anterior, sin tener que ahorrar el 10%, pagar Seguridad Social u otros gastos relacionados con su trabajo). O puede seguir trabajando y volverse un ricachón.

• **¿Como Hago Para Ahorrar el 10% de mis ingresos?** Si usted tiene un plan de jubilación que ofrece su empresa, haga que le retiren el 10% automáticamente. Si no, arregle una transferencia automática de su cuenta corriente a su cuenta de inversión. Existe alguien en el mundo que gana el 10% menos que usted, y no viste harapos ni vive en los bancos de las plazas.

• **¿Como hago para ganar el 7% anual?** Esta es la parte difícil, porque el 7% tiene que ser la ganancia *real*. En un banco, tendrá demasiada suerte si simplemente logra estar a nivel con la inflación. Pero el 7% no es una utopía—a largo plazo, es la ganancia promedio de las acciones comunes. Usted hubiera logrado el 7% anual durante 30 años si hubiese comenzado a ahorrar al principio de 1929. ¿Quiere que le dé una idea? El T. Rowe Price Spectrum Fund pone el dinero de sus accionistas en nueve fondos distintos

T. Rowe Price, los cuales invierten en distintas partes de Estados Unidos y de mercados internacionales, y permiten que sus inversores comienzen con tan poco como $50 dólares. La proporción del gasto anual está por debajo del 1%, haciendo que este sea uno de los fondos disponibles de más bajo precio para pequeños inversores. O elija un par de fondos de todavía más bajo nivel de gastos. De cualquiera de las dos formas, estará haciéndolo mejor que sus vecinos y amigos.

• **¿Y eso es todo?** Sí. Si el mercado bursátil baja, véalo como una excelente ocasión para comprar más a precios tirados. Tanto como sea posible, actúe como si el 10% que invierte está gastado, y no lo toque ni toque sus ganancias hasta que llegue por lo menos a 10 veces su salario anual. Después comienze a gastar el 7% por año, y nunca se le va a vaciar. Si puede, espere todavía más tiempo para tocarlo, y gaste todavía menos que el 7%.

• **¿No puedo volverme rico más rápido?** Ninguna otra categoría de inversión (ni siquiera la inmobiliaria) produjo mejores resultados a largo plazo que las acciones comunes. Tratar de conseguir ganancias más grandes es una buena manera de conseguir ganancias más chicas. Si usted puede ahorrar más que el 10%, eso ayuda, pero para muchas familias, eso ya es demasiado. La parte más difícil para lograr que este sistema funcione, es la paciencia. Enfóquese en su carrera, en su familia, disfrute la vida al máximo con el 90% restante de su ingreso, para que de esa forma ahorrar para un futuro de riqueza sea tan divertido como el resultado.

• **Si ya tengo 63 Años ¿es muy tarde para empezar?** Sí. Pero basado en mi experiencia, sé que la gran mayoría de la gente de 63 años que compra libros sobre inversiones, son los que ya amasaron una pequeña fortuna. ¡Muy bien hecho, lo felicito! Ahora pásele este libro a sus chicos.

Index

acción que se va para arriba, 187
acciones de precio muy bajo,
    200–201
acciones decisivas, 144
acciones del mercado paralelo
    (O-T-C), 189–90
acciones glamorosas, 144
acciones O-T-C, 189–90
acciones preferidas acumulativas,
    96
acciones preferidas, 96
acciones, 133–63
    acciones cometa, 157–59
    acciones del mercado paralelo,
        189–90
    beta, 190–91
    bromas para fiestas, 245–46
    contra anualidades, 119,
        120–21
    contra cuentas de ahorro, 70–71
    contra deuda, 69
    cotizaciones diarias, 157
    de precio muy bajo, 200–201
    diversificación, 156
    dividendos en acciones, 183
    donaciones para beneficiencias,
        125–26, 204
    e impuestos, 124–25, 155–56,
        163, 202–204
    e inflación, 12, 137, 144
    fondos indicadores, 169, 207n,
        209n, 219, 222, 249
    fraccionamientos, 182–83
    información interna, 151, 169,
        170, 181
    inversiones periódicas, 150–53
    invirtiendo a través del Internet,
        207–209

irracionalidad del mercado,
    139–141, 146
la ventaja, 191–92
mantenimiento, 153–56, 162
márgenes, 80, 178, 192
mercado de baja, 137, 144–45
momento de comprar/vender,
    147–50, 162–63
"nifty fifty," 144–46
noticias candentes, 151, 180
ofertas especiales, 187–89
opciones, 175, 192–98
patrimonio oculto, 144
planes de reinversión de
    dividendos, 184
precio limitado, 186
preferidas, 96
Promedio Dow Jones,
    191, 193
radios de precio/ganancia,
    141–42, 157, 159–60
razones por las cuales invierte
    en, 133–39
re-org, 205–206
reportes anuales, 174, 180–81
riesgo, 85, 133–34, 142, 147,
    162
servicios informativos para
    inversores, 160–62
tablas, 182
valor relativo, 141–42
vender en corto, 184–87
ventas cubiertas, 198–99
VSP, 204–205
y bonos basura, 90–91
y bonos convertibles, 92–93
y planes 401K, 105–107
y predicciones futuras, 223–24

acciones *(continued)*
y tasas de interés, 80–81
Ver también fondos mutuos
Acto de simplificación de
impuestos (1997), 104, 203n
Administrando su dinero, 32, 51
adminstradores de dinero. *Ver*
agentes/administradores de
dinero
agentes de descuento, 32, 169,
174–76, 177–78, 247
agentes/administradores de
dinero, 164–179
de descuento, 32, 169, 174–76
rendimiento de, 164–69
re-org, 205–206
solicitación por, 174
teoriá de caminar al azar,
169–74, 194
ahorrar
compras con descuento, 16–20,
40–41, 231–32
deducciones de impuestos, 35
energía, 34–35
millas para vuelos de avión,
20–21
posibilidades de, 52–55
y autos, 22–27
y categorías impositivas, 14–15
y el Internet, 30–32
y seguros, 27–30, 32–33
y tarjetas de crédito, 20, 24,
37
Ver también presupuestos;
inversiones específicas
alcohol, 39
Allen, Woody, 164–65
alquilar de autos, 23–24
alquiler. *Ver* bienes raíces
American Express, tarjeta, 21
amigos, préstamos a, 99
antigüedades, 10
anualidades, 118–21
Apple, ordenadores, 190
arte, 10, 127–28

auto-empleo, 14, 108, 114,
123–24
autográfos, 10
autos
alquilar, 23–24
financiamiento, 22–23, 24
póliza de seguro forzado, 32–33
seguros, 23, 26–27
seguro al alquilar un auto, 30
servicios de compra por el
Internet, 30–32
usados, 21, 23
autos rendidores, 23
autos usados, 21, 23
Avon, 139n, 144, 154
ayuda financiera, 103

B.F. Goodrich, 139
bancos
acceso por el ordenador, 51–52
cuentas de ahorro, 70–72, 97
errores hechos por, 32–33
Barron's, 144, 154, 221
Batra, Ravi, 224
Beardstown Ladies, 59, 209
bebidas, 39
beca de crédito HOPE, 104
Benchley, Robert, 47
beneficiencias, 125–29
Berkshire Hathaway, S.A., 172
beta, 190–91, 249
Better Business Bureau, 128
bienes raíces, 12, 33, 122–23. *Ver
también* hipotecas
*Blood in the Streets: Investment
Profits in a World Gone Mad*
(Davidson & Rees-Mogg),
224
Bogle, John, 249
bonos
ajustables a la inflación, 86–87
basura, 90–91, 154
contra anualidades, 120, 121
convertibles, 92–93
cupón cero, 93–96

de ahorro Series EE, 96–99
de guerra, 97
del Tesoro, 82, 85–86, 97, 200,
223
municipales, 87–89, 95
obligaciones societarias, 89,
141
pagarés del Tesoro, 84–85
redimibles, 78, 93, 95
riesgo, 77–79
sociedades inversoras por
obligaciones, 91–92
tasaciones, 77
y tasas de interés, 78–81
bonos ajustables a la inflación,
86–87
bonos basura, 90–91, 154
bonos convertibles, 92–93
bonos cupón cero, 93–96
bonos de ahorro Series EE, 96–99
bonos de ahorro, 96–99
bonos de guerra, 97
bonos de inversión graduada, 89
bonos de jubilación Series HH, 98
bonos de responsabilidad general,
87
bonos del Tesoro, 82, 85–86, 97,
200, 223
bonos municipales, 87–89, 95
bonos sin interés, 93–96
Braniff, 138
bromas para fiestas, 245–46
buenos consejos, 151, 180
Buffett, Warren, 156, 172, 173
Buffett: The Making of an
American Capitalist
(Lowenstein), 209

"caballito-hamaca ganador, El"
(Lawrence), 225
cadenas de cartas, 12
canasta intocable, 49
CarBargains, 26
cargos. Ver comisiones y cargos de
agentes

cartera, 190
Casey, Douglas, 224
CDs. Ver certificados de depósito
certificados de depósito, 84
CheckFree, 32, 51
Chrysler, 201
cigarillos, 38
clasificados del diario, 31
clubes de compras al por mayor,
18–20
CMAs. Ver cuentas de
administración de fondos
Coca-Cola, 144
coches. Ver autos
coleccionables, 10–12, 127–28
comisiones y cargos de agentes,
62–63, 175–76
anualidades, 118
e inversiones por el Internet,
208, 209
fondos de bonos, 91
fondos mutuos, 217n, 217–18,
219–20
servicios informativos para
inversores, 160
y donaciones para
beneficiencias, 125
y letras del Tesoro, 86
y ofertas especiales, 189
y opciones, 195–97
y rendimiento de agentes/
adminstradores de dinero,
166n
y sociedades inversoras por
obligaciones, 91, 92
comisiones. Ver comisiones y
cargos de agentes
Cómo sacar ganancias de los
malos años que se aproximan
(Ruff), 224
Cómo sobrevivir y ganar en los
inflacionarios ochenta (Ruff),
224
comprar al por mayor, 16–20,
231–32

compras con descuento, 16–20, 40–41, 231–32
Con Edison, 151–52
Consejo de Reservas Federales, 245
Consumer Credit Counseling Service, 54
Consumer Federation of America Insurance group, 29
Consumer Reports, 36, 39n, 130
Coolidge, Calvin,1
cooperativas de crédito, 25, 70
corredores de gran descuento, 32, 174, 176
correo electrónico, 39
corte de pelo, 36
corto, vender en, 184–87, 222n
Costco, 19
costo del dólar promedio, 150–51, 251
Council of Better Business Bureaus, 128
Crisis Investing (Casey), 224
cuadernos de contabilidad, 49
cuentas de administración de fondos, 75
cuentas de ahorro, 70–72, 97
cuentas de jubilación individuales. *Ver* IRAs
cuentas IRA para educación, 104

David Copperfield (Dickens), 54
Davidson, James Dale, 224
deducciones de impuestos
  beneficiencia, 125–29, 204
  préstamos sobre la capitalización de su casa, 24, 25n
  saltear, 35
  y acciones, 202
  y propiedad de casa, 124
demanda de cobertura suplementaria, 192
demandas. *Ver* opciones
depresión. *Ver* Gran depresión

desastres
  y bonos del Tesoro, 85
  y bonos municipales, 88
  y comprar al por mayor, 19
deuda nacional, 85, 241–44
deuda, 53–54, 69
Deudores Anónimos, 53
diamantes (fondos), 222–23
diamantes (joyas), 10
Dickens, Charles, 54
Diners Club, tarjeta, 21
Discover, tarjeta, 20
Disney, 144
diversificación, 78, 156, 215, 216
diversificación global, 216
dividendos en acciones, 183
dividendos, 134n, 138. *Ver también* acciones
Done, pero done sabiamente (Council of Better Business Bureaus), 128
Dreman, David, 171–72
Dunne, Finley Peter, 56

Eastern Airlines, 138
economía global, 136
edad, 114
educación, 34, 97, 103–105
efectivo, 202
El gran cálculo: protéjase en la depresión que se viene (Davidson & Rees-Mogg), 224
El millonario, 213
Ellis, Charles D., 131
e-mail, 39
empleados, 108n, 114
energía, ahorro de, 23, 34–35
Epstein, Jason, 211
espectáculos de Broadway, 12
especulación, 162
estampillos, 10–12
estudios universitarios, 34
exigencia, 78

bonos convertibles, 93
bonos de cupón cero, 96
bonos, 78, 93, 95
expertos en inversiones, 60–61, 62, 160–61

Federal Reserve Board, 245
Federal Student Financial Aid Information Center, 34
felicidad, 224–27
Fidelity Brokerage, 125, 172, 216, 247
Fidelity Investments Charitable Gift Fund, 125
fondo Gabelli, 221
fondo Zweig , 221
fondos de bonos municipales, 88
fondos de bonos, 90–91
fondos de inversión a corto plazo, 70–71, 74–76, 202
fondos indicadores, 169, 207n, 209n, 219, 222, 249
fondos limitados, 219–22
fondos mutuos sin pago de comisiones. Ver fondos mutuos
fondos mutuos, 140, 215–23
  bonos, 93
  contra acciones de precio muy bajo, 201
  contra anualidades, 121
  limitados, 219–22
  malas inversiones, 58–59
  selección de, 217–19
  selectos, 248–52
  y agentes, 166, 177–78
  y diversificación, 156
  y planes 403B, 107–108
Forbes, 160
fraccionamientos, 182–83
Franklin Mint, 12
Franklin, Benjamin, 16
franquisias, 12
fumar, 38
futuro, el, 223–24

futuros financieros, 200
futuros, 200

Gabriele, Hueglin & Cashman, 88
ganancia por valor, 139
ganancias, por año, 44, 48
gasto de defensa, 136
gastos personales, 44–46
gastos reembolsables, 45
GEICO, 23, 156, 205
Gibbs, Philip, 99
Give but Give Wisely (Council of Better Business Bureaus), 128
Graham, Benjamin, 249
Gran depresión, 86
Great Depression of 1990, The (Batra), 224
Great Reckoning, The: Protect Yourself in the Coming Depression (Davidson & Rees-Mogg), 224
Green, Hetty, 246
Guía gratuita de donaciones inteligentes (National Charities Information Bureau), 128
guías de inversiones, 3–6, 209–10, 223–24

H&R Block, 130
hábitos de manejo, 26
Heede, Richard, 34
Hewitt, Paul, 238
hijos
  e impuestos, 102–103
  y planes de jubilación, 117–18
  y presupuestos, 48
  y seguro de vida, 29
hipotecas, 22, 31, 32–33
home-equity loans, 24–25
Home-made Money (Heede), 34
Hooper, Lucien O., 164
Hotel Reservations Network, 36
hoteles, 36

Ibbotson associates, 133
IBM, 145, 154, 170
IGT, tarjeta de crédito, 37
impuesto a sus ingresos, El, 130
impuestos a los regalos, 102
impuestos de compras diarias, 15
impuestos de ganancias sobre el
    capital, 160
    acciones, 125, 155–56
    bienes raíces, 123
    bonos cupón cero, 96
    vender en corto, 187
impuestos de propiedad, 15
impuestos estatales, 14
    exención de bonos de ahorro,
        96
    exención de bonos municipales,
        87–89
    y letras del Tesoro, 77
    y los Roth IRA, 114
    y obligaciones societarias, 89
    y pagarés del Tesoro, 84
impuestos federales, 13–16, 87,
    95, 97–98. *Ver también*
    planes de jubilación
impuestos locales, 14
    exención de bonos de ahorro,
        96
    exención de bonos municipales,
        87–89
    y letras del Tesoro, 77
    y obligaciones societarias, 89
    y pagarés del Tesoro, 84
impuestos, 101–30
    e invirtiendo a través del
        Internet, 207–209
    estatales y locales, 14, 77, 84,
        87–88, 96
    federales, 13–16, 87, 95, 97–98
    ganancias sobre el capital, 96,
        123, 125, 155–56, 160, 186
    preparación de, 35
    propiedad, 14
    regalo, 102
    resguardos, 121–22, 137–38

Seguridad Social, 14, 15
    sisa de, 114
    sobre bonos ajustables a la
        inflación, 86–87
    sobre bonos cupón cero, 94–96
    ventas, 14
    y acciones preferidas, 96
    y acciones, 124–25, 155–56,
        163, 202–04
    y anualidades, 118–21
    y auto-empleo, 14, 123–24
    y beneficiencias, 125–29, 204
    y bienes raíces, 122–23
    y cuentas IRA para educación,
        102–103
    y exención de bonos de ahorro,
        96
    y fondos indicadores, 219
    y hijos, 102–103
    y vender en corto, 184
    Ver también planes de
        jubilación; categorías tope de
        impuestos; deducciones de
        impuestos
inflación, 82, 84
    bonos ajustados por, 86–87
    coberturas, 12, 16, 137, 213
    y acciones, 12, 137, 144
    y bonos de guerra, 97
    y compras con descuento, 16
    y planes de jubilación, 110,
        117–18
    y tasas de interés, 80–84, 253
información interna, 151, 169,
    170, 181
instrumentos de deuda, 74–99
    acciones preferidas, 96
    bonos ajustables a la inflación,
        86–87
    bonos basura, 90–91, 154
    bonos convertibles, 92–93
    bonos cupón cero, 93–96
    bonos de ahorro Series EE, 96–99
    bonos del Tesoro, 82, 85–86,
        97, 200, 223

bonos municipales, 97–99, 95
fondos de bonos, 90–91
fondos de inversión a corto
  plazo, 70–71, 74–76, 202
letras del Tesoro, 68, 76–77,
  202
obligaciones societarias, 89
pagarés del Tesoro, 84–85
préstamos a amigos, 99
sociedades inversoras por
  obligaciones, 91–92
y tasas de interés, 79–84
instrumentos de ingresos fijos. Ver
  instrumentos de deuda.
Insurance Quote Services, 28
Intel, 190
intereses compuestos, 253–54
Internet, 30–32, 161, 207–209
invalidez, 114
inversiones
  criterios, 73–74
  malas, 58–65
  Ver también bonos;
    instrumentos de deuda;
    inversiones específicas
inversiones periódicas, 150–53
Investment Rarities, 213–14
IRAs (cuentas de jubilación
    individuales), 48, 108–11,
    114–17
  contra anualidades, 119–20
  contra seguro de vida, 29
  pasar a cuentas Roth IRA, 116
  Roth, 111–14, 116
  y beneficiencias, 129
  y fondos mutuos, 215
  y Seguridad Social, 239

Janeway, Eliot, 147
juego, 66–68, 207–209

Keynes, John Maynard, 156–57

La gran depresión de 1990
  (Batra), 224

Lasser, J.K., 130
Lawrence, D.H., 225
letras del Tesoro, 68, 76–77, 202
llamadas telefónicas, 35–36, 39
loterias, 36
Lowenstein, Roger, 209
Lynch, Peter, 172, 209

MacLeod, Gavin, 56, 58
Madden, Betty, 49
Magellan Fund, 172, 217
Malkiel, Burton, 171, 209
Managing Your Money, 32, 51
mantenimiento de casa, 46
marcas conocidas, 39
marcas del negocio, 39
margen, comprar al, 80, 178,
  192
márgenes del comerciante, 189,
  197, 208
Marvel Toys, 95, 138
McMahon, Ed, 56
medallas conmemorativas, 12
mercados de baja, 137, 144–45,
  218
mercados de la alza, 144–45, 218
Merrill Lynch, 144, 194–96
metales estratégicos, 202
metas, formulacíon de, 43–44
métodos con la computadora
  Internet, 30–32, 161, 207–209
  para los impuestos, 130
  para presupuestos, 51–52
México Fund, 220
Microsoft Money, 51
Microsoft, 190
millas para vuelos de avión,
  20–21
Millionaire, The, 213
monedas extranjeras, 3–5
monedas (coleccionables), 10
monedas, 3–5
Money Masters, The (Train),
  200
Moody, 77

Morgan Guaranty Trust
Company, 179
Morgan Stanley Africa Investment
Fund, 220
Morgan Stanley Asia-Pacific Fund,
220
muerte, 114
múltiples. *Ver* radios de precio/
ganancia
Munger, Charlie, 173n

NASDAQ, 189
Nash, Ogden, 42
Nation Wide Nursing Centers,
68
National Charities Information
Bureau, 129
*New Contrarian Investment
Strategy, The* (Dremen),
171
"nifty fifty," 144–46
noticias candentes. *Ver* buenos
consejos
*nueva estrategia de inversión
contraria, La* (Dremen), 171

obligaciones societarias, 89, 141
800–CAR-CLUB, 25
800–PRICELINE, 22
ofertas especiales, 187–89
One Up on Wall Street (Lynch &
Rothchild), 209
opciones de compra vendidas al
descubierto, 198n
opciones de venta. *Ver* opciones
opciones, 175, 192–98, 200–201
oro, 12

paciencia, 73, 256
pagarés del tesoro, 84–85
Pan Am, 138
patrimonio oculto, 144
Pensión simplificada de empleado.
Ver SEPs.
People's Express, 138

peso mexicano, 3–5
Piper Jaffray Institutional
Government Income
Portfolio, 75
Plan Marshall, 159
planes 401K, 105–107
planes 403B, 105, 107–108
planes de inversión de
transferencia automática, 55,
98, 255
planes de jubilación, 105–18
contra cuentas IRA para
educación, 103
e hijos, 117–18
el Roth IRA, 111–14, 116
planes Keogh, 108–11, 114–17,
178
y beneficiencia, 129
y bonos cupón cero, 96
Ver también IRAs
planes de reducción del salario.
Ver planes 401K; planes 403B
planes de reinversión de
dividendos, 184
planes Keogh, 108–11, 114–17,
178
contra anualidades, 119–20
y fondos mutuos, 215
Polaroid, 144, 154
póliza de seguro forzado, 32–33
portafolio, 190
precio limitado, 186
presentación a la SEC (Comisión
de valores y cambios), 161
préstamos a amigos, 99
préstamos sobre la capitalización
de su casa, 24–25
presupuestos, 42–52
formulación de metas, 43–44
ganancias por año, 44
gastos, 44–46
haciéndolos con la
computadora, 51–52
valor neto, 43
Price Club, 19

Price, T. Rowe, 251
Primera guerra mundial, 82
productos básicos, 7, 9–10, 18,
    199–200
programa Treasury Direct, 76, 77,
    84
programas para finanzas
    personales, 31–32, 42, 51–52
Progressive Insurance, 26n
Promedio Industrial Dow Jones,
    191,193
propiedad de casa, 23, 46, 124
    hipotecas, 22, 31, 32–33
prospecto, 59, 61–65
prudencia, necesidad de, 66–69
publicidad, 39
puntos base, 61

Quicken, 32, 32n, 42, 51
Quinn, Jane Bryant, 59

radios de precio/ganancia, 141–42,
    157, 159–60
Random Walk Down Wall Street,
    A (Malkiel), 171, 209
Rarezas para inversión, 213–14
recibos, donaciones a
    beneficiencias, 127
Red de consolidación de reservas
    de hoteles, 36
Rees-Mogg, William, 224
refinanciamiento (hipotecas), 22,
    31
rendimiento de gasolina, 23, 26
re-org, 205–206
reports anuales, 174, 180–81
Resorts International, 186
restaurantes, 37
Revista Money, 74, 168
Revlon Worldwide, 94
Revson, Charles, 16, 19
riesgo, 73, 75, 99
    acciones, 85, 133–34, 142, 147,
        162
    bonos cupón cero, 94–95

bonos, 77–79
    fondos de bonos, 90–91
    fondos mutuos, 215
riqueza espontánea, 211–13
"Rocking-Horse Winner, The"
    (Lawrence), 225
Rocky Mountain Institute, 34
Roth IRA, 111–14, 116
Rothchild, John, 209
Ruff, Howard, 223–24

Sahlins, Marshall, 225
Sam's Club, 19
Samson Properties 1985–A,
    62–65
Samuelson, Paul, 215
Sangre en las calles: ganancias con
    inversiones en un mundo loco
    (Davidson & Rees-Mogg),
    224
Savings Bank Life Insurance, 28
Seguridad Social, 14–15
    beneficios, 112–13, 237–40
    impuestos, 14
    y la deuda nacional, 241–43
seguro al alquilar un auto, 30
seguro contra el cáncer, 30
seguro de propiedad, 26–27
seguro de vida a término, 27–28
seguro de vida con valor de
    rescate, 27–28
seguro de vida sin valor de rescate,
    27–28
seguro de vida de créditos, 29
seguro de vida en los vuelos, 29
seguro de vida, 27–29, 31
    cantidad necesaria, 233–36
    innecesario, 29–30, 56–58
    y fumar, 38n
seguros
    de autos, 23, 26–27
    de propiedad, 26–27
    forzados, 32–33
    innecesarios, 29–30, 56–58
    Ver también seguro de vida

seguros de auto, 23, 26–27, 33
seguros de electrodomésticos, 30
sellos, 10–12
SEPs (Pensión simplificada de empleado), 108
servicios informativos para inversores, 160–62
Sheehy, Gail, 211–12
Sherrode, Blackie, 180
Sigel, Jeremy, 135
SIMPLEs (Plan de incentivo de ahorros por igualdad para empleados), 108n
sisa de impuestos, 114
Sociedad federal de seguros de depósitos, cuentas aseguradas por, 75
sociedades inversoras por obligaciones, 91–92
Spiders, 222–23
splits, 182–83
Standard & Poor, 77, 161
Stock Guide (Standard & Poor), 161
Stone Age Economics (Sahlins), 225
Stowers, James III, 250
Stowers, James Jr., 250
straddles, 197
subscripciones para revistas, 40–41

T. Rowe Price, 251–52, 255–56
    categoriá tope de impuestos, 101
    y acciones, 202–04
    y ahorrar, 14–16
    y bonos municipales, 87–88
    y planes de jubilación, 115
    y propiedad de casa, 124
    y resguardos impositivos, 121–22
tablas, 182
tarjetas de créditos, 20, 24, 53
    descuentos, 20

deuda, 53
especiales, 37–38
negociación, 36–37
y presupuestos, 46
tasa de instrucción. Ver estudios universitarios
tasas de interés, 71–72, 79–84
    bromas para fiestas, 245–46
    dificultad en predecir, 80, 84
    e inflación, 80–84, 253
    y acciones, 80
    y bonos del Tesoro, 86
    y bonos, 78–81
    y pagarés del Tesoro, 84
    Ver también inversiones específicas
Tax Cut, 130
Tax Simplification Act (1997), 104, 203n
Templeton Dragon Fund, 220
Templeton Growth Fund, 158
Templeton, John Marks, 158
teoría de caminar al azar, 169–74, 194
Thorndike, Nicholas, 3
TIAA-CREF, 120
Train, John, 200
Transmedia, tarjeta, 37
Turbo Tax, 130
Tweedy, Browne, 201, 249, 250
Twentieth Century, 217, 249–51

U.S. Trust, 62–65
Una caminata al azar por Wall Street (Malkiel), 171, 209
"uptick," 187

valor neto, 43
valorización, 69. Ver también acciones
Van Caspel, Venita, 60
Van Dyke, Dick, 56, 58n
Vanguard Discount Brokerage, 216, 219, 249
vender en corto, 184–87, 222n

ventaja, 191–92
ventas cubiertas, 198–99
vinos, 10, 231–32
Volcker, Paul, 224
volumen, 73, 78
VSP, 204–205

Wall Street Journal, 221, 229
Washington Post Company, 156
Wholesale Insurance Network
    (WIN), 28
Wien, Byron, 142n

Wise Giving Guide (National
    Charities Information
    Bureau), 128
Witco Chemical, 188
World Wide Web. *Ver* Internet

Xerox, 144, 154

Your Income Tax, 130

Zweig, Martin, 148–50